강과 동아시아 문명

■ 집필자 소개 (집필순)

박성우　　인하대학교 박물관

남재영　　성균관대학교 대학원

우실하　　한국항공대학교 교양학과 교수

이효숙　　강원대학교 국어국문학과 강사

권석환　　상명대학교 중국어문학과 교수

이상준　　인천대학교 일어일문학과 교수

윤영수　　경기대학교 일어일문학과 교수

윤명철　　동국대학교 교수

강봉룡　　목포대 사학과 교수

강과 동아시아 문명

정가 : 20,000원

2012년 2월 17일　　초판 인쇄

2012년 2월 24일　　초판 발행

편　　　자 : 동아시아고대학회
발 행 인 : 한 정 희
편　　　집 : 안 상 준
발 행 처 : 경인문화사
　　　　　　서울특별시 마포구 마포동 324-3
　　　　　　전화 : 718-4831～2, 팩스 : 703-9711
　　　　　　www.kyunginp.co.kr 한국학서적.kr
　　　　　　E-mail : kyunginp@chol.com
등록번호 : 제10-18호(1973. 11. 8)

ⓒ 2012, Kyung-in Publishing Co, Printed in Korea
ISBN : 978-89-499-0848-9　93910
* 파본 및 훼손된 책은 교환해 드립니다.

강과 동아시아 문명

동아시아고대학회 편

景仁文化社

목 차

북한강유역 철기시대 주거지 연구(박성우·남재영) □ 1

－영동지역과의 비교를 중심으로－

   Ⅰ. 머리말 ··· 1

   Ⅱ. 유적 현황 ··· 3

   Ⅲ. 주거지와 출토유물 검토 ··· 13

   Ⅳ. 지역별 성격 ·· 35

   Ⅴ. 맺음말 ·· 46

홍산문화 옥저룡(玉猪龍), 쌍수수황형기(雙獸首璜形器), 쌍수수삼공기(雙獸首三孔器)의 상징적 의미와 '환일(幻日: Sundog)' 현상(우실하) □ 57

   Ⅰ. 글을 시작하며 ·· 57

   Ⅱ. 요하문명(遼河文明)과 홍산문화(紅山文化)에 대한 간략한 소개 ··· 58

   Ⅲ. 홍산문화 옥저룡(玉猪龍), 쌍수수황형기(雙獸首璜形器)와 무지개 61

   Ⅳ. 홍산문화의 다양한 삼공기(三孔器)와 '환일(幻日: Sundog)' 현상 ··· 75

   Ⅴ. 글을 마치며 : '3수 분화의 세계관(1-3-9-81)'의 기원과 환일 현상 ·· 99

장소성 개념을 통해 살펴 본 〈무이도가〉와 〈곡운구곡가〉 비교(이효숙) □ 107

   Ⅰ. 서론 ·· 107

   Ⅱ. 공간과 장소, 장소성 ·· 110

   Ⅲ. 〈무이도가〉의 장소성 형성 요인 분석 ··························· 113

   Ⅳ. 〈곡운구곡가〉의 장소성 형성 요인 분석 ······················ 121

   Ⅴ. 구곡가에 형상화된 구곡의 장소성 ······························· 130

명청대 장강 하류 문예부흥의 두 가지 표상(권석환) □ 135

—소주(蘇州)의 패트로니지(patronage)와 물길을 중심으로—

Ⅰ. 장강 하류의 문예부흥의 두 가지 표상 ················· 135
Ⅱ. 소주 지역 수장가(收藏家)의 활동과 패트로니지 ········· 137
Ⅲ. 소주지역의 물길과 그 시각적 재현의 의미 ·············· 142
Ⅳ. 마무리 ··· 160

고대 동아시아의 칠석문학에 나타난 漢水의 수용과 의미(이상준) □ 163

Ⅰ. 중국의 江淮河漢 ·· 163
Ⅱ. 漢水와 銀河水 ·· 164
Ⅲ. 중국의 칠석문학에서의 한수 ······························ 166
Ⅳ. 한국의 칠석문학에서의 한수 ······························ 170
Ⅴ. 일본의 칠석문화에서의 한수 ······························ 171
Ⅵ. 결론 ·· 180

〈吉野讚歌〉에 나타난 강(河·川)의 이미지(尹永水) □ 185

Ⅰ. 序 論 ·· 185
Ⅱ. 柿本人麻呂의 <吉野讚歌> ······························· 187
Ⅲ. 後代歌人들의 <吉野讚歌> ······························· 192
Ⅳ. 萬葉人과 吉野 ·· 201
Ⅴ. 結 論 ·· 203

한민족 歷史空間의 이해와 江海都市論 모델(尹明喆) □ 205

Ⅰ. 서론 ·· 205
Ⅱ. 역사공간의 이해와 강의 성격 ···························· 207
Ⅲ. 우리 역사터의 江 ·· 215
Ⅳ. 강해도시의 體系(system)와 특성 ························· 232
Ⅴ. 결론 ·· 247

고대 서해 연안해로의 중심지 이동과 강(강봉룡) □ 253

Ⅰ. 머리말 ·· 253

Ⅱ. '대동강의 시대' 서해 연안해로와 고조선·낙랑군 ······················ 256

Ⅲ. '한강의 시대' 서해 연안해로와 백제 ································ 262

Ⅳ. '금강의 시대' 서해 연안해로와 다시 백제 ·························· 268

Ⅴ. '영산강의 시대' 서해 연안해로와 장보고·왕건 ······················ 271

Ⅵ. 맺음말 ·· 277

북한강유역 철기시대 주거지 연구

-영동지역과의 비교를 중심으로-

박성우*·남재영**

Ⅰ. 머리말

철기시대[1] 북한강 유역은 강원 영동지역과 함께 소위 濊와 貊의 위치비정과 관련하여 주목 받아왔다. 보통 영서지역은 貊의 영역으로, 영동지역은 濊족과 관련이 있는 것으로 이해되고 있다.[2]

---

* 인하대학교 박물관
** 성균관대학교 대학원

1) 철기문화와 관련하여 현재 학계에서는 초기철기시대 혹은 원삼국시대라는 용어를 사용하고 있는데 그 시기와 적용범위에 일치된 의견을 도출하지 못하고 있다. 본고에서는 초기철기시대와 원삼국시대를 구별하지 않고 이를 모두 포함하는 의미에서 철기시대란 용어를 사용하였다.

2) 『三國史記』 지리지에서는 賈耽의 『古今郡國志』의 기록을 인용하여 영동지역의 종족을 濊, 영서지역의 종족을 貊으로 비정하고 있다.(『三國史記』 券第5 雜誌, 第4 地理2, "賈耽古今郡國志云 句麗之東南 濊之西 古貊也 蓋今新羅北朔州 善德王六年 唐貞觀十一年 爲牛首州置軍主") 그러나 정확한 위치와 각 종족이 지닌 문화적인 양상이 밝혀지지 않아 이와 관련하여 연구가 이루어져 왔다.

지도 1. 철기시대 주거지 유적

이처럼 濊와 貊이라는 집단이 북한강을 비롯한 한반도 중부지역 일대에 존재했었다면 이들이 남긴 고고학적 유적을 통해 확인이 가능할 것이다. 다시 말해 濊와 貊이 서로 다른 문화적 전통을 갖고 있던 별개의 집단이며, 영동과 영서지역이 각각 濊와 貊의 영역으로 구분되어 있었다면 동 시기에 두 지역에서 발견되는 고고학적 유구와 유물 양상에서 차이가 있을 것이다.

이에 본고에서는 북한강유역과 영동지역의 철기시대 주거유적의 현황과 양상을 비교해 봄으로서 양 지역의 문화적 성격을 파악해 보고자 한다. 분석 대상은 문헌기록과 기왕의 연구 성과를 고려해 볼 때 영동과 영서의 중심지역으로 판단되는 춘천·가평지역과 강릉지역에서 최근에 조사된 유적들로 하였다(지도 1).

분석방법은 특정 유물이나 유구의 성격규명보다는 각 유적에서 출토된 유물들의 조합, 주거지의 형태적 특성, 그리고 유적들의 공간적 배치를 통해서 두 지역 간의 고고학적 상관관계를 살펴보고자 한다. 이러한 방법은 시기적 선후 관계를 설명하는 데는 한계가 있지만 지역에 따른 주거형태와 유물들의 속성들을 살펴봄으로써 지역문화의 동질성 혹은 상이성을 파악하는데 유용할 것으로 생각된다.

II. 유적 현황

1. 북한강(北漢江) 지역

북한강 유역에서는 춘천 율문리 7기, 춘천 신매리 7기, 춘천 우두동 7기, 춘천 중도 2기, 춘천 천전리 2기, 가평 대성리 43기, 가평 항사리 43기, 가평 덕현리 3기등 모두 9개소의 유적에서 발굴된 114기의 주거지를 대상으로 하였다.

신매리유적은 강원도 춘천시 서면 신매리 30-1번지 일대로 신매대교 건설을 위한 북한강 서안 연결지점에 대한 구제발굴의 일환으로 1996년 한림대학교박물관에 의해 조사된 유적이다. 춘천일대에는 북한강이 춘천지역의 중심부를 관류하여 지류인 소양강과 합류하는 곳에 춘천분지가 형성되어 있다. 신매리유적은 북한강변 서안의 고운 사질토층이 수평으로 반복 퇴적된 충적대지에 위치한다. 신매리유적 동쪽으로는 인제군, 홍천군과 접해있고 서쪽으로는 화천군 및 경기도 가평군, 북쪽으로는 화천군, 양구군과 인접해있다. 조사결과 신매리유적에서는 청동기시대 주거지와 철기시대 주거지등이 확인되었다.[3]

율문리유적은 춘천시 율문리 335-4번지 일대로 생물산업단지 조성부지에 대한 구제발굴의 일환으로 2004~2006년 강원문화재연구소에 의해 조사된 유적이다. 율문리유적은 춘천분지의 북부지역으로 동에서 서쪽으

---

3) 한림대학교박물관, 한림대학교박물관 연구총서 제26집, 『춘천 신매대교부지 문화유적 발굴조사 보고서』, 2003, 27~44쪽.

로 흐르는 소양강의 북쪽에 위치한 비옥한 천전범람원지대에 위치한다. 유적 주변으로는 북쪽에 마적산(605.2m)과 수리봉(655m)이 동에서 서로 둘러싸고 있으며, 남쪽으로는 소양강이 동에서 서쪽으로 흐르고 있다. 유적 북쪽에 인접한 문정천은 동에서 서쪽으로 흘러 율문천과 합류해서 북에서 남쪽으로 흐르는 소양강으로 흘러들어간다. 조사결과, 율문리 유적에서는 청동기시대주거지, 철기시대주거지, 구상유구, 밭유구 등이 확인되었다.[4]

우두동 롯데인벤스 유적은 춘천시 우두동 707-3번지 일원으로 우두동 롯데인벤스 우두파크 신축공사부지에 대한 구제발굴의 일환으로 2004~2005년 강원문화재연구소에 의해 발굴된 유적이다. 유적이 위치한 지역은 북쪽의 화천에서 흘러온 북한강과 소양강이 동쪽에서 남쪽으로 회절하여 합수하는 지점인 합수머리 일대의 동남쪽 부근에 형성된 충적대지이다. 이 충적대지는 북한강의 본류 및 지류의 완만한 흐름을 통해 상류지대의 화강암이 침식되어 하류로 운반, 퇴적됨에 따라 형성되었다. 조사결과 우두동 롯데인벤스 유적에서는 철기시대주거지, 방형수혈유구, 고려시대 수혈건물지, 고려시대 수혈유구 등이 확인되었다.[5]

우두동 707-1유적은 춘천시 우두동 707-1, 35번지 일대로 근린생활시설을 건립하기에 앞서 2004년 강원문화재연구소에 의해 발굴된 유적으로 우두동 롯데인벤스 유적과는 남북방향으로 인접해 있다. 우두동 707-1유적에서는 선사시대 주거지, 철기시대 주거지, 고려시대 수혈건물지, 적심건물지, 수혈유구, 구상유구 등 다양한 유구와 우물들이 확인되었다.[6]

---

4) 강원문화재연구소, 강원문화재연구소 학술총서 86책, 『춘천 율문리 생물산업단지 조성부지내 유적발굴조사 보고서』, 2008, 29~32쪽.
5) 강원문화재연구소, 강원문화재연구소 학술총서 78책, 『춘천 우두동 롯데인벤스 우두파크 신축부지 내 발굴조사 보고서』, 2007, 16~18쪽.
6) 강원문화재연구소, 강원문화재연구소 학술총서 49책, 『춘천 우두동 707-1, 35번

우두동 77번지 일원의 직업훈련원 진입도로 확장부지에서도[7] 철기시대 주거지 22기가 발굴되었으나 아직 정보고서가 발간되지 않아 이 글에서는 제외하였다.

중도유적은[8] 강원도 춘천시 호반동에 위치하며 의암호 가운데 있는 작은 모래섬이다. 이 섬은 원래 춘천시 사농동의 내륙에 연결되어 있었으나 섬 하류에 건설된 의암댐의 불어난 수위로 인해 강안 퇴적층 일대의 낮은 지역이 물에 잠김으로써 형성된 곳이다. 중도유적은 1977년 국립중앙박물관이 북한강유역에 대한 지표조사를 통해 처음 알려지게 되었으며 의암댐 공사로 유적이 유실되기 전 발굴의 필요성이 제기되어 1980년 발굴조사를 실시하여 초기철기시대 주거지 1기가 확인되었다. 중도유적은 1981년 2차발굴을 거쳐 1982년 3차발굴[9] 결과 초기철기시대 주거지 1기가 추가로 확인되었다.

춘천 천전리유적은[10] 원주지방국토관리청이 동면 – 신북간 국도를 확포장 하기위해 2003~2005년에 걸쳐 강원문화재연구소에 의해 발굴조사된 유적이다. 천전리 유적은 북한강 상류에 형성된 해발 83~85m 내외의 완만하고 평탄한 충적대지로 범람원상의 자연제방에 위치한다. 조사결과 천전리에서는 철기시대 주거지, 주구묘, 고려시대 수혈주거지, 지석묘, 수혈유구등 다양한 종류의 유구들이 확인되었다.

대성리유적은 행정구역상 경기도 가평군 청평면 대성리 393, 618-11번지 일대이다. 대성리유적은 경춘선복선전철 사업구간에 대한 구제발굴

　　지 유적 발굴조사 보고서』, 2006, 13~18쪽.

7) 강원문화재연구소, 「춘천 우두동 유적: 춘천 우두동 직업훈련원 진입도로 확장구간내 유적발굴조사 약보고서」, 2006.

8) 국립중앙박물관, 국립박물관 고적조사보고 제12책, 『중도:진전보고 I』, 1980.

9) 국립중앙박물관, 국립박물관 고적조사보고 제14책, 『중도』, 1982.

10) 강원문화재연구소, 강원문화재연구소 학술총서 80책, 『천전리:동면 – 신북간 도로확장 및 포장공사구간내 유적발굴조사보고서』, 2008.

의 일환으로 경기문화재연구원에 의해 2004~2006년 발굴조사되었다. 가
평군은 동쪽으로는 강원도 화천, 춘천, 홍천군과, 서남쪽으로는 경기도 포
천, 양주, 양평군과 접하고 있다. 가평군의 북쪽에는 광주산맥이 북동에서
남서방향으로 뻗어있고 남쪽에는 북한강이 동서로 흐른다. 유적은 북한
강 서안을 따라 남북길이 약 1600m, 동서폭 약 200m, 해발 35~39m의
세장한 해안충적지의 자연제방에 위치하고 있다. 발굴결과, 청동기시대
주거지, 원삼국시대 주거지, 구상유구, 삼국시대 석실묘, 조선시대 주거
지 등 다양한 유구와 유물들이 확인되었다.[11]

   항사리유적은[12] 행정구역상 경기도 가평군 상면 항사리 일원으로 서
울지방국토관리청에서 추진중인 청평 - 현리간 도로개설공사 구간에 대
한 구제발굴로서 고려문화재연구소에 의해 2006~2008년에 발굴조사된
유적이다. 항사리 유적은 북한강 지류인 조종천 주변에 위치한 충적대지
로 국도 37호선을 따라 북쪽으로는 현리, 포천, 일동이, 남쪽으로는 청
평, 서울, 춘천으로 연결되는 충적대지에 위치하고 있다. 조사결과, 항사
리유적에서는 원삼국시대주거지, 수혈유구, 구상유구 등이 확인되었다.

   덕현리유적은[13] 행정구역상 경기도 가평군 상면 덕현리 일원으로 청
평 - 현리간 도로건설공사구간에 대한 구제발굴로서 한림대학교박물관에
의해 2005년 발굴조사된 유적이다. 덕현리유적은 항사리 남쪽에 인접하
여 위치하는데 북한강 지류인 조종천의 충적작용으로 형성된 충적대지
에 위치한다. 덕현리유적에서는 원삼국시대 주거지, 수혈유구 등이 확인
되었다.

---

11) 경기문화재연구원, 경기문화재연구원 학술조사보고서 제103책,『가평 대성리유
    적』, 2009, 19~21쪽.
12) 고려문화재연구원, 고려문화재연구원 학술조사보고서 제52책,『가평 항사리 유
    적』, 2010, 33~37쪽.
13) 한림대학교박물관, 한림대학교박물관 연구총서 제38집,『가평 덕현리유적』,
    2007, 39~47쪽.

2. 강릉 지역

강릉지역에서는 초당동 8기, 강문동 5기, 동덕리 1기, 교항리 34기, 병산동 6기 등 모두 5개소의 유적에서 발굴된 54기의 주거지를 대상으로 하였다.

초당동유적은 행정구역상 강원도 강릉시 초당동 182-18번지 일대에 위치한다. 초당동유적은 초당유화아파트 - 강릉고등학교간 도로개설부지에 대한 구제발굴로서 2005년 강원문화재연구소에 의해 조사된 유적이다. 초당동지역은 태백산맥 줄기가 서에서 동으로 뻗어 내린 낮은 구릉들과 맞닿아 있는 넓은 사구지대에 마을이 형성되어 있다. 북쪽으로는 운정천과 경포호수가 위치하고 있으며, 동쪽으로는 사구지대를 지나 동해바다와 접해있고 남쪽으로는 하평뜰이 넓게 위치하고 있다. 초당동 유적에서는 철기시대 주거지, 삼국시대 석곽묘, 옹관묘, 구상유구 등이 확인되었다.[14]

강문동유적은 강원도 강릉시 강문동 136-1번지로 초당식품공장 건물공사 도중 주거지가 발견되어 1992년에 긴급수습조사되었다. 경포호 남쪽 해안가 모래언덕에 위치하고 있으며 인근에 초당동유적이 위치하고 있다. 주거지 1기가 확인되었다.[15] 또한 2002년에 강문동 302번지 일대에서도 건물신축부지 공사 중 철기시대주거지와 신라시대 주거지가 확인되어 2003~2004년 강원문화재연구소에 의해 조사되었다. 92년도에 조사된 지역보다 경포호 가까이에 위치하고 있다. 해발 7~8m정도의 해

---

14) 강원문화재연구소, 강원문화재연구소 학술총서 90책, 『강릉 초당리 유적 Ⅳ』, 2008, 15~22쪽.
15) 강릉대학교박물관, 강릉대학교박물관 학술총서 16책, 『강릉 동더리 주기지』, 「부록 강릉 강문동 주거시」, 1997, 85~87쪽.

안가 모래언덕으로 남쪽으로는 경포호수에서 바다로 연결되는 강문천이 동해바다로 흘러들고 있다. 조사결과, 강문동유적에서는 철기시대주거지, 신라시대주거지, 원형유구, 습지유구 등 다양한 유적과 유물이 확인되었다.[16]

동덕리유적은 강원도 강릉시 연곡면 동덕리 산8번지 일대로 수산종묘 배양장 설치부지에 대한 구제발굴의 일환으로 1996년 강릉대학교박물관에 의해 발굴된 유적이다. 유적은 해발 약 5~7m높이의 해안가 모래언덕위에 위치하고 있다. 유적지의 북쪽은 오대산에서 발원하여 동해안으로 흘러드는 연곡천 하구에 이르게 되는데 연곡천 유역에는 비교적 넓은 충적평야가 펼쳐져 있고 평야의 말단부에는 해안사구가 발달되어 있다. 조사결과, 동덕리에서는 철기시대 주거지 1기만이 확인되었다.[17]

교항리유적은 강원도 강릉시 주문진읍 교항리 8-2번지 일대로 강원전문대 건물개축부지에 대한 구제발굴의 일환으로 1997~1998년 강릉대학교박물관에 의해 발굴된 유적이다. 교항리유적은 동해바다와 500여m 떨어진 해발 6~7m정도의 해안가 충적사구지대에 위치한다. 유적은 오대산에서 발원하여 동해안으로 흘러드는 신리천 하구에서 남쪽으로 600m정도 떨어져 있다. 동쪽으로는 400m정도 모래사장이 펼쳐지다가 동해와 접해있고 남쪽으로는 모래구릉이 1km정도 펼쳐지다 영진리의 낮은 구릉 너머로 연곡천이 동해로 흘러든다. 교항리 유적에서는 초기철기시대 주거지와 수혈유구들이 확인되었다.[18]

병산동 320-3번지 유적은[19] 강원도 강릉시 320-3번지 일대 주차장 신

---

16) 강원문화재연구소, 강원문화재연구소 학술총서 19책, 『강릉 강문동 철기. 신라 시대 주거지』, 2004, 27~35쪽.
17) 강릉대학교박물관 학술총서 16책, 『강릉 동덕리 주거지』, 1997, 강릉대학교박물 관, 9~14쪽.
18) 강릉대학교박물관, 강릉대학교박물관 학술총서 20책, 『강릉 교항리 주거지』, 1998, 33~40쪽.

축부지로 2004년 강릉문화재연구소에 의해 시·발굴된 유적이다. 조사결과 철기시대주거지, 구상유구, 신라시대주거지등의 유구가 확인되었다. 병산동 320-13번지 유적은[20] 강원도 강릉시 320-13번지 일대 건물신축부지로 2008년 강원고고문화연구소에 의해 발굴된 유적이다. 조사결과, 철기시대주거지, 삼국시대주거지, 수혈유구 등이 확인되었다. 병산동 일대는 남대천의 퇴적작용으로 만들어진 충적대지와 동해의 해안사구가 형성되어있는 지역이다.

3. 분포양상

북한강유역 철기시대 주거지들은 대부분 강이나 하천이 흐르면서 형성된 해발고도 50~100m내외의 충적대지에 위치한다. 춘천지역의 경우 율문리, 신매리, 우두동 유적은 고운 사질토가 퇴적되어 비옥한 경작지를 이루고 있는 춘천분지 일대에 위치한다. 유적지들 인근에는 북한강의 지류인 소양강이 흐르고 이는 다시 문정천, 율문천과 같은 하천들과 인접해 있다. 가평 대성리와 항사리 유적도 북한강 서안을 따라 형성된 충적지 일대에 위치하고 있어 춘천지역 유적들과 유사한 양상을 나타내고 있다(표 1).

강릉지역의 경우 유적들은 모두 해안가에 가까운 해발고도 10m내외의 사구지대에 위치하고 있다. 동해안으로 흘러드는 하천 하류에 형성된 충적대지와 해안사구가 만나는 곳에 유적이 위치하고 있다. 즉, 입지조건에는 다소 차이가 있으나 비옥한 충적대지를 삶의 터전으로 활용한 것은 북한강 유역과 동일하다(표 1).

---

19) 강원문화재연구소, 강원문화재연구소 학술총서 55책, 『강릉 병산동 주거지: 강릉병산동 320-3번지내 유적』, 2006, 9~10쪽.
20) 강원고고문화연구원, 강원고고문화연구원 학술총서 2책, 『강릉 병산동 취락: 강릉 병산동 320-13번지 근린생활시설부지내 유적 발굴조사』, 2010, 7~17쪽.

표 1. 철기시대 주거지 입지조건

북한강지역	입지	해발고도	강릉지역	입지	해발고도
신매리	충적대지		초당동	사구지대	
율문리	충적대지	79m	강문동	사구지대	7~8m
우두동	충적대지	74m	동덕리	사구지대	5~7m
중도	충적대지		교항리	사구지대	6~7m
천전리	충적대지	83~85m	병산동	사구지대	5m
대성리	충적대지	35~39m			
항사리	충적대지	107~110m			
덕현리	충적대지				

　　북한강유역 유적들의 공간적 배치를 살펴보면 가평지역과 춘천지역으로 유적군이 나눠지는 것을 알 수 있다. 가평 대성리와 춘천 신매리유적은 동북쪽으로 38km 떨어져있어 이들 유적간의 거리는 다소 멀지만 동일지역 내에서 확인된 주거유적들은 서로 인접한 거리에 위치하고 있다. 춘천 신매리에서 동북쪽으로 2.9km 떨어진 곳에 춘천 율문리 유적이 위치하고 있고, 춘천 우두동에서 동북쪽으로 2.7km 떨어진 곳에 율문리 유적이 위치하고 있다. 또한, 우두동에서 서북쪽으로 1.9km 거리에 신매리 유적이 위치하고 있어 이들 세 유적은 이등변삼각형 모양을 이루고 있다. 춘천 중도유적에서 동북쪽으로 4.5km 떨어진 곳에 우두동 유적이 위치하고 있고, 율문리에서 동북쪽으로 3.9km 떨어진 곳에 천전리유적이 위치해 있다. 성인걸음으로 시간당 평균 5km정도를 걷는다고 가정하면 이들 유적은 도보로 1~2시간 거리에 위치해 있다(지도 2).

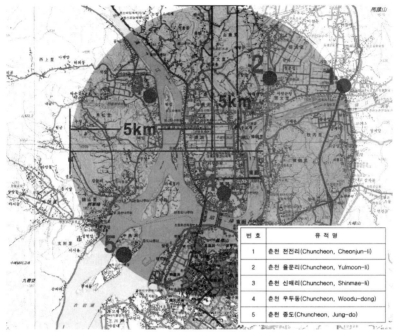

지도 2. 춘천지역 철기시대유적 분포 현황

번 호	유 적 명
1	춘천 천전리(Chuncheon, Cheonjun-li)
2	춘천 율문리(Chuncheon, Yulmoon-li)
3	춘천 신매리(Chuncheon, Shinmae-li)
4	춘천 우두동(Chuncheon, Woodu-dong)
5	춘천 중도(Chuncheon, Jung-do)

　　가평지역도 춘천지역과 마찬가지로 유적들이 인접하여 위치하는데 대성리에서 북쪽방향으로 9.4km 떨어진 곳에 항사리가 위치해 있고, 덕현리에서 북쪽으로 6.6km 떨어진 곳에 대성리가 위치해 있다. 또한 덕현리는 항사리 남쪽 2.8km 떨어진 바로 인접한 곳에 위치한다. 즉, 북한강유역에 위치한 철기시대 주거지들은 대부분 반경 5km 정도 거리에 밀집해 위치하고 있어 비교적 높은 밀집도를 나타내고 있다.

　　강릉지역에서도 북한강 유역과 마찬가지로 유적들이 인접하여 확인되고 있는데 교항리에서 동남쪽으로 14.3km 떨어진 곳에 병산동 유적이 위치하며 그 사이에 동덕리, 강문동, 초당동 유적이 해안을 따라 직선의

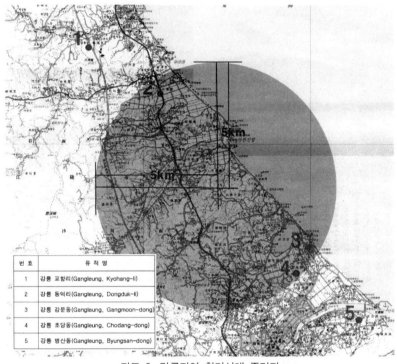

번호	유 적 명
1	강릉 교항리(Gangleung, Kyohang-li)
2	강릉 동덕리(Gangleung, Dongduk-li)
3	강릉 강문동(Gangleung, Gangmoon-dong)
4	강릉 초당동(Gangleung, Chodang-dong)
5	강릉 병산동(Gangleung, Byungsan-dong)

지도 3. 강릉지역 철기시대 주거지

형태를 이루며 인접해 있다. 초당동 유적에서 강문동 유적까지는 동남쪽으로 0.5km 떨어져 있으며 초당동에서 동덕리 유적까지는 서북쪽으로 9.5km 이격되어 있다. 또한 동덕리에서 교항리 유적까지는 동남쪽으로 3.2km 떨어져 있으며 동덕리에서 강문동 유적까지는 동남쪽으로 9.1km 이격되어 있는데 해안을 따라 마을이 형성되고 있는 양상을 보인다(지도 3). 즉, 춘천, 가평, 그리고 강릉지역 내의 유적간의 거리는 평균 3~5km 내외로 이들이 만약 동일한 시기에 존재했었다면 인구밀도가 비교적 높은 마을들이 서로 인접해 있었을 것이다.21)

---

21) 현재 통계적으로 입증할만한 자료는 부족하지만 청동기시대 주거지들이 해발고

Ⅲ. 주거지와 출토유물 검토

1. 주거지

주거지는 구조적인 측면에서 볼 때 출입시설, 기둥배치, 노지의 형태 등이 주요한 속성이다. 출입시설은 철기시대에 등장하는 새로운 요소로서 출입시설의 유무에 따라 주거지의 평면형태가 결정된다. 기둥배치는 실제 주거지의 구조를 복원하는데 있어서 필수적인 요소이지만 발굴과정에서 명확히 드러나지 않는 경우가 많으므로 속성 분류하기에 적합하지 않다. 노지는 발굴과정에서 비교적 명확히 드러나고 특히 철기시대에 다양한 형태가 등장하여 주거지 편년연구에 있어 주요한 속성으로 활용되고 있다.

따라서 본 장에서는 평면형태와 노지의 종류에 따라 주거지를 분류하고 각 속성들이 조합하는 양상에 따라서 지역별 차이가 나타나는지 살펴보고자 한다. 평면형태가 주거지 분류에 있어 가장 명목적이고 대표적인 속성으로 생각되므로 평면형태의 구분이 가능한 주거지를 대상으로 분석을 실시하였다. 북한강 유역의 총 114기 주거지 중에서 평면형태의 구별이 가능한 것은 75기이며 강릉지역의 총 54기 주거지 중에서는 18기가 분석대상이 되었다.

도 100m 내외의 낮은 구릉지대에 위치하면서 유적간의 거리가 평균5~10km 정도를 나타내는 경우가 많다. 반면에 철기시대에 들어서면 주거유적이 해발고도 50m내외의 낮은 구릉지대나 퇴적지에 위치하면서 유적간의 거리도 3~5km정도로 더 밀집하여 위치하는 양상을 나타내고 있어 마을이 분지로 내려오면서 밀집도가 높아지는 양상을 보인다. 이러한 각 시기별 유적들의 공간적 배치에 대한 심도 있는 연구가 필요할 것으로 생각된다.

1) 평면형태

철기시대 주거지는 장방형, 방형, 呂자형, 凸자형 등, 다양한 형태의 주거지가 확인되고 있다. 이들 각 형태의 주거지는 세부적인 편년이나 해석에 차이가 있지만 일반적으로 철기시대 주거지의 평면형태가 크게 방형, 장방형, 呂자형, 凸자형 등으로 나타난다는 점에서는 크게 이견이 없는 것으로 보인다. 따라서 여기에서는 북한강유역과 강릉지역에서 발굴된 주거지들을 위의 네가지 형식을 중심으로 분류하였다.

장방형과 방형의 구분은 장단비를 확인하여 1:1.3 이상은 장방형으로 구분하였다. 말각방형, 육각형 및 주거지의 형태가 불분명한 것들은 기타형식으로 분류하였다. 예를 들어, 呂형 주거지의 부실이나 혹은 凸자형 주거지의 출입구 부분이 유실된 경우 서로간의 형태를 구별할 수 없고 방형과 장방형의 경우 내부수리나 공간을 확장을 위하여 한 면이 개축되는 경우 육각형이나 말각방형과 구별하기 힘든 경우가 있으며, 자연유실에 의해 벽면이 변형된 경우도 정확한 형태를 구별하기 어려워 기타형식으로 분류하였다(표 2).

표 2에서와 같이 북한강유역과 강릉지역 모두 凸자형 주거지의 출도빈도수가 가장 높게 나타나고 있음을 볼 수 있다. 북한강지역의 경우 전체주거지들 중 凸자형 주거지 출토 빈도수는 43%인 반면 呂형주거지 출토 빈도수는 31%로 凸자형 주거지가 10% 이상 높은 빈도수를 나타내고 있다. 강릉지역의 경우 전체주거지중 凸자형 주거지 출토 빈도수는 75%, 呂형주거지는 20%로 凸자형 주거지가 압도적으로 높은 빈도수를 나타내고 있다. 강릉지역이 북한강지역에 비해 凸자형 주거지의 비율이 30%이상 높은 점이 특징적이다. 장방형 주거지의 경우 북한강 유역에서는 4%의 비율로 나타나지만 강릉지역에서는 나타나지 않는다. 방형주거지는 북한강 유역이 13%, 강릉지역이 6%로 두 배 이상 차이가 난다.

표 2. 주거지 평면형태별 출토빈도수

북한강 (유구수)	평면형태 (%)					비고	강릉 지역 (유구수)	평면형태(%)					비고
	呂	凸	장방형	방형	기타			呂	凸	장방형	방형	기타	
율문리 (6)	2 (33)	3 (50)			1 (17)	AD3	초당동 (4)	1 (25)	3 (75)				
신매리 (5)		2 (40)	1 (20)	1 (20)	1 (20)	BC1 ~ AD2	강문동 (2)	2 (100)					AD 1~2
우두동 (5)	2 (40)	1 (20)		1 (20)	1 (20)	AD 1~3	동덕리 (1)	1 (100)					BC1 ~ AD1
중도 (1)					1 (100)	AD 1~2	교항리 (9)		8 (89)		1 (11)		
천전리 (1)	1 (100)					AD 2	병산동 (4)		4 (100)				AD 1~3
춘천 합계 (18)	5 (28)	6 (33)	1 (6)	2 (11)	4 (22)								
대성리 (30)	9 (30)	12 (40)	2 (7)	5 (16)	2 (7)	AD 3							
항사리 (24)	9 (38)	12 (50)		2 (8)	1 (4)	AD 1~5							
덕현리 (2)		2 (100)				AD 2							
가평합계 (56)	18 (32)	26 (46)	2 (4)	7 (13)	3 (5)								
합계 (74)	23 (31)	32 (43)	3 (4)	9 (12)	7 (10)		합계 (20)	4 (20)	15 (75)		1 (5)		

이처럼 지역별로 동일유형의 주거지 개체수에 다소 차이가 있으나 두 지역에서 모두 凸자와 呂자형 주거지가 주류를 이루고 있는 것이 특징이다. 동일 지역에 위치한 춘천과 가평지역의 주거지들을 비교해 보면

각 지역간 주거지의 형태별 분포비율이 유사하게 나타나고 있으며 이러한 양상은 강릉지역에서도 역시 동일하게 나타나고 있다.

한편 강릉지역은 조사된 주거지수에 비해 완전한 평면형태를 확인할 수 있는 주거지가 적은데 주거지의 입지가 해안사구에 입지하다보니 유실되기 쉬웠던 것으로 추측된다. 확인된 주거지의 수가 적으므로 산출된 출토빈도수의 신뢰도가 높은 것은 아니지만 장방형은 전혀 나타나지 않으며 방형의 주거지도 1기밖에 확인되지 않은 것으로 보아 강릉지역에서는 凸자형과 呂자형 주거지가 압도적으로 높게 나타나는 것을 알 수 있다.

각 유적은 절대연대 측정결과를 참조하면 대체적으로 A.D. 1세기에서 4세기 사이에 분포하는 것으로 나타난다. 두 지역간 동일한 평면형태의 주거지에서는 구조상의 뚜렷한 차이점을 보이지 않는다.

2) 노지

철기시대 노지는 연구자들에 따라 의견 차이는 있으나 재료와 형태에 따라 몇 가지 형식으로 분류되고 있는데[22] 본고에서는 대상지역의 노지를 무시설식, 부석식, 점토띠식, 점토띠+부석식, 터널식 등 5개의 형식으로 분류하였다.

---

22) 재료를 사용하지 않고 지표위에 노지를 설치하거나 수혈구덩이를 파고 노지를 사용한 것을 무시설식, 석재를 이용한 노지를 위석식, 부석식, 판석식으로 구분하였다. 또한 점토를 이용한 노지를 점토띠식과 점토둑식으로 구별하고 이러한 형식에 석재를 결합된 형태로 부석형점토띠식, 판석형점토띠식으로 나누어 별개의 형식으로 보기도 한다. 이러한 분류에 따르면 무시설식이 가장 선행하고 그 다음으로는 위석과 점토를 사용한 형식이, 그리고 가장 늦은 시기에 터널식과 부뚜막식 노지로 변화해 온 것으로 알려져 있다.
유창현, 「강원지역 철기시대 주거지 내 노지연구」, 『강원고고학보』 9, 2007, 70~75쪽.
임윤미, 「한국 선사시대 노지연구」, 『숭실사학』 제6집, 1990, 3~12쪽.

무시설식은 지표 위나 혹은 수혈구덩이를 파고 특별한 시설 없이 노지로 사용한 방식이다. 막음돌의 경우 노지에서 조금 떨어져 설치되고 필수적이기보다는 부수적인 요소로 파악하여 무시설식으로 분류하였다.

석재를 사용한 노지는 위석식, 부석식, 판석식 등 그 구조에 따라 다소 차이는 있지만 보존 상태에 따라 바닥에 깔린 돌들만이 확인되는 경우가 많아 본고에서는 부석식의 명칭을 사용하였다.

점토를 이용한 노지는 석재와 함께 점토띠를 두르거나 점토둑을 쌓은 형식으로 나타나는데 본고에서는 점토띠식이라는 용어를 사용하였다. 점토띠식노지에는 타원형의 점토둑 안에서 석재가 확인되는 경우가 있는데 부석식노지처럼 내부에 석재를 깔았던 것으로 추측된다. 그러나 석재의 일부만 확인되는 경우가 많기 때문에 점토띠식의 세부분류로서 점토띠+부석식으로 분류하였다.

그리고 점토와 석재를 이용하여 터널모양의 연도를 만든 노지는 부뚜막, 구들 등 여러 용어가 있으나 여기서는 터널식노지라는 용어를 사용하였다. 터널식노지는 형태에 따라 ㄱ자모양의 연도가 있는 ㄱ터널식노지와 ―자모양의 연도가 있는 ―터널식노지로 나누었다.

이처럼 5개 형식으로 분류된 노지는 주거지 내에 설치되는 방식에 따라서 주거지 내부에 하나의 노지가 설치된 경우 단독노지, 하나 이상의 노지가 설치된 경우 복합노지로 구분하였다. 복합노지는 다른 종류의 노지가 결합하는 양상에 따라 세분하였다.

평면형태의 구별이 가능한 주거지 중 노지가 확인되는 유적을 분석 대상으로 하였으며 북한강유역에서는 61기, 강릉지역에서는 7기가 확인된다(표3, 표4).

노지 형식에 있어서는 북한강유역과 강릉지역의 차이가 드러난다.

북한강유역에서는 대부분의 노지 형식이 모두 확인되고 있다. 단독노지의 경우 춘천지역은 점토띠식이 점토띠+부석식을 포함하여 36%로 가장 높은 빈도수를 보이고 있으나 무시설식이나 부석식의 빈도수도 비슷한 편이다. 반면에 터널식노지는 1기도 확인되지 않았다. 가평지역의 경우 무시설식이 33%로 가장 높은 빈도수를 보이고 있으며 터널식노지가 ─자형과 ㄱ자형을 포함하여 25%로 두 번째로 높은 빈도수를 나타내고 있다.

복합노지는 춘천지역의 경우 2기가 확인되었는데 빈도수로는 18%를 차지한다. 그 중 한 기는 복합노지의 형태가 대부분 무시설식, 부석식, 점토띠식과 같은 이른 단계 노지형식에 터널식노지가 함께 나타나는데 반해 무시설식노지만 2개 확인되었다. 분석단계에서 확인하겠지만 이 주거지는 장단비율이 1:2가 넘는 세장방형의 凸자형 주거지로 청동기시대의 전통이 남아있는 것으로 추측된다. 가평지역의 복합노지는 24%의 빈도수가 나타나고 있으며 이는 단독노지와 비교해 봐도 매우 높은 수치이다. 그리고 복합노지 1기를 제외하고는 모두 터널식노지와 결합된 형태로서 단독 터널식노지의 빈도수를 합하여 주거지 내에 1개 이상 터널식노지가 확인되는 경우의 빈도수는 전체의 47%이다.

반면 강릉지역의 경우 복합노지는 확인되지 않으며 터널식노지 역시 한 기도 출토되지 않았다. 강릉지역에서는 가장 높은 빈도수를 차지하는 것은 점토띠식으로 점토띠+부석식을 포함하여 71%를 나타내고 있다. 확인된 전체 유구 수가 적다하더라도 압도적인 수치임에는 틀림없다.

이처럼 북한강유역과 강릉지역 모두 무시설식이나 점토띠식과 같은 비교적 단순한 형태의 단독노지의 비율이 높게 나타났다. 춘천지역과 강릉지역에서는 점토띠식이 가장 높은 빈도수를 보이고 있으나 강릉지역에서는 복합노지와 터널식노지가 전혀 확인되지 않으며 춘천지역에서도 매우 낮은 빈도수를 보이고 있다. 반면에 가평지역의 경우 다양한 노지의 형태가 모두 확인되며 터널식노지와 복합노지의 빈도수가 높게 나타나는 것이 특징이다.

표 3. 북한강유역 유적별 노지형식

노지형태 / 주거지 평면형태 (유구수)	단독노지						복합노지							
							무시설				부석식			점토띠
	무시설	부석식	점토띠	점토띠+부석식	ㅡ터널식	ㄱ터널식	무시설	부석식	ㅡ터널식	ㄱ터널식	부석식ㄱ터널식	ㄱ터널식	ㅡ터널식	ㅡ터널식
율문리(5)		1(20)		3(60)				1(20)						
우두동(4)	2(50)		1(25)							1(25)				
중도(1)		1(100)												
천전리(1)	1(100)													
춘천합계(11)	3(27)	2(18)	1(9)	3(27)				1(9)		1(9)				
대성리(26)	16(62)	2(7)	3(12)	1(4)	1(4)	2(7)			1(4)					
항사리(22)	1(5)	3(14)		9(40)			1(5)				2(9)	3(14)	3(14)	
덕현리(2)													1(50)	1(50)
가평합계(50)	17(34)	5(10)	3(6)	1(2)	10(20)	2(4)	1(2)		1(2)		2(4)	3(6)	4(8)	1(2)
총합계(61)	20(32)	7(11)	4(6)	4(6)	10(16)	2(3)	1(2)	1(2)	1(2)	1(2)	2(3)	3(5)	4(7)	1(2)

표 4. 강릉지역 유적별 노지형식

유적명(유구수)	무시설	점토띠	점토띠+부석식
강문동(1)			1(100)
교항리(3)		3(100)	
병산동(1)		1(100)	
초당동(2)	2(100)		
총합계(7)	2(29)	4(57)	1(14)

2. 출토유물

분석대상이 되는 출토유물은 평면형태가 확인 가능한 북한강유역 74
개 주거지와 강릉지역 20개 주거지 출토유물 총 2,259점 중에서 기종분
류가 가능한 유물을 대상으로 하였다. 기종 확인이 불가능한 파편이나
빗살무늬토기, 공렬토기 등 철기시대에 해당하지 않는 유물은 제외하였
다. 먼저 토기, 금속기, 석기와 토제품 등 기타 유물 3개의 분야로 나누
어 유적별 출토빈도수를 살펴보고 이를 주거지 속성과 비교하여 분석하
도록 하겠다.23)

---

23) 본 장에서는 주거지에서 출토된 유물들의 계량적 분석이나 형식학적 분류는 지
  양하고 주거지별, 유적별 출토유물의 조합(tool assemblage)을 분석하는데 초점을
  두었다. 예를 들어 하나의 주거지에서 철촉이 3개, 석촉이 2개 출토된 경우 각
  형식의 화살촉에 1점씩을 부여하여 개수가 아닌, 특정한 기능과 용도의 유물이
  나타나는 '출토빈도수'를 계산하여 공반하는 유물들의 구성을 파악하였다. 즉,
  출토유물의 많고 적음을 비교하는 양적분석(quantitative analysis)보다는 각 유구
  에서 출토된 유물의 빈도수(frequency analysis)를 비교하여 각 유적에서 출토된
  유물의 조합을 살펴봄으로서 유적간 고고학적 속성의 차이점을 파악하였다.
  이는 현장에서 발견되는 유물의 경우에 그 유물들이 출토된 유구에 따라 의미가
  다르기 때문이다. 예를 들어, 동일한 종류의 화살촉이나 토기가 주거지와 무덤
  에서 출토된 경우 통계적인 측면에서는 유물의 의미와 속성이 다르다. 무덤에서
  발견되는 유물의 경우 피장자를 위해 의도적으로 부장한 것으로서 유구가 훼손
  되지 않고 잘 보존된 경우 매장한 사람들의 의도가 그대로 반영되어 있어 각 유
  물의 개수와 위치 등이 모두 중요한 의미를 내포하고 있다. 그러나 주거지에서
  발견되는 유물의 경우 화재. 전쟁, 홍수등 급하게 주거지를 포기하지 않으면 안
  되는 경우나 혹은 유물의 파손, 유실, 분실 등의 경우에 주거지 내부에 남겨지는
  경우가 대부분이다. 즉, 사용가능한 고가의 가치를 갖는 유물들을 고의로 주거
  지에 폐기하지는 않았을 것이다. 따라서, 무덤과 주거지는 동일한 종류의 유물
  일지라도 현장에 남겨진 원인과 과정이 다를 수 밖에 없으며 특히 주거지에서
  발견된 유물들은 높은 우연성을 내포하고 있다. 이러한 경우 특정 유물의 양적
  비교보다는 유무의 출토빈 도수를 통해 유물의 조합을 살펴보는 것도 통계적인
  의미가 있다고 판단된다.(Rerris Ritchey, *The Statistical Imagination*, McGraw-Hill,

1) 토기

한반도 철기시대 대표적인 토기 유형은 경질무문토기와 타날문토기이
다.[24] 각 토기 유형은 기능에 따라 다양한 기종으로 나뉘며 세부 형태나
문양에 따라서 시기나 문화의 차이가 드러나기도 한다. 북한강유역과 강
릉지역에서도 경질무문토기와 타날문토기 제작 전통을 공유하고 있으나
세부적인 양상에 있어서는 차이가 나타날 가능성이 있다. 본 장에서는
각 토기 유형의 기종별 출토빈도수를 통해서 두 지역 사이에 차이가 나
타나는지 살펴보겠다.

2000, pp.96~121.)

24) 현재 학계에서 철기시대토기와 관련된 논의는 경질무문토기 단순기론과 경질무
문토기의 계통에 대한 문제이다. 박순발은 경질무문토기의 계통이 서북한 명사
리식토기이며 이후 타날문토기가 전래되기 전까지 한반도 중부지방에 경질무문
토기 단순기가 존재하였다고 주장하고 있다. (박순발, 「한강유역 원삼국시대의
토기의 양상과 변천」, 『한국고고학보』 23, 1989 ; 박순발, 「한성백제 고고학의
연구 현황 검토」, 『고고학』 3-1호, 서울경기고고학회, 2005.) 최병현은 경질무문
토기의 전통이 서북한 지역인 것은 사실이나 경질무문토기와 타날문토기, 터널
식노지가 세죽리 – 연화보유형 문화로부터 함께 전래된 것으로 파악하고 있다.
(최병현, 「원삼국토기의 계통과 성격」, 『한국고고학보』 28, 1998, 한국고고학회)
노혁진, 유은식, 아나스타샤 수보티나 등은 경질무문토기의 계통이 서북지방이
아닌 동북지방에서 온 것으로 파악하여 러시아, 두만강 유역의 토기들과 경질무
문토기에 대한 비교 연구를 진행해왔다.(노혁진, 「중도식 토기의 유래에 대한 一
考」, 『호남고고학보』 19, 2004, 호남고고학회 ; 유은식, 「두만강유역 초기철기
문화 연구」, 숭실대학교 석사학위논문, 2004 ; Subbotina Anastasia, 「철기시대
한국과 러시아 연해주의 토기문화 비교연구 – 경질무문토기를 중심으로 – 」, 서
울대학교 석사학위논문, 2005.)
이러한 논의들과 관련해서 해답을 마련할 수 있는 것이 강원도 철기시대 유적이
다. 지리적 위치상 남북과 동서로 문물의 교류가 빈번하게 이루어져왔으며 그러
한 교류의 결과를 유물을 통해서 확인할 수 있을 것이다. 최근에 강원도지역의
개발과 함께 많은 유적들이 발굴되어 이 부분에 대한 연구가 진척될 수 있을 것
으로 기대한다.

(1) 경질무문토기

경질무문토기의 기종은 크게 옹, 호, 심발, 뚜껑, 완, 시루로 크게 나누고 그 밖에 특이한 기종이 있을 때 추가 시켰다. 가장 많은 수량을 차지하는 옹은 구연부의 형태에 따라 외반구연옹, 내만구연옹, 직구옹 3가지로 나누었다. 유경호의 경우 동체가 구형에 가까워 뚜렷하게 호에 가까운 것도 있으나 외반구연옹과 구분이 잘 가지 않는 경우도 있다. 그런 경우 구경이 저경보다 적거나 동체 축약된 정도가 커서 경부가 뚜렷하게 꺾인 경우, 혹은 견부가 형성된 경우 등을 유경호로 분류하였다. 동체가 거의 직립하거나 사선으로 똑바로 외반하는 경우 심발로 분류하였다. 단 외반구연이지만 구경이 뚜렷하게 동최대경을 이룰때에도 심발로 분류하였다. 이렇게 분류한 경질무문토기의 출토 빈도수는 표5, 6과 같다.

춘천지역은 내만구연옹, 외반구연옹, 직구옹, 직구호, 유경호, 심발, 뚜껑, 시루, 완, 잔 등이 확인되었다. 가평지역에서는 위의 기종 외에 대호, 釜형토기, 삼족토기, 주구부토기가 추가로 확인되었다. 두 지역에서 가장 출토 빈도수가 높은 것은 외반구연옹이다. 춘천지역은 88%이며 가평지역은 96% 출토되었다.

그러나 다른 유물에 있어서는 출토빈도수에 차이를 보이는데 춘천지역은 내만구연옹과 유경호가 50%의 비율을 나타낸 반면 가평지역은 각각 15%, 32%를 나타냈다. 가평지역에서는 심발이 57%로 외반구연옹 다음으로 많은 양이 출토되었다. 직구옹은 춘천이 16%, 가평이 29%로 가평지역이 높게 나타났으며 직구호는 춘천이 6%, 가평이 2%로 나타났다.

뚜껑은 춘천이 6%, 가평이 18%이며 시루나 완은 출토빈도수가 비슷하게 나타났다. 대성리유적에서는 대호, 釜형토기, 삼족토기가 2점씩 출토되었다. 이 중 釜형토기는 원통형 토기 중간에 돌대를 두어 부뚜막에 걸 수 있도록 만든 토기로서 대성리에서 2점이 출토되었는데 다른 유적에서는 출토된 예가 없다. 항사리유적에서는 주구부토기가 1점 확인되었는데 주구부토기의 경우 대성리에서 1점이 출토되었는데 타날문토기에서 주로 주구부토기가 출토된다는 점으로 보아 타날문토기의 영향을 받은 것으로 추측된다.

표 5. 북한강유역 주거지 출토 경질무문토기 출토빈도수

기종(%) / 유적명 (유구수)	내만구연옹	외반구연옹	직구옹	직구호	유경호	심발	대호	뚜껑	釜형토기	삼족토기	시루	완	잔	주구부토기
율문335(6)	1 (16)	5 (83)			3 (50)	1 (16)		1 (16)						
신매대교(5)	4 (80)	2 (40)	1 (20)		1 (20)	2 (40)						2 (40)	1 (20)	
우두동(5)	3 (60)	5 (100)	1 (20)	1 (20)	3 (60)	4 (80)					1 (20)	1 (20)		
중도(1)	1 (100)		1 (100)		1 (100)						1 (100)	1 (100)		
천전리(1)		1 (100)			1 (100)									
춘천합계(18)	9 (50)	16 (88)	3 (16)	1 (6)	9 (50)	7 (38)		1 (6)			2 (11)	4 (22)	1 (6)	
대성리(30)	8 (26)	26 (86)	7 (23)	1 (3)	7 (23)	24 (80)	2 (7)	1 (3)	2 (7)	2 (7)	6 (20)	8 (27)		
항사리(24)	1 (4)	24 (100)	8 (33)		10 (41)	6 (25)		9 (38)			1 (4)	3 (13)		1 (4)
덕현리(2)		2 (100)	1 (50)		1 (50)	2 (100)								
가평합계(56)	9 (15)	54 (96)	16 (29)	1 (2)	18 (32)	32 (57)	2 (4)	10 (18)	2 (4)	2 (4)	7 (13)	11 (20)		1 (2)
총합계(74)	18 (24)	70 (95)	19 (26)	2 (3)	27 (36)	39 (53)	2 (3)	11 (15)	2 (3)	2 (3)	9 (12)	15 (20)	1 (1)	1 (1)

표 6. 강릉지역 주거지 출토 경질무문토기

기종(%) 유적명 (유구수)	내만구연옹	외반구연옹	직구옹	유경호	심발	대호	뚜껑	시루	완	원공토기
초당동(4)	2 (50)	3 (75)		1 (25)	2 (50)		1 (25)	1 (25)	1 (25)	
강문동(2)		1 (50)	2 (100)	1 (50)		1 (50)			1 (50)	
동덕리(1)	1 (100)	1 (100)	1 (100)	1 (100)	1 (100)			1 (100)		
교항리(9)	7 (78)	7 (78)	5 (56)	6 (67)	4 (44)	1 (11)		1 (11)	3 (33)	1 (11)
병산동(4)		2 (50)	1 (25)	2 (50)	1 (25)					
총합계(20)	10 (50)	14 (70)	9 (45)	11 (55)	8 (40)	2 (10)	1 (5)	3 (15)	5 (25)	1 (5)

　　강릉지역에서는 내만구연옹, 외반구연옹, 직구옹, 유경호, 심발, 대호, 뚜껑, 시루, 완, 원공토기가 출토되었다. 대호와 원공토기를 제외하고는 춘천지역과 같은 기종이 확인된다. 출토빈도수는 북한강유역과 같이 외반구연옹이 70%로 가장 높은 수치를 나타내고 있으며 다음으로 내만구연옹과 유경호가 50%, 55%를 나타낸다. 이처럼 외반구연옹, 유경호, 내만구연옹의 순서로 빈도수가 나타나는 것은 춘천지역과 공통적이다.

　　직구옹과 대호는 각각 45%, 10%로 북한강유역보다 높은 수치를 나타낸다. 뚜껑, 시루, 완은 북한강유역과 비슷한 수치이다. 일공토기는 평저 심발형토기 저부 가운데 원 한 개를 투공한 토기로 교항리에서 1점 출토되었다. 기능은 확실치 않으나 동북지방에서 주로 출토되는 기종으로서 강릉지역이 동북지방의 영향을 받았다는 사실을 확인할 수 있다.

　　북한강유역과 강릉지역의 경질무문토기는 기종분포에 있어 차이는 있지만 옹, 호, 발, 뚜껑, 시루, 완과 같은 주요한 기종은 공통적으로 확인되고 있다. 기종 분포와 출토빈도수에 있어서 가평지역보다는 강릉지역과 춘천지역이 유사점을 보이고 있다. 가평지역은 다른 지역에서 출토된 예가 없는 다양한 기종이 확인되고 있어 다른 지역과 차이점이 나타난다.

(2) 타날문토기

타날문토기는 정제된 점토에 물레성형, 환원염소성, 타날기법이 채용된 토기로서 이전시기와는 확연히 다른 새로운 토기 기술이 적용된 것으로 한반도에서는 철기시대에 처음으로 확인된다. 그 기원에 대해서는 전국(戰國)계와 한(漢)계 두 가지 설이 있으며 편년에 대해서도 이견이 있다. 대체로 단경호가 가장 이른 시기에 나타나며 새로운 기종이 등장하면서 점차 백제토기, 혹은 신라토기화 한다. 본고에서는 보고서 상에 와질토기, 연질토기, 회흑색무문토기 등으로 기술된 토기들도 모두 물레와 타날성형이 도입되어 제작된 것으로 보고 타날문토기로 분류하였다.[25]

한식계토기는 낙랑의 영향을 받아 현지에서 제작되었거나 혹은 수입된 것으로 생각되는 유물로서 양자를 구분하는 것은 쉽지 않다. 한식계토기는 출토양이 많지 않고 편으로 출토되어 기종분류가 불가능한 유물도 있으나 당대에도 고가품으로 유통량이 많지 않았을 것이므로 최대한 수량을 파악하는 것이 의미가 있다고 생각되어 기종분류를 하지 않고 출토빈도수만 산출하였다. 회청색토기는 타날문토기에 보다 고화도 소성하여 도질화한 토기로서 대체로 국가단계에 진입한 이후에 등장하는 유형이다. 철기시대에는 출토수량이 많지 않고 국가단계 정치체의 영향력을 반증하는 자료이기도 하기에 출토빈도수를 파악하였다. 이렇게 분류한 타날문토기, 한식계토기, 회청색토기의 출토빈도수는 다음의 표 7, 8과 같다.

---

25) 최병현은 새로운 태토의 선정, 녹로의 사용, 타날기법의 사용, 실요 소성과 같은 총체적인 토기제작기술의 도입이 바로 타날문토기 생산체제의 확립으로 보고 이러한 제작기술이 도입된 토기를 타날문이 확인되지 않더라도 타날문토기로 분류하고 있다.(최병현, 앞의 글, 1998, 119쪽)

표 7. 북한강유역 주거지 출토 타날문토기 출토빈도수

기종(%) 유적명(유구수)	단경호	대옹	대호	동이	뚜껑	발	시루	심발형토기	양이부호	장경호	장란형토기	직구호	파수	호	한식계토기	회청색토기
율문리 (6)	2 (33)											1 (16)	2 (33)			
신매대교 (5)														1 (20)		
우두동 (5)	3 (60)			1 (20)						1 (20)		1 (20)		1 (20)	1 (20)	
중도 (1)	1 (100)			1 (100)				1 (100)			1 (100)					
천전리 (1)														1 (100)		
춘천합계 (18)	6 (33)			2 (11)				1 (6)		1 (6)	1 (6)	2 (11)	2 (11)	3 (17)	1 (6)	
대성리 (30)	17 (57)	2 (7)	2 (7)	4 (13)		1 (3)	1 (3)			3 (10)		3 (10)	3 (10)	16 (53)	10 (33)	
항사리 (24)	8 (33)	1 (4)		5 (20)	1 (4)			4 (16)	2 (8)	1 (4)	10 (41)		4 (16)	8 (33)		8 (33)
덕현리 (2)								1 (50)								
가평합계 (56)	25 (45)	3 (5)	2 (4)	9 (16)	1 (2)	1 (2)	5 (9)	3 (5)	1 (2)	3 (5)	10 (18)	3 (5)	7 (13)	24 (42)	10 (18)	8 (14)
총합계 (74)	31 (42)	3 (4)	2 (3)	11 (15)	1 (1)	1 (1)	5 (7)	4 (5)	1 (1)	4 (5)	11 (15)	5 (7)	9 (12)	27 (36)	11 (15)	8 (11)

표 8. 강릉지역 주거지 출토 타날문토기 출토빈도수

기종(%) 유적명 (유구수)	단경호	대상 파수	발	장경호	직구옹	직구호	호	회청색 토기
초당동(4)	1(25)	1(25)					1(25)	
강문동(2)	2(100)		1(50)				2 (100)	
교항리(9)	1(11)			2(22)	1(11)	1(11)	1(11)	2(22)
동덕리(1)								
병산동(4)	1(25)							
총합계(20)	4(20)	1(5)	1(5)	2(10)	1(5)	1(5)	4(20)	2(10)

  산출결과 북한강유역과 강릉지역의 양상이 다르게 나타났다. 전반적으로 가평지역은 다양한 기종이 확인되고 있으나 춘천지역과 강릉지역에서는 타날문토기의 출토양도 적고 확인되지 않는 기종도 많다. 두 지역모두 가장 빈도수가 높은 것은 단경호이다. 그러나 강릉지역은 20%, 춘천지역은 33%, 가평지역은 45%로 각각 10% 이상 차이가 나고 있다.
  심발형토기와 장란형토기의 경우 춘천지역에서는 각각 6%가 확인되고 가평지역에서는 각각 6%, 18%가 확인되었으나 강릉지역에서는 전혀 출토되지 않았다. 심발형토기와 장란형토기는 자비용기로 경질무문토기가 점차 소멸하면서 그 기능을 대체하기 위해 등장한 것으로 그 시기는 대체로 3세기 중엽으로 알려져 있다.[26] 강릉지역에서 타날문토기의 출토량이 적은 것은 경질무문토기 전통이 강해서 타날문토기로의 대체가 빠르게 이루어지지 않았거나 심발형토기가 등장하기 이전 단계의 이른 시

---

26) 박순발, 앞의 글, 2005.
  한지선, 「토기를 통해서 본 백제 고대국가 형성과정 연구」, 중앙대학교 석사학위 논문, 2003.

기 유적일 가능성이 있다. 이와 관련해서는 다음 장에서 논의하겠다.

한식계토기는 가평지역에서만 확인되고 강릉지역에서는 출토되지 않았다. 그러나 본 논고에서 다루지 않은 강릉 송정동 유적에서 한식계토기가 출토된 예가 있으므로 강릉지역에서 낙랑과의 교류가 전혀 없었다고는 볼 수 없다. 그러나 출토빈도수가 가평지역에서 높게 나타나는 것은 사실이다. 회청색토기는 춘천지역에서는 확인되지 않으나 가평과 강릉지역에서는 비슷하게 나타난다.

2) 금속기 - 철기, 청동기

금속유물은 역시 기형 확인이 가능한 유물만 대상으로 하였으며 미완성이거나 용도가 불분명한 유물은 제외하였다. 철기와 청동기, 철기와 청동기의 결합식 세가지로 분류한 후 세부 기형별로 분류하였다.(표 9, 10)

북한강 유역에서는 신매리를 제외한 나머지 유적 모두에서 철제유물들이 출토되었다. 철부, 철착, 철겸 등의 철제농공구를 비롯하여 소찰, 철도자, 철촉과 같은 무기류, 철호와 같은 생활용구도 출토되고 있다. 특히 U자형 삽날, 철도자, 낚시바늘 등은 비교적 이른 시기에 출토되는 것으로 알려져 있는데[27] 이러한 유물들은 대성리, 우두동, 율문리에서 공반하여 출토되었다.

금속기 역시 춘천지역에서는 삽날, 비녀, 송곳, 철도자, 철촉과 같은 몇 가지 기형만 출토되는데 비해서 가평지역에서는 거의 모든 철기와 청동기가 확인된다. 춘천에서 가장 철기의 출토율이 높은 유적은 우두동 유적으로 특히 환두소도가 출토되어 주목된다. 덕현리와 천전리, 율문리의 경우 소수의 철제품만이 수습되었다.

---

27) 송만영, 「중부지방 원삼국문화의 편년적 기초: 주거지 상대편년을 중심으로」, 『한국고고학보』 41, 1999, 58~65쪽.

가평지역에서는 대성리유적에서 거의 모든 금속기가 출토되었다. 철부들 중 2조돌대문철부는 대성리에서만 유일하게 확인되었을 뿐 북한강의 다른 유적이나 강릉지역에서는 발견된 예가 없어 시기적, 지역적 차이를 반영한 결과일 가능성이 있다. 2조돌대문철부는 기원전 3~2세기경 연(燕)나라 철기문화의 유입으로 평북 영변 세죽리에서 출토된 예가 있는 것으로 알려져 있다.[28] 대성리에서는 유사한 형태의 2조돌대문철부가 절대연대측정이 실시된 10호, 14호, 16호 주거지에서 출토되었는데 평균 A.D. 3세기경으로 확인되어 시기적으로는 다소 차이가 있다.[29]

청동기는 동포, 청동관, 팔찌와 같은 장신구 위주이다. 또한 청동화살촉에 철제경부가 결합되어있는 철경동촉은 낙랑과 관련된 유물로 역시 대성리에서만 출토되었다. 북한강유역에서 가장 출토 빈도수가 높은 유물은 철도자로 34%가 출토되었으며 그 다음으로는 철촉, 철부가 각각 20%, 18% 출토되었다.

---

28) 한국고고학회, 『한국고고학강의』, 2007, 124~128쪽.
29) 경기문화재연구원, 앞의 책, 2009.

표 9. 북한강유역 주거지 출토 금속기 출토빈도수

유적명 (유구수)	철기																									청동기			
기종	철부	삽날	고리칼	교구	역석	끌	낚시바늘	비녀	삽도	소찰	소형철	송곳	자귀	철정	철괴	철도자	철복	철사	철제	철창	철촉	철주	철겸	철호	환두소도	동포	환형동기	판비	철경동촉
율문335 (6)	1 (16)																												
신매대교 (5)																													
우두동 (5)			1 (20)					1 (20)	1 (20)			2 (40)				2 (40)					1 (20)				1 (20)				
중도 (1)																				1 (100)	1 (100)								
천전리 (1)																					1 (100)								
춘천합계 (18)	1 (5)		1 (5)					1 (5)	1 (5)			2 (11)				2 (11)				1 (5)	3 (17)				1 (5)				
내성리 (30)	11 (37)	2 (7)		2 (7)		1 (3)	3 (10)	2 (7)		1 (3)	3 (10)		3 (10)	5 (17)	3 (10)	14 (47)	1 (3)	3 (10)	2 (7)		8 (27)	2 (7)	1 (3)	1 (3)		1 (3)	1 (3)	1 (3)	1 (3)
항사리 (24)	2 (8)				1 (4)						5 (21)					9 (38)				2 (8)									
덕현리 (2)																													
가평합계 (56)	13 (23)	2 (4)		2 (4)		1 (2)	3 (5)	2 (4)		1 (2)	3 (5)		3 (5)	10 (18)	3 (5)	23 (41)	1 (2)	3 (5)	2 (4)	4 (7)	12 (21)	2 (4)	1 (2)	1 (2)		1 (2)	1 (2)	1 (2)	1 (2)
총합계 (74)	13 (18)	3 (4)	1 (1)	2 (3)	1 (1)	1 (1)	3 (4)	2 (3)	1 (1)	1 (1)	3 (4)	2 (3)	3 (4)	10 (14)	3 (4)	25 (34)	1 (1)	3 (4)	2 (3)	5 (7)	15 (20)	2 (3)	1 (1)	1 (1)	1 (1)	1 (1)	1 (1)	1 (1)	1 (1)

표 10. 강릉지역 주거지 출토 금속기 출토빈도수

유적명 (유구수) \ 기종	삽날	낚시바늘	슬래그	철도자
초당동(4)		1(25)		
강문동(2)				
교항리(9)	1(11)			
동덕리(1)				
병산동(4)			1(25)	1(25)
총합계(20)	1(5)	1(5)	1(5)	1(5)

한편 강릉지역에서는 철기가 거의 출토되지 않아서 북한강 유역과는 매우 다른 양상을 나타내고 있다(표 10). 강릉지역과 북한강유역에서 공통적으로 출토되는 유물은 삽날과 철도자로 철도자는 북한강유역에서도 출토율이 높다. 또한 삽날은 U자형 삽날로서 북한강유역에서 출토되는 것과 형태가 매우 유사하다.

3) 기타 유물 – 석기, 토제품, 옥, 유리

토기와 금속기 외에 기타 유물로 기형 확인이 가능한 석기와 토제품, 그리고 옥과 유리의 출토빈도수를 살펴보았다. 이 시기에 철기의 제작이 시작된 것은 사실이나 유적에서 출토되는 양은 미미하다. 실제로는 대부분의 생활용구는 여전히 석기가 사용되었다. 토제품 역시 종류가 다양하지는 않지만 생활용구로서 이른 시기부터 꾸준히 사용되어왔다. 옥과 유리는 장신구로서 철기시대 당시에 위신재로 사용되었을 가능성이 있다.

북한강유역에서는 비교적 다양한 종류의 석제, 토제 유물들이 수습되었다(표11). 춘천지역의 경우 석부와 석촉, 지석, 공이, 따비와 같이 생활용구 위주로 출토되었다. 토제품 중에서는 방추차가 출토되었으나 출토빈도수는 높지 않다. 그러나 가평지역의 경우 특히 대성리유적에서 다양한 기종의 석기가 출토되었다. 생활용구를 비롯하여 수정이나 장신구도 출토되었다. 또한 옥과 유리도 확인되었다. 항사리 유적에서는 지석과 석촉, 옥과 유리 등이 확인되었다. 석기의 출토빈도수는 낮은 편이다. 북한 강유역에서 가장 높은 출토 빈도수를 보이는 유물은 지석과 토제품이다.

강릉지역에서 출토된 석기는 북한강유역에 비해서 그 종류가 적다.(표 12) 석촉을 제외하면 모두 대패, 반월형석도, 발화석, 어구, 지석 등 생활용구들이다. 출토빈도수는 지석이 40%로 높은 빈도수를 보이고 있고 다음으로 석촉이 20%를 나타낸다. 나머지의 빈도수는 5%이다. 강릉지역이 출토양은 적지만 대상 유적수가 적으므로 북한강유역보다 높은 출토빈도수를 보이고 있다. 토제품은 방추차, 송풍관, 어망추, 원판형토제품, 토관 등이 확인 되었으며 방추차가 25%로 가장 높은 출토빈도수를 나타냈다. 강릉지역에서는 북한강유역과 같이 유리나 옥과 같은 장신구류는 출토되지 않았다. 북한강지역 전체와는 차이가 있지만 춘천지역과는 기종출토양상이나 출토빈도수에서 유사함을 나타내고 있다.

이상과 같이 북한강유역과 강릉지역의 출토유물을 분류하여 본 결과 가평지역을 제외하고 춘천지역과 강릉지역은 유물의 출토양상이 비슷하게 나타났다. 호, 옹, 심발, 시루, 완과 같은 주요 기종들은 전 지역에서 모두 확인되며 외반구연옹의 출토빈도수가 가장 높다. 그 외 춘천과 강릉지역은 내만구연옹과 유경호의 출토빈도수가 높은 반면 가평지역은 釜형토기, 삼족토기와 같은 독특한 기종이 다수 확인된다. 타날문토기의 경우도 춘천지역과 강릉지역에서는 호, 옹과 같은 기종 위주로 확인이 되지만 가평지역은 심발형토기, 장란형토기 등 3세기 중엽경의 토기가 확인되며 한식계토기와 회청색토기의 비율도 다른 지역에 비해 높은 편이다.

표 11. 북한강유역 주거지 출토 기타유물 출토빈도수

유적명 (유구수)	석기																				옥	유리	토제품			
기종 (%)	유구석부	편인석부	합인석부	석부	무경석촉	유경양익석촉	석촉	갈돌	지석	찰절석기	석지	돌돈	따비	모룰	석도	수정	장신구	석제	발화석	방추차	옥	유리	방추차	송풍관	어망추	완형토제품
율문335(6)			1 (16)	1 (16)				1 (16)										1 (16)					1 (16)			
신매대교(5)						1 (20)			2 (40)				1 (20)					1 (20)					2 (40)			
우두동(5)		1 (20)					1 (20)	1 (20)	1 (20)						1 (20)								1 (20)			
중도(1)								1 (100)				1 (100)														
천전리(1)	1 (100)										1 (100)			1 (100)												
춘천합계(18)	1 (5)	1 (5)	1 (5)	1 (5)		1 (5)	1 (5)	3 (16)	3 (16)		1 (5)	1 (5)	1 (5)	1 (5)	1 (5)			2 (11)					4 (22)			
대성리(30)					1 (3)		1 (3)	1 (3)	10 (33)	1 (3)	1 (3)				1 (3)	3 (10)	1 (3)		1 (3)	1 (3)	3 (10)	1 (3)	13 (43)		1 (3)	5 (16)
항사리(24)							3 (12)		8 (33)						1 (4)						2 (8)	3 (12)	5 (21)	1 (4)		6 (25)
덕현리(2)					1 (50)																2 (100)					
가평합계(56)	1 (2)			1 (2)	2 (4)	1 (1)	4 (7)	1 (2)	18 (32)	1 (2)	1 (1)	1 (1)	1 (1)	1 (2)	2 (4)	3 (5)	1 (2)	4 (5)	1 (2)	1 (2)	7 (12)	4 (7)	18 (32)	1 (2)	1 (2)	11 (20)
총합계(74)	1 (1)	1 (1)	1 (1)	2 (3)	2 (3)	1 (1)	5 (7)	4 (5)	21 (28)	1 (1)	1 (1)	1 (1)	1 (1)	1 (1)	3 (4)	3 (4)	1 (2)	4 (5)	1 (1)	1 (1)	7 (9)	4 (5)	22 (30)	1 (1)	1 (1)	11 (15)

표 12. 강릉지역 주거지 출토 기타유물 출토빈도수

기종 유적명 (유구수)	석기						토제품					
	대패	반월형석도	발화석	석촉	유경식석촉	조합식어구	지석	방추차	송풍관	어망추	원판형토제품	토관
초당동(4)				1 (25)	1 (25)					1 (25)	1 (25)	
강문동(2)												
교항리(9)							5 (55)	4 (44)				1 (11)
동덕리(1)	1 (100)			1 (100)			1 (100)					
병산동(4)		1 (25)	1 (25)	1 (25)		1 (25)	2 (50)	1 (25)	1 (25)			
총합계(20)	1 (5)	1 (5)	1 (5)	3 (15)	1 (5)	1 (5)	8 (40)	5 (25)	1 (5)	1 (5)	1 (5)	1 (5)

금속기의 경우 춘천지역은 철촉과 소도자, 삽날과 같은 생활용구 관련된 유물이 확인되는 반면 가평지역의 경우 청동 장신구나 철경동촉, 이조선돌대철부와 같이 다른 지역에서 확인되지 않는 금속기들이 다량 출토되었다. 강릉지역에서는 철제유물이 소량 확인되었으나 U자형 삽날이나 소도자와 같이 북한강유역 출토 철기들과 공통적인 유형이 출토되고 있다. 석기 또한 춘천지역은 석부나 지석과 같은 생활용구의 출토빈도수가 높게 나타난다. 가평지역도 지석의 출토빈도수가 가장 높게 나타나지만 수정이나 옥, 유리와 같은 장신구들이 출토되고 있어 주목된다. 강릉지역도 지석의 출토빈도수가 가장 높으나 북한강유역에 비해 출토되는 석기의 종류는 적은 편이다.

이처럼 비슷한 문화요소들을 공유하고 있으면서도 춘천지역, 가평지역, 강릉지역 출토 유물양상에 차이가 나타나는 것은 가평지역 유적의 특수성 때문일 것으로 추측한다. 가평지역의 대표적인 유적인 대성리유적은 조사된 주거지 수도 많을 뿐 아니라 밀집도도 대단히 높다. 주변이 산지여서 농사에 적합한 지형이 아님에도 불구하고 상당한 규모의 마을을 유지할 수 있었던 데에는 그만한 인구를 부양할 정도의 경제력이 뒷받침되었을 것이며 아마도 수계를 이용한 무역업에 종사하였을 것으로 추측된다. 이는 대성리유적에서 출토되는 유물을 통해서 확인이 가능하다. 대성리유적에서는 강원도지역 철기시대 유적 중에서 유례가 없을 정도로 철기의 출토양이 매우 많으며 한식계토기와 철경동촉 등 낙랑의 영향을 받은 유물의 출토예도 많다. 이로 보아 대성리유적은 다른 유적에 비해 위계가 높은 지역단위의 유적이 아니었을까 추측된다.

지역단위의 비교는 어느 정도의 경향성을 파악할 수 있으나 대성리유적과 같은 대단위 유적의 영향이 강하게 나타나는 가평지역의 결과를 그대로 받아들이기에는 무리가 있다. 다음 장에서는 보다 세부적인 지역차이를 드러내기 위해서 전 장에서 분석했던 주거지 속성에 따라 형식분류를 시도하고 한강유역과 강릉지역의 유물상을 비교해봄으로서 북한강유역 철기시대 주거지의 지역적 특성과 성격을 밝혀보도록 하겠다.

Ⅳ. 지역별 성격

1. 주거지

앞 장에서는 북한강유역과 강릉지역을 주거지를 평면형태와 노지의 형태별 속성에 따라 분류하고 각 속성에 따른 빈도수를 산출하였다. 평면형태에 있어서 정도의 차이는 있지만 凸자형, 呂자형, 방형, 장방형의 순으로 빈도수가 나타나는 것을 확인할 수 있었으며 노지는 모든 유적에서 무시설식이나 점토띠식과 같은 단순한 형태의 단독노지의 빈도수가 높게 나타났으나 춘천과 강릉지역에서는 복합노지의 빈도수가 없거나 낮은 반면 가평지역에서만 높게 나타났다. 본 장에서는 절대연대측정이 이루어진 노지를 분석하여 상대편년을 설정하고 각 노지형식과 평면형태사이의 관계를 보다 심도 있게 분석하고자 한다.

표13에서는 절대연대측정이 실시된 주거지출토 노지를 선별하여 살펴보았다. 무시설식 노지의 경우 대성리, 우두동에서 측정된 연대를 살펴보면 기원전후한 시기부터 A.D. 1세기 후반에서 4세기까지 비교적 광범위하게 나타난다. 무시설식은 환경이나 입지조건의 차이 없이 청동기시대 이래로 가장 널리 사용되던 방식인 만큼 확인되는 시간적 범위도 큰 것으로 판단된다. 부석식 노지는 율문리, 대성리, 우두동, 항사리 유적에서 연대측정된 결과 기원전후한 시기에서부터 A.D. 4세기까지 무시설식과 마찬가지로 폭넓은 범위를 나타내고 있다. 점토띠식은 율문리, 대성리 우두동, 강문동에서 연대측정된 수치를 살펴보면 기원전에는 확인되지 않다가 A.D. 1~3세기에 집중적으로 나타나고 있다. ㄱ자 터널식 노지는 항사리 2기의 주거지에서만 연대측정이 되었는데 A.D. 4세기 초를 나타냈다. 一자 터널식노지는 우두동, 항사리, 덕현리유적에서 연대측정이 실시되었는데 A.D. 1세기에서 5세기 초까지의 시간대를 나타냈다.

노지는 무시설식, 부석식, 점토띠식 노지들이 다소 앞선 시기부터 사용되다가 점차 터널식노지가 보급된 것으로 판단된다. 그러나, 항사리유적의 경우처럼 터널식은 무시설식, 부석식 노지등과 동일한 주거지에서 공반되는 것으로 보아 조리와 난방의 기능이 점차 분화된 것으로 판단된다. 이는 연대측정한 시료의 숫자가 적고 지역별로 균등하지 않아 나타난 결과일수도 있으나 노지 형식의 차이가 주거지의 입지조건이나 생활양식에 따라 노지의 선택과 존속기간에 지역마다 차이가 있었을 것으로 판단된다. 그러므로 노지가 무시설식, 부석식, 점토띠식과 같은 형식이 터널형노지, 복합노지의 순서로 이행하는 것은 어느 정도의 경향성은 있

지만 형식별로 시간차가 크지 않고 단절적으로 변화가 이루어진 것은 아
니고 동시기에 서서히 경향이 변화하였을 것으로 추측된다.

표 13. 유적별 노지의 절대연대

유적명 \ 형식	무시설식	부석식	점토띠식	(ㄱ자)터널식	(一자)부뚜막식
율문리 1호			A.D. 280		
율문리 3호			A.D. 210~340		
율문리 4호		B.C.60~A.D. 280			
율문리 8호		A.D. 160			
대성리 3호	AD 3C 말				
대성리 10호		AD 3C 초			
대성리 14호			AD 3C 중		
대성리 16	AD 3C				
대성리 22호					AD 3C말
우두동 인1호		AD120~350			
우두동 인3호	AD90~120				
우두동 인4호	AD180~270				
우두동 35-3			AD10~40		
항사리 가1호					AD 450
항사리 가8호					AD 420
항사리 나9호		AD320		AD320	
항사리 나10호					AD320
항사리 나12호		BC50			BC50
항사리 나13호					AD90
항사리 나16호					AD280
항사리 나21호					AD220
강문동II-1			AD100~200		
덕현리 1호					AD 100~280

그러면 평면형태에 따라 노지형식이 어떻게 결합되어 나타나는지 표14와 표15를 통해 살펴보겠다. 노지형식이 확인되는 주거지에 한에서 분류가 이루어졌으므로 북한강유역은 총 61기, 강릉지역은 7기의 주거지를 대상으로 조사되었다. 표14는 북한강유역의 평면형태에 따른 노지형식분류이다. 평면형태는 보다 명확한 분석을 위해 기타로 분류되었던 말각방형과 육각형, 그리고 출입부 일부가 유실되어 몸자형인지 凸자형인지 확인할 수 없는 형태를 따로 분류하였다. 이들 주거지 형태는 예가 별로 없어 비교하기는 어렵지만 특이한 양상을 띄고 있거나 주요한 유적이기 때문에 언급하고자 한다. 말각방형은 중도1호 주거지 1기가 확인되었으며 평면형태가 거의 타원형에 가깝다. 부석식노지가 처음으로 확인되어 중도식노지로 이름 붙여지기도 했다. 육각형은 항사리 가-4호 주거지로 장단비가 거의 비슷하여 정육각형에 가까운 형태이나 출입구는 확인되지 않았다. 여기서는 부석식과 ㅡ자 터널식노지가 함께 설치되었다. 출입부가 일부만 남아있어 몸자형인지 凸자형인지 확인할 수 없는 형태는 우두동 롯데인벤스유적 1호주거지로 세장방형에 무시설식노지 2기가 설치되었다.

평면형태에 따른 노지형식 분석 결과 방형주거지에서는 ㅡ자형 터널식노지가 67%로 가장 높은 빈도수가 나타났다. ㄱ자형 터널식노지와 합하면 84%로 거의 압도적인 수치이다. 장방형주거지의 경우도 터널식노지와 복합노지를 합하면 66%의 높은 빈도수가 나타났다. 말각방형주거지는 부석식노지 1기만이 확인되었다. 육각형주거지도 부석식노지와 ㅡ자형 터널식노지의 복합노지 1기가 확인되었다. 凸자형 주거지는 무시설식노지가 25%로 가장 높은 빈도수가 나타났으며 터널식노지와 복합노지를 합하여도 29%로 무시설식노지의 빈도수와 큰 차이가 나지 않는다. 몸자형 주거지에서도 무시설식노지가 50%로 가장 높은 빈도수가 나타났으며 터널식노지와 복합노지를 합하여도 41%이다. 몸자형인지 凸자형인지 확인할 수 없는 형태는 무시설식노지 2기가 결합된 복합노지 주거지 1기만이 확인되었다.

표 14. 북한강유역의 평면형태에 따른 노지형식 분류

주거지 평면형태(유구수) \ 노지형태(%)	단독노지 무시설	단독노지 부석식	단독노지 점토띠	단독노지 점토띠+부석식	단독노지 ㅡ터널식	단독노지 ㄱ터널식	복합노지 무시설-무시설	복합노지 무시설-부석식	복합노지 무시설-ㅡ터널식	복합노지 무시설-ㄱ터널식	복합노지 부석식-부석식ㄱ터널식	복합노지 부석식-ㄱ터널식	복합노지 부석식-ㅡ터널식	복합노지 점토띠-터널식
방형(5)	1(20)				3(60)	1(20)								
장방형(3)	1(33)					1(33)				1(33)				
말각방형(1)		1(100)												
육각형(1)													1(100)	
凸(28)	7(25)	6(21)	4(14)	2(7)	5(17)			1(4)				1(4)	1(4)	1(4)
呂(21)	11(52)			2(9)	2(9)						2(9)	2(9)	2(9)	
凸?呂(2)							1(50)		1(50)					
총합계(61)	20(32)	7(11)	4(6)	4(6)	10(16)	2(3)	1(2)	1(2)	1(2)	1(2)	2(3)	3(5)	4(7)	1(2)

표 15. 강릉지역 주거지의 평면형태에 따른 노지형식 분류

주거지 평면형태(개수) \ 노지형태(%)	무시설	점토띠	점토띠, 부석식
呂(2)	1(50)		1(50)
凸(5)	1(20)	4(80)	
총합계(7)	2(28)	4(58)	1(14)

표15는 강릉지역 주거지의 평면형태에 따른 노지형식 분류로서 평면형태는 呂자형과 凸자형 두가지가 확인된다. 呂자형 주거지는 무시설식노지 1기, 점토띠+부석식노지가 1기 총 2기가 확인되어 각각 50%의 빈도수를 갖는다. 凸자형 주거지는 무시설식노지가 20%, 점토띠식노지가 80% 출토되어 점토띠식의 빈도수가 매우 높다.

위에서 노지형식별 상대순서를 확인해본 결과 대체적으로 무시설식과 부석식, 점토띠식과 같은 단독노지들이 보다 이른 시기부터 사용되기 시작했으며 점차적으로 터널식노지가 도입되고, 터널식노지와 기존의 노지형식들이 결합된 형식이 후에 나타난 것으로 보인다. 이러한 노지형식의 상대순서에 따르면 凸자형 혹은 呂자형 주거지에서 터널식노지 이전의 단독노지형식이 많이 나타나며 이는 북한강유역과 강릉지역의 공통적인 현상이다. 그러나 강릉지역에서 터널식노지나 복합노지가 확인되지 않는 것으로 보아 강릉지역에는 터널식노지가 전파되지 않은 것으로 보인다.

방형주거지와 장방형주거지의 경우 청동기시대의 전통이 이어진 것으로서 이른 시기 유구로 판단하는 경우가 많았으나 터널식노지의 높은 빈도수로 보아 무조건 이른 시기로 볼 수는 없다고 생각한다. 이러한 방형이나 장방형주거지의 경우 凸자형 혹은 呂자형 주거지와 같은 유적에서 출토되고 이들에 비해 비교적 작은 면적을 차지하고 있는 것으로 보아 동일 유적내에서 위계의 차이를 반영하는 것으로 추측할 수도 있을 것이다. 이에 대해서는 좀 더 심도 깊은 연구가 필요하다.

한편 이들 주거공간의 평면형태는 필요한 기능이 부가되면서 형태도 함께 변화되어온 것으로 판단된다. 예를 들어, 신매리 7호와 대성리 10호 凸자형 주거지는 장축의 길이가 각각 20m와 12m가 넘는 전형적인 청동기시대 세장방형주거지의 형태에 출입구 시설만을 부가한 형태이다. 즉 장방형이나 방형주거지에 출입구시설이나 부실이 추가로 설치되어 점차 凸자와 呂자형 주거지로 이행된 것으로도 이해되지만 凸자형 주거지의 경우 출입구시설은 주거지 평면형태와는 직접적인 상관없이 새로운 기능의 필요에 의해서 설치되었을 것으로 판단된다. 가장 청동기시대의 전통에 가까운 것은 呂자형인지 凸자형인지 확인할 수 없는 우두동 롯데인벤스 유적 1호주거지로 출입부만 빼면 세장방형의 평면형태가 청동기시대와 가장 흡사하다. 노지의 형식도 무시설식으로 가장 이른 단계의 노지이며 다만 주거지가 세로로 길기 때문에 두 개의 노지가 채택된 것으로 보인다.

이후, 대부분의 呂자와 凸자형 주거지는 출입구 및 부실을 제외하고는 장방형이나 방형의 형태이나 시간이 지나면서 육각형(항사리 가-4호, 가-8호, 가-10호)이나 팔각형(항사리 가-11호)의 형태의 주거지들이 나타난다. 이러한 육각형이나 팔각형태의 주거지에서는 대부분 부뚜막 시설이 발견되는데 이는 평면형태의 변화가 난방과 취사시설의 설치와 직접적인 관련이 있을 가능성이 있다.

즉 부뚜막의 설치와 배연시설등 주거지 내의 부가적인 시설을 설치하는 과정에서 필요한 공간의 확보를 위해 평면 형태가 변형되었을 것으로 판단된다. 항사리의[30] 경우 육각형태의 凸자형 주거지 9기 모두에서 ㅡ자형 부뚜막이 확인되었다. 물론, ㅡ자형부뚜막이나 ㄱ자형구들이 다른 형식에서도 발견되지만 이러한 난방시설들은 육각및 팔각형태 주거지에서 집중적으로 발견되고 있어 주거지의 평면형태의 변화가 난방시설의 설치와 직접 관련이 있을 가능성이 있다. 육각형주거지는 같은 과정이 방형주거지에 나타난 경우로서 면적은 작지만 부석식노지와 ㅡ자형 터널식노지가 설치되어있고 노지와 주거지 단벽이 가까워지면서 단벽이 바깥으로 꺾이는 형태가 된 것으로 추측된다.

주거지 속성을 통해서 각 주거형식간의 상대적인 순서를 나열해보면 방형계 주거지와 주거공간의 평면형태가 방형인 凸자, 呂자형 주거지에

---

30) 고려문화재연구원, 고려문화재연구원 학술조사보고서 제52책, 『가평 항사리 유적』, 2010.

이른 시기의 단독노지가 설치된 경우가 가장 이른 시기이며 터널식노지, 복합노지가 설치되면서 주거공간의 평면형태가 오각형, 혹은 육각형의 형태로 변화된 방형계 주거지와 凸자, 呂자형 주거지가 비교적 이후에 등장한 것으로 생각된다. 북한강유역에서는 모든 형태의 주거지가 확인되고 있지만 강릉지역에서는 평면형태가 방형인 凸자, 呂자형 주거지만 확인되고 터널식노지는 전혀 나타나지 않아 북한강유역에 비해 이른 시기의 형식이 나타난다. 그러나 이러한 주거형식들이 시간차는 크지 않을 것으로 생각된다.

2. 주거지 형식별 출토 유물

앞 장에서 주거지를 평면형태와 노지의 속성으로 분류하였다. 여기서는 분석의 편의를 위하여 두 가지 속성으로 주거지를 형식분류하고 각 형식에 따라 유물이 출토되는 양상을 살펴보고자 한다. 먼저 평면형태를 기준으로 방형, 장방형, 육각형, 말각방형 등을 A형식, 凸자형을 B형식, 呂자형을 C형식으로 분류하였다. 그리고 노지의 형식에 따라서 무시설식, 점토띠식, 부석식과 같은 이른 단계의 노지를 1형식, 단독으로 설치된 터널식 노지를 2형식, 그리고 두 개 이상의 노지가 설치된 복합노지를 3형식으로 분류하였다.

A1 – 방형, 장방형, 말각방형, 육각형 주거지 +무시설식, 점토띠식, 부석식 노지
A2 – 방형, 장방형, 말각방형, 육각형 주거지 +터널식노지
A3 – 방형, 장방형, 말각방형, 육각형 주거지 +복합식노지
B1 – 凸자형주거지 + 무시설식, 점토띠식, 부석식 노지
B2 – 凸자형주거지 +터널식노지
B3 – 凸자형주거지 +복합식노지
BC3 – 凸or呂자형주거지 + 복합식노지
C1 – 呂자형주거지 + 무시설식, 점토띠식, 부석식노지

C2 - 몸자형주거지 + 터널식노지
C3 - 몸자형주거지 + 복합식노지

이와 같은 형식으로 북한강 유역과 강릉지역 주거지를 분류하고 주거지에서 출토된 유물의 출토양상을 비교해 보았다. 크게 경질무문토기, 타날문토기, 한식계토기, 회청색토기, 석기, 철기로 나누어 전체유물에 대한 각 유물의 출토수량을 백분율로 표시하였다. 각 유물의 사용빈도수를 확인하려는 것이기 때문에 기종 확인이 불가능한 유물도 수량에 포함하였다.

표 16. 북한강유역 주거형식별 유물출토양상(%)

기종 / 주거형식	경질무문토기	타날문토기	한식계토기	회청색토기	석기	철기
A1	64	28			5	3
A2	81	10			3	6
A3	80					20
B1	58	17	2		5	17
B2	49	30		4	4	12
B3	69	16		3	7	4
BC3	76	17	1		1	5
C1	53	14	2		4	26
C2	42	33			5	19
C3	64	21		3	5	7
총합계 (100%)	58	18	1	1	5	17

표 17. 강릉지역 주거형식별 유물출토양상(%)

기종 / 주거형식	경질무문토기	타날문토기	회청색토기	석기	철기
B1	80	12	1	7	1
C1	81	13	0	3	3
총합계 (100%)	80	12	1	6	1

표16은 북한강유역 주거형식 별 유물출토양상이다. 경질무문토기와 타날문토기의 출토비율을 보면 비교적 경질무문토기의 출토비율이 A형식에서 C형식으로 갈수록 적어지는 것을 알 수 있다. 타날문토기의 출토비율 역시 A형식에서 C형식으로 갈수록 조금 늘어나는 경향이 있으나 차이가 크지는 않다. 그러나 노지 1형식에서 3형식으로 갈수록 타날문토기의 비율이 증가하는 양상은 확인되지 않는다. 한식계토기와 회청색토기의 경우 B형식인 凸자형 주거지 이후에 등장하고 있다. 특히 한식계토기가 출토된 B1형식과 C1형식은 철기의 출토비율이 높게 나타나는 특징이 있다. 회청색토기의 출토는 B2, 3형식과 C3형식에서 나타나고 있다.

회청색토기의 등장을 기준으로 보면 방형계주거지에서 출입구가 있는 주거지로, 단순노지에서 복합노지로의 변화가 어느 정도 시간성을 반영한다고 생각된다. 그러나 타날문토기의 출토비율의 증가가 뚜렷하게 나타나지 않는 것으로 보아 시간차이는 크지 않을 것으로 보인다. 유물의 출토양상을 보면 B1, C1형식의 주거지가 출토빈도수도 가장 높으며 유물도 다양하게 확인되고 있다. 또한 고급기종으로 볼 수 있는 한식계토기와 철기의 출토가 주목된다. 이러한 형식의 주거지는 대성리, 항사리, 우두동, 율문리, 천전리 등에서 확인된다.

표17은 강릉지역 주거형식 별 유물출토양상이다. 강릉지역에서는 B1과 C1주거형식만이 확인된다. 유물 출토양상은 두 주거 형식이 큰 차이를 보이지 않고 있다. 80%정도의 경질무문토기 12%정도의 타날문토기가 확인된다. 다만 B1에서는 석기의 출토양이 많다가 C2에서는 철기의 출토양이 많아진다.

방형에서 출입부가 있는 주거지로, 단독노지에서 복합노지로 이행하는 것은 앞 장에서는 어느 정도 확인된 바 있으나 북한강유역과 강릉지역의 유물출토양상을 비교해보면 그 시간 차이는 크지 않은 것으로 생각된다. 두 지역에서 모두 B1, C1주거지가 가장 많은 빈도수로 확인되고 있는 것으로 보아 이 형식이 철기시대에 가장 대표적인 주거형식이었던 것으로 보인다. 강릉 지역과 북한강 유역의 B1, C1주거지를 비교해보면 북한 강유역의 경우 타날문토기와 철기의 비율이 높게 나타나며 한식계토기와 같은 고급기종이 확인 된다. 반면에 강릉지역에서는 경질무문토기의 비율이 훨씬 높고 철기의 비율이 낮게 나타나는 것을 알 수 있다.

이처럼 북한강유역과 강릉지역의 주거지 형식이 동일하게 나타나고 있으나 강릉지역에서는 타날문토기와 철기의 출토비율이 상대적으로 낮게 나타나는 것으로 파악되었다. 이러한 현상은 문화적 집단의 차이에서 기인한 것일 수도 있겠으나 이보다는 지리적인 차이에서 비롯되었을 가능성이 높은 것으로 판단된다. 만일 영서지역은 貊, 영동지역은 濊족의 영역으로 분리되었다면 지역간에 주거지의 형태와 출토유물에서 뚜렷한 차이점을 보여야만 할 것이다.[31]

타날문토기와 철기는 서북한지역으로부터 영향을 받은 것으로 이해되고 있는데, 그 전래 루트는 서북한 지역에서 한강본류로 전래되어 북한 강을 따라 올라왔을 가능성이 높다. 따라서 강릉지역은 지리적인 영향으로 상대적으로 보급이 늦게 진행된 것으로 판단된다.

요컨대 북한강유역과 강릉지역과의 출토유물 조합의 차이는 문화집단, 혹은 서로 다른 정치 체제의 차이에서 기인한 것 보다는 자연적 경계라 할 수 있는 태백산맥이 물적·인적 자원의 이동에 제한적인 요소로 작용하여 두 지역간의 문화적 소통에 차이가 있었기 때문으로 판단된다.

---

31) 이와 같이 두 지역간의 유구와 유물의 유사성에 대해 우선 濊와 貊이 서로 다른 문화적 전통을 갖고 있는 구별되는 종족이지만 인접한 집단으로서 동일한 물질문화를 공유하고 있었을 가능성과, 둘째, 이웃한 다른 집단에서는 濊와 貊을 구별하여 명칭 하였지만 이시기에는 이미 濊와 貊이 문화적으로나 물질적으로 하나의 집단으로 동질화 되었을 가능성도 염두에 둘 수 있다.

V. 맺음말

지금까지 북한강유역과 강릉일원에 분포하는 철기시대 주거유적을 지역별로 구분하여 주거지의 형태와 출토유물을 살펴보았으며 다음과 같이 정리할 수 있다.

첫째, 주거지의 입지와 공간적 분포양상을 살펴보면 북한강유역 철기시대 주거지들은 강이나 하천이 흐르면서 형성된 해발고도 50~100m내외의 충적대지에 위치한다. 강릉지역의 경우 해안가 가까운 입지조건으로 유적들은 모두 해발고도 10m내외의 사구지대에 위치하고 있다. 춘천과 강릉일대 유적들은 평균 3~5km 정도 거리에 위치하며 비교적 높은 밀집도를 나타내고 있다.

둘째, 주거지의 형태와 구조는 유사하게 나타나는데 북한강유역과 강릉지역 모두 장방형, 방형, 呂자형, 凸자형등 다양한 형태의 주거지들이 확인되며 주거지들 중 凸자형, 呂자형, 방형, 장방형 순의 빈도수를 나타낸다. 이들 주거지는 두 지역에서 모두 중 呂자형, 凸자형 주거지 출토빈도수를 비교해 보면 두 지역에서 모두 凸자형 주거지의 출도 빈도수가 훨씬 높게 나타나고 있다. 노지의 출토양상을 살펴보면 북한강유역에서는 무시설식, 점토띠식, 부석식과 같은 이른 단계 노지 형식에서 터널형노지, 복합노지까지 다양하게 확인되지만 강릉지역에서는 이른 단계 노지 형식만이 확인되고 있다.

셋째, 북한강유역과 강릉지역의 주거지 형식이 동일하게 나타나고 있으나 강릉지역에서는 타날문토기와 철기의 출토비율이 상대적으로 낮게 나타나는 것으로 파악되었다. 타날문토기와 철기는 서북한 지역으로부터 영향을 받은 것으로 이해되고 있는데, 그 전래 루트는 서북한 지역에서 한강본류로 전래되어 북한강을 따라 올라왔을 가능성이 높다. 따라서 강

룽지역은 지리적인 영향으로 상대적으로 보급이 늦게 진행된 것으로 판단된다.

　넷째, 이상과 같은 북한강유역과 강릉지역과의 출토유물 조합의 차이는 문화집단, 혹은 서로 다른 정치 체제의 차이에서 기인한 것 보다는 자연적 경계라 할 수 있는 태백산맥이 물적·인적 자원의 이동에 제한적인 요소로 작용하여 두 지역간의 문화적 소통에 차이가 있었기 때문으로 판단된다.

부록 1. 북한강유역 조사대상 주거지 목록 (평면형태)

연번	유적명	유구명	장축(cm)	단축(cm)	깊이(cm)	장단비	평면형태	노지(수량)
01	율문리	1호	838	596		1.406	呂	점토띠+부석식
02		3호	702	478		1.469	凸	점토띠+부석식
03		5호	822	622	54	1.322	凸?呂	무시설, ㅡ터널식
04		6호	728	640		1.138	呂	점토띠+부석식
05		7호	748	356		2.101	凸	
06		8호	850	254	50	3.346	凸	부석식
07	신매리	3호	212	163	30	1.301	장방형	
08		4호	190	170	20	1.118	방형	
09		7호	2020	540	44	3.741	凸	
10		14호	214	152	31	1.408	말각방형	
11		20호	444	450	50	0.987	凸	
12	대성리	1호	990	638	46	1.552	呂	무시설
13		2호	860	560	54	1.536	凸	점토띠
14		3호	530	345	70	1.536	장방형	무시설
15		4호	886	476	70	1.861	凸	부석식
16		5호	925	390		2.372	呂	무시설
17		6호	983	453	90	2.170	凸	무시설
18		7호	748	501	70	1.493	凸	무시설
19		9호	326	264	32	1.235	장방형	ㄱ터널식
20		10호	1256	696	110	1.805	凸	점토띠+부석식
21		11호	1170	756	106	1.548	凸	막음돌
22		12호	982	610	100	1.610	呂	무시설
23		14호	1315	786	114	1.673	呂	무시설
24		15호	388	386	25	1.005	방형	ㅡ터널식
25		16호	970	634	108	1.530	呂	무시설
26		18호	1153	746	94	1.546	凸	점토띠+막음돌
27		19호	1604	778	190	2.062	呂	무시설

연번	유적명	유구명	장축(cm)	단축(cm)	깊이(cm)	장단비	평면형태	노지(수량)
28		20호	1263	610	102	2.070	呂	무시설
29		21호	702	543	70	1.293	凸	무시설+막음돌
30		22호	352	310	51	1.135	방형	ㄱ터널식
31		23호	864	559	62	1.546	凸	점토띠+막음돌
32		25호	1220	800	102	1.525	呂	무시설
33		26호	1270	828	95	1.534	凸	부석식
34		28호	1200	752	76	1.596	呂	무시설
35		30호	384	324	22	1.185	방형	터널식
36		31호	496	354	52	1.401	장방형	ㄱ터널식, 무시설
37		32호	907	603	100	1.504	凸	무시설+막음돌
38	대성리	34호	845	570	92	1.482	凸	무시설, 막음돌
39		39호	272	266	26	1.023	방형	
40		40호	328	322	26	1.019	말각방형	
41		42호	308	252	13	1.222	말각방형	
42	우두롯데	1호	1570	760	80	2.066	呂?凸	무시설+막음돌(2)
43		3호	1000	750		1.333	呂	무시설
44		4호	461	354	11	1.302		무시설
45	우두동 35	2호	770	665	93	1.158	呂	
46		3호	680	556	46	1.223	凸	점토띠
47		가-1호	1200	890	43	1.348	凸	부석식, ㄱ터널식
48		가-2호	870	780		1.115	凸	ㅡ터널식
49		가-4호	596	544		1.096	육각형	부석식, ㅡ터널식
50	항사리	가-12호	1000	680		1.471	凸	무시설
51		가-14호	840	738		1.138	凸	무시설, 부석식
52		가-16호	1290	744		1.734	凸	부석식
53		가-17호	560	450		1.244	凸	무시설, 부뚜막

연번	유적명	유구명	장축(cm)	단축(cm)	깊이(cm)	장단비	평면형태	노지(수량)
54		가-18호	560	560		1.000	凸	부석식
55		가-21호	498	434	38	1.147	방형	一터널식
56		나-1호	332	290	25	1.145	방형	一터널식
57		나-6호	656	590		1.112	呂	부석식(2), ㄱ터널식
58		나-7호	830	640		1.297	呂	부석식, ㄱ터널식
59		나-9호	1100	840	33	1.310	呂	부석식(2), ㄱ터널식
60		나-10호	824	810	43	1.017	呂	一터널식
61		나-11호	560	530		1.057	凸	一터널식
62		나-12호	840	840		1.000	呂	一터널식
63		나-13호	520	480		1.083	凸	一터널식
64		나-14호	256	234		1.094	방형	一터널식
65		나-15호					呂	
66		나-16호	688	682		1.009	呂	부석식, 一터널식
67		나-17호	722	720		1.003	呂	부석식, 一터널식
68		나-19호	622	566		1.099	凸	一터널식
69		나-20호	600	562		1.068	呂	부석식, ㄱ터널식
70		나-21호	430	396		1.086	凸	一터널식
71		나-23호	768	722		1.064	凸	부석식
72	덕현리	1호	610	480		1.271	凸	부석식, 一터널식
73		2호	1150	690	50	1.667	凸	점토띠, 一터널식
74	천전리	A-5호	1375	776	80	1.772	呂	무시설
75	중도	1호	540	500	42	1.080	말각방형	부석형

부록 2. 강릉지역 조사대상 주거지 목록(평면형태)

연번	유적명	유구명	장축(cm)	단축(cm)	깊이(cm)	장단비	평면형태	노지(수량)
1	초당동	2호	890	466	47	1.910	呂	무시설
2		3호	1048	621	60	1.688	凸	무시설
3		4호	474	765	40	0.620	凸	
4		5호	730	476	53	1.534	凸	
5	강문동	2-1	860	430	20	2.000	呂	점토띠, 부석식
6		5-1	480	310	70	1.548	呂	
7	동덕리	1호	1300	740		1.757	呂	
8	교항리	A-3	290	280	36	1.036	방형	
9		A-8	900	660	60	1.364	凸	점토띠
10		A-15	560	540	40	1.037	凸	점토띠
11		A-18	670	470	20	1.426	凸	
12		A-19	460	400	23	1.150	凸	
13		A-24	600	530	54	1.132	凸	점토띠
14		A-26	540	420	40	1.286	凸	
15		A-27	680	420	25	1.619	凸	
16		A-34	1000	350	35	2.857	凸	
17	병산동	3-1호	430	290	10	1.483	凸	
18		3-2호	290	260		1.115	凸	
19		3-3호	1470	770	32	1.909	凸	
20		3-4호	870	770	58	1.130	凸	점토띠

도면 1. 북한강유역 주거지 및 출토유물(축척부등)

	呂자형	凸자형	말각방형·장방형·방형
주거지	율문리 1호주거지	양수리 B-1호주거지	신매리 3호주거지
석기	율문리 5호주거지 / 대성리 28호 / 대성리 19호주거지	신매리 7호주거지 / 양수리 17호 / 대성리 10호주거지	양수리 7호주거지
철기	대성리 20호주거지 / 대성리 14호주거지	양수리 17호주거지	양수리 7호주거지
토기	율문리 5호주거지	신매리 7호주거지 / 율문리 7호주거지	양수리 7호주거지

도면 2. 강릉지역 주거지 및 출토유물(축척부등)

	呂자형	凸자형	말각방형·장방형·방형
주거지	초당동 2호주거지	교항리 18호주거지	교항리 31호주거지
석기	초당동 2호주거지	교항리 8호주거지 / 교항리 28호주거지 / 초당동 3호주거지	
철기	강문동 II-1호주거지		초당동 7호주거지
토기	초당동 1호주거지 / 초당동 2호주거지	교항리 8호주거지 / 교항리 1호주거지	교항리 31호주거지

參 考 文 獻

1. 논문 및 저서

강세호, 「북한강 중상류지역 철기시대 취락의 전개 양상: 주거지 출토
　　　토기를 중심으로」, 『강원고고학보』 12·13합집, 2009, 39~75쪽.
권오영, 「원삼국기 한강유역 정치체제의 존재양태와 백제국가의 통합
　　　양상」, 『고고학』 8-2, 2009, 31~49쪽.
노혁진, 2004, 「중도식 토기의 유래에 대한 一考」, 『호남고고학보』 19,
　　　호남고고학회. 97~111쪽.
박순발, 「한강유역 원삼국시대의 토기의 양상과 변천」, 『한국고고학보』
　　　23, 1989, 21~58쪽.
＿＿＿, 「한성백제 고고학의 연구 현황 검토」, 『고고학』 3-1호, 서울경
　　　기고고학회, 2005, 5~28쪽.
성정용, 「중서부지역 원삼국시대 토기 양상」, 『한국고고학보』 60, 2006,
　　　120~157쪽.
송만영, 「중부지방 원삼국문화의 편년적 기초: 주거지 상대편년을 중심
　　　으로」, 『한국고고학보』 41, 1999, 37~71쪽.
심재연, 「강원지역 철기문화의 성격」, 『백제연구』 30, 2000, 1~27쪽.
유창현, 「강원지역 철기시대 주거지 내 노지연구」, 『강원고고학보』 9,
　　　2007, 70~75쪽.
오세연, 「중부지방 원삼국시대 문화에 대한 연구」, 『한국고고학보』 19,
　　　1995, 257~302쪽.
유은식, 「두만강유역 초기철기문화 연구」, 숭실대학교 석사학위논문,
　　　2004, 1~105쪽.
이희준, 「초기철기시대·원삼국시대 재론」, 『한국고고학보』 52, 2004,
　　　69~94쪽.
임윤미, 「한국 선사시대 노지연구」, 『숭실사학』, 제6집, 1990, 3~12쪽.

정인성, 「낙랑 '타날문 단경호' 연구」, 『강원고고학보』 9, 2007, 95~132쪽.

지현병, 『영동지역의 철기시대 연구:주거지를 중심으로』, 2000, 단국대
    학교 사학과 박사학위논문, 1~282쪽.

최성락, 「"초기철기시대·원삼국시대 재론"에 대한 반론」, 『한국고고학
    보』 54, 2004, 105~118쪽.

최태용, 「강원지역 초기철기시대 주거지 연구」, 2000, 강원대학교 사학
    과 석사학위논문, 1~75쪽.

한국고고학회, 『한국고고학강의』, 2007, 1~415쪽.

Subbotina Anastasia, 「철기시대 한국과 러시아 연해주의 토기문화 비교
    연구 – 경질무문토기를 중심으로 – 」, 서울대학교 석사학위논
    문, 2005), 149쪽.

Sinopoli, Carla M. *Approaches to Archaeological Ceramics*, Plenum Press, 1991,
    pp.119~144

Rerris Ritchey, *The Statistical Imagination*, McGraw-Hill, 2000, pp.96~121.

2. 발굴보고서

강릉대학교박물관 학술총서 16책, 『강릉 동덕리 주거지』, 1997, 강릉대
    학교박물관.

강릉대학교박물관 학술총서 20책, 『강릉 교항리 주거지』, 1998, 강릉대
    학교박물관.

강원고고문화연구원 학술총서 2책, 『강릉 병산동 취락: 강릉 병산동
    320-13번지 근린생활시설부지내 유적 발굴조사』, 2010, 강원고
    고문화연구원.

강원문화재연구소 학술총서 19책, 『강릉 강문동 철기. 신라시대 주거지』,
    2004, 강원문화재연구소.

강원문화재연구소, 「춘천 우두동 유적: 춘천 우두동 직업훈련원진입도
    로 확장구간내 유적발굴조사 약보고서」, 2006.

강원문화재연구소 학술총서 49책, 『춘천 우두동 707-1,35번지 유적 발
    굴조사 보고서』, 2006, 강원문화재연구소.

강원문화재연구소 학술총서 78책,『춘천 우두동 롯데인벤스 우두파크 신축부지 내 발굴조사 보고서』, 2007, 강원문화재연구소.

강원문화재연구소 학술총서 86책,『춘천 율문리 생물산업단지 조성부 지내 유적발굴조사 보고서』, 2008, 강원문화재연구소.

강원문화재연구소 학술총서 90책,『강릉 초당리 유적 Ⅳ』, 2008, 강원 문화재연구소.

강원문화재연구소 학술총서 55책,『강릉 병산동 주거지: 강릉병산동 320-3번지내 유적』, 2006, 강원문화재연구소.

강원문화재연구소 학술총서 80책,『천전리 :동면 - 신북간 도로확장 및 포장공사구간내 유적발굴조사보고서』, 2008, 강원문화재연구소.

경기문화재연구원 학술조사보고서 제103책,『가평 대성리유적』, 2009, 경기문화재연구원.

고려문화재연구원 학술조사보고서 제52책,『가평 항사리 유적』, 2010, 고려문화재연구원.

국립박물관 고적조사보고 제12책,『중도:진전보고 Ⅰ』, 1980, 국립중앙박 물관.

국립박물관 고적조사보고 제14책,『중도』, 1982, 국립중앙박물관.

한림대학교박물관 연구총서 제26집,『춘천 신매대교부지 문화유적 발굴 조사 보고서』, 2003, 한림대학교박물관.

한림대학교박물관 연구총서 제38집,『가평 덕현리유적』, 2007, 한림대 학교박물관.

홍산문화 옥저룡(玉猪龍), 쌍수수황형기(雙獸首璜形器), 쌍수수삼공기(雙獸首三孔器)의 상징적 의미와 '환일(幻日: Sundog)' 현상*

우 실 하**

I. 글을 시작하며

1980년 초반부터 요서(遼西) 지역 요하(遼河) 중·상류 일대에서 새로운 문명권이 발견되었고, 요하문명(遼河文明)으로 명명되었다. '요하문명의 꽃' 이라고 불리는 홍산문화(紅山文化: 기원전 4500-기원전 3000) 유적지들에서는 몇 가지 유형의 독특한 옥기(玉器)들이 발견된다. 이 옥기들은, (1)옥저룡(玉猪龍)과, (2)쌍수수황형기(雙獸首璜形器), (3)그리고 쌍웅수삼공기(雙熊首三孔器)·쌍수수삼공기(雙獸首三孔器)·쌍인수

* 이 논문은 2009년도 한국항공대학교 교비지원 연구비에 의하여 지원된 연구의 결과이다. 이글의 초고는 제42회 동아시아고대학회 학술대회(2010년 12월 3일, 인하대학교)에서 발표하였다. 유익한 토론을 해주신 김선자 교수님께 감사드린다.
** 한국항공대학교 교양학과 교수

삼공기(雙人首三孔器) 등으로 불리는데 여러 형태의 삼공기 등이다. 이 글에서는 홍산문화에서 최초로 발견되는 이런 옥기들이 무엇을 상형한 것이며, 어떤 상징적 의미를 지니는가를 밝혀보고자 한다.

Ⅱ. 요하문명(遼河文明)과 홍산문화(紅山文化)에 대한 간략한 소개1)

'하상주단대공정', '중국고대문명탐원공정', '동북공정' 등을 거쳐 최근 논의되기 시작한 '요하문명론'에서는, (1) 황제의 손자인 고양씨(高陽氏) 전욱(顓頊)과 고신씨(高辛氏) 제곡(帝嚳) 두 씨족 부락이 지금의 하북성과 요녕성이 교차하는 유연(幽燕)지역에서 살면서 모든 북방민족들의 시조가 되었으며, (2) 만주지역 '요하문명권'의 핵심인 홍산문화는 고양씨 전욱 계통에 의한 문명이며, (3) 신석기시대 이래로 만주일대는 황제족의 영역이며, (4) 이 일대에서 발원한 모든 민족과 역사는 모두 중화민족의 역사라는 것이다.

우리가 주목해야하는 것은 만일 중화인민공화국 학자들이 최근 논의하고 있는 요하문명론이 정리되면, (1) 우리 민족의 선조들인 단군, 웅녀,

---

1) 이와 관련해서는 필자의 아래의 책과 논문에서 이미 언급된 것들이다. 이글에서는 논지의 전개상 이들 논문과 책을 바탕으로 간단히 정리한 것이다. 우실하, 『동북공정 너머 요하문명론』, 서울, 소나무, 2007 ; 우실하, 『동북공정의 선행 작업과 중국의 국가 전략』, 서울, 울력, 2004 ; 우실하, 『고조선의 강역과 요하문명』, 서울, 동아지도, 2007 ; 우실하, 「'요하문명론'의 초기 전개 과정에 대한 연구」, 『단군학연구』 제21호, 단군학회, 2009, 273~309쪽 ; 우실하, 「'통일적다민족국가론'의 전개와 적용」, 『고구려연구』, 29집, 고구려연구회, 2007, 63~85쪽 ; 우실하, 「동북공정의 최종판 '요하문명론'」, 『단군학연구』 제15호, 단군학회, 2006, 5~35쪽 ; 우실하, 「최근 중국의 역사관련 국가 공정들과 한국의 과제」, 『단군학연구』 제12집, 단군학회, 2005, 301~333쪽.

주몽, 해모수 등은 모두 황제의 후예가 되는 것이며, (2) 대한민국의 역사
는 중화인민공화국의 방계역사로 전락하게 된다는 점이다.

　먼저 요하 일대에서 발견되는 주요 신석기와 청동기문화를 이른 시기
부터 간략하게 정리해서 소개한다. 아래에서는 중국사회과학원 고고연구
소에 있으면서 흥룽와문화 등 주요 유적을 직접 발굴한 류국상(劉國祥)
이 2006년에 발표한 「서요하유역 신석기시대에서 조기 청동기시대까지
의 고고학 문화 개론(西遼河流域新石器時代至早期靑銅時代考古
學文化槪論)」이라는 논문에서 정리한 연대를 사용하기로 한다.[2] 논의
전개상 필요한 요하지역의 주요 신석기문화, 청동기문화를 류국상의 편
년을 기준으로 도표로 정리하면 <자료 2>와 같다.

<자료 1> 요하문명, 황하문명, 장강문명의 위치[3]

문명	위치	주요 신석기문화
황하문명 (黃河文明) The Huang-he Civilization = the Yellow River Civilization	황하 중류 일대	앙소문화 (仰韶文化)
장강문명 (長江文明) The Chang-jiang Civilization = Chang River Civilization	장강＝양자강의 하류 일대	하모도문화 (河姆渡文化)
요하문명 (遼河文明) The Liao-he Civilization = the Liao River Civilization	요하 일대	흥룽와/사해/홍산문화 (興隆洼/査海/紅山文化)

　2) 劉國祥, 「西遼河流域新石器時代至早期靑銅時代考古學文化槪論」, 『遼
　　　寧師範大學學報(社會科學版)』, 第1期, 2006年, 113～122쪽.
　3) 우실하, 『고조선의 강역과 요하문명』, 서울, 동아지도, 2007.

〈자료 2〉 요하지역 중요 신석기문화 시대와 분포 지역

1 신석기시대 소하서문화 (小河西文化: B.C. 7000 - B.C. 6500)

2 신석기시대 흥륭와문화 (興隆洼文化: B.C. 6200 - B.C. 5200)

3 신석기시대 사해문화 (査海文化: B.C. 5600 ± 95 -   )

4 신석기시대 부하문화 (富河文化: B.C. 5200 - B.C. 5000)

5 신석기시대 조보구문화 (趙寶溝文化: B.C. 5000 - B.C. 4400)

6 신석기시대 홍산문화 (紅山文化: B.C. 4500 - B.C. 3000))

: 전기(前期: B.C. 4500- B.C. 3500) - 신석기시대

: 후기(後期: B.C. 3500 - B.C. 3000) - 동석병용시대

→ '초기 국가단계'(初期國家段階).

→ '초급 문명사회'(初級文明社會)

7 동석병용시대 소하연문화 (小河沿文化: B.C. 3000 - B.C. 2000)

8 초기 청동기시대 하가점하층문화 (夏家店下層文化: B.C. 2000-
B.C. 1500) → '고급 문명사회'(高級文明社會)'

〈자료 3〉 요하지역 중요 신석기문화 분포 지역4)

Ⅲ. 홍산문화 옥저룡(玉猪龍),
쌍수수황형기(雙獸首璜形器)와 무지개

1. 갑골문에 보이는 '무지개 홍(虹)' 자의 형상과
무지개에 대한 고대의 기록

고대의 기록에서 무지개는 한쪽 혹은 양쪽 끝에 동물의 머리가 달려있는 구부러진 벌레나 뱀 형상의 동물로 물이나 구름과 관련되어 묘사되어 있다. 이를 구체적으로 소개하면 아래와 같다.

첫째, 동아시아 최초의 문자인 갑골문(甲骨文)에는 무지개를 의미하

---

4) 우실하, 앞의 지도, 부분도.

〈자료 4〉 왕홍력(王弘力)의
『고전석원(古篆釋源)』에 보이는
'홍(虹)'자의 갑골문5)

〈자료 5〉 서중서(徐中舒)
『갑골문자전(甲骨文字典)』에
보이는 '홍(虹)'자의 갑골문6)

는 '홍(虹)'자 모양이 무지개의 양쪽 끝에 머리가 달린 동물 형상으로 되어 있다. (〈자료 4, 5〉 참조)

둘째, 갑골복사(甲骨卜辭) 중에서도 "무지개가 북쪽에서 출현하여 황하의 물을 마셨다(有出虹自北飮于河)."는 기록이 있다.7)

셋째, 『설문해자(說文解字)』에서는 "홍(虹)은 체제(螮:무지개 체, 蝀: 무지개 동)이다. 그 형상은 벌레(蟲)와 같다."고 하였다.8) '무지개 홍(虹)', '무지개 체(螮)', '무지개 동(蝀)', '무지개 예(蜺)'과 같이 무지개

5) 王弘力 編注, 『古篆釋源』, 瀋陽, 遼寧美術出版社, 1997, 282쪽.
6) 徐中舒, 앞의 책, 1426쪽.
7) 徐中舒, 『甲骨文字典』, 四川, 四川辭書出版社, 1989, 1426쪽.
8) 『說文解字』虹 : 虹, 螮蝀也. 狀似蟲.

를 나타내는 대부분의 한자는 '벌레 충(虫)'자를 부수로 하고 있다. 심지어는 무지개를 암수로 구별하기도 하는데, '홍(虹)'은 숫무지개를, '예(蜺) 혹은 예(霓)'는 암무지개를 나타낸다.[9]

넷째, 『석명(釋名)』「석천(釋天)」에서는 "무지개는 매번 태양이 서쪽에 있을 때 동쪽에서 보이는데, 동쪽의 수기(水氣)를 마신다."고 기록하고 있다.[10]

다섯째, 『산해경(山海經)』「해외동경(海外東經)」에서는 "무지개는 두 개의 머리를 가지고 있다(各有兩首)."고 하였다.[11]

여섯째, 무지개가 동물의 형상으로 물을 마신다는 관념은 『삼국사기』에서도 보인다. 신라 진평왕(眞平王) 53년(631) 7월에 "흰 무지개가 궁궐의 우물물을 마시고, 토성이 달을 범하였다(白虹飮于宮井　土星犯月)."는 기록이 있다.[12]

일곱째, 이러한 구부러진 벌레 혹은 뱀 모양의 무지개는 『금석색(金石索)』에 보이는 동한(東漢) 시대 산동(山東) 지방의 무씨사(武氏祠) 화상석(畵像石)에서는 머리가 두 개 달린 구부러진 용(龍)의 형상으로 그려진다.(<자료 6> 참조)[13]

---

9) 『爾雅』에서는 암무지개를 나타내는 예(霓)를 예(蜺)라고 쓰고 있어 같은 의미임을 알 수 있다. 암수 무지개 개념은 쌍무지개가 뜰 때 2차 무지개를 암무지개로 구별하기 위해서 만들어진 용어이다.
10) 『釋名』「釋天」: 蝃蝀, 其見每於日在西而見於東, 蝃飮東方之水氣也.
11) 『山海經』「海外東經」: 各有兩首.
12) 『三國史記』卷第四 新羅本紀 第四 眞平王 : 五十三年(631) … 秋七月 遣使大唐獻美女二人 魏徵以爲 不宜受 上喜曰 彼林邑獻鸚鵡 猶言苦寒 思歸其國 況二女遠別親戚乎 付使者歸之 白虹飮于宮井 土星犯月.
13) 馮雲鵬·馮雲鵷, 『金石索』, 北京, 書目文獻出版社, 1996. 영인본, 1408쪽.

6-1. 사진 자료 (오른쪽 중간)

6-2. 청나라 시기의 『금석색(金石索)』에 수록된 탁본 자료[14]

〈자료 6〉 동한시대 산동 지역 무씨사(武氏祠) 화상석(畫像石)의 쌍용수(雙龍首) 무지개[15]

---

14) 馮雲鵬·馮雲鵷, 앞의 책, 1408쪽.
15) 무씨사(武氏祠)는 동한시대 산동 가상성(嘉祥城) 남쪽의 무택산(武宅山)에 있는 무씨들의 가족묘로 무량사(武梁祠)라고도 불린다. 동한 환제(桓帝) 건화 원년(建和元年, 147)부터 연희 10년(延熹 十年, 167)사이에 연이어 건축된 무량(武梁), 무영(武榮), 무반(武班), 무개명(武開明) 등 무씨 가족이 묻혀 있다.

이를 종합하면 고대인들이 생각했던 무지개는, (1) 몸이 구부러진 거대한 뱀 형상의 동물로, (2) 한쪽 혹은 양쪽 끝에는 큰 입이 달렸으며, (3) 강물 등을 마시고 하늘로 올려 비를 뿌리고, (4) 후대에는 용의 형상으로 변형되는 거대한 뱀 모양의 동물이었다.

2. 각 문화권에서 보이는 무지개의 상징적 의미

동아시아에서는 고대로부터 무지개라는 자연현상을 '몸을 반원형으로 구부리고 양쪽 끝에 큰 입이 달린 거대한 뱀 모양의 동물'로 형상화 하였다. 이렇게 그려진 무지개의 상징적인 의미는 무엇인가?

전 세계 여러 문화권에서 무지개는, (1) 하늘 세계와 인간 세계를 연결하는 다리, (2) 신들의 신성한 징표, (3) 초월적 영웅의 활, (4) 괴물 등 다양한 상징적 의미를 지니고 있다.

레이몬드 리 쥬니어(Raymon L. Lee, JR.)와 앨리스테어 프레이저(Alistair B. Fraser)가 쓴 『무지개 다리: 예술, 신화, 그리고 과학에서의 무지개(The Rainbow Bridge: Rainbows in Art, Myth, and Science)』(2001)의 제1장 '신들로 향하는 다리(The Bridge to the Gods)'에서는 각 문화권에서 보이는 무지개의 상징들을 잘 정리해 놓고 있다. 이를 바탕으로 각 문화권에서 보이는 무지개의 상징적 의미를 정리하면 아래와 같다.[16)]

첫째, 수메르 신화에서 무지개는 전쟁을 허락한다는 '신들의 신성한 징표'로 '앨람의 불멸의 나무(Elam's Tree of Immortality)' 옆에 있는 생명의 샘에서 솟아오른다. 또 농부의 신인 니누르타(Ninurta)가 전쟁에서 수메르를 지켜내고 '무지개 왕관'을 쓴다. 결국 수메르 신

---

16) Raymon L. Lee, JR, Alistair B. Fraser, *The Rainbow Bridge: Rainbows in Art, Myth, and Science*, The Pennsylvania State Univ. Press, 2001, Ch. one: The Bridge to the Gods(pp. 2~33) 참조.

화에서 무지개는 '신들의 신성한 징표'라는 상징적 의미를 지닌 것이 었다.

둘째, 북방 샤머니즘을 공유하고 있는 북유럽 신화에서는 인간 세계와 신의 세계인 아스가드(Asgard)를 연결하는 비프로스트(Bifrost)라는 다리가 바로 무지개이다. 비프로스트는 신들과 전쟁에서 죽은 영웅들만이 이용할 수 있고, 무지개의 끝에는 신의 세계가 있다. 북유럽 신화에서 보이는 '하늘로 가는 무지개 다리(Rainbow Bridge to Heaven)'라는 개념은 유럽 전역에 폭넓게 분포한다.

셋째, 그리스 신화에서 신들의 사자인 '무지개의 여신 아이리스(Iris)'는 무지개색의 드레스를 입고 황금 날개를 지녔으며, 빠른 바람을 타고 평화와 행운과 관련된 신들의 메시지를 전달한다. 아이리스는 무지개 그 자체를 의미하기도 하고, 무지개를 건너 신의 메시지를 전하는 신의 사자이기도 한다. 결국 그리스 신화에서도 무지개는 신의 세계와 인간 세계를 연결하는 통로인 것이다.

넷째, 오스트레일리아 원주민 신화에서 무지개는 세상과 모든 만물을 창조하고 파괴하기도 하는 커다란 뱀으로 '무지개 뱀(Rainbow Serpent)'이라고 불린다. 이 무지개 뱀은 여러 부족들에서 서로 다른 이름으로 불리지만 그 기본적인 특징은 비슷하다. 곧 뱀의 형상을 한 무지개는 가물 때는 물을 빨아들이고 우기에는 물을 뱉어서 비를 내리게 한다. 이것은 동아시아에서 용(龍)이 하는 역할과 매우 비슷하다.

다섯째, 동부 유럽 발트해 연안 끝에 있는 에스토니아(Estonia)의 '무지개 뱀'도 물을 머금고 비로 뱉는 역할을 하며, '황소의 머리에 뱀의 몸통'을 가지고 있다고 한다. 이것도 동아시아에서 용(龍)이 하는 역할과 매우 비슷하다.

여섯째, 유대교 - 기독교 신화 계통에서 무지개는 신이 보내는 '성스러운 약속의 상징'으로 나타난다. 노아의 방주 이야기에서 홍수로 모든 것이 사라진 뒤에, 더 이상 또 다른 홍수를 보내지 않겠다는 신의 성스러운 약속의 상징으로 무지개가 나타난다.

일곱째, 힌두 신화에서 궁사(弓士)이자 천둥과 번개의 신인 인드라는 '무지개 활'을 가지고 있다. 인드라가 악마 뱀(Demon Serpent)인 아수라 베르타(Asura Vrta)를 죽이기 위해서 '무지개 활'에서 '번개 화살'을 발사한다.

여덟째, 일본 신화에서는 창조신 이자나미(Izanami: 남성)와 이자니기(Izanagi: 여성)가 혼돈의 바다에서 땅을 창조하기 위해 '하늘에 떠있는 다리'인 무지개를 타고 내려온다.

서로 다른 문화권에서 무지개는 다양한 상징적 의미를 지닌다. 그러나 가장 보편적으로 분포하는 것이 바로 인간 세계와 신의 세계를 연결하는 다리인 '부지개 다리(Rainbow Bridge)'라는 상징이다. 특히 필자가 북방 샤머니즘의 사유체계를 공유하고 있다고 보고 있는 북유럽, 중국, 몽골, 한국 등에서는 모두 이러한 관념을 공유하고 있다.

3. 홍산문화 쌍수수황형기(雙獸首璜形器)와 무지개

홍산문화(B.C. 4500~B.C. 3000) 시대에도 기상 현상은 현재와 별반 다르지 않았을 것이다. 홍산인들에게 하늘에 아름답게 떠오르는 무지개는 자연의 아름다움을 넘어서는 신비로운 체험이었을 것이다. 구체적으로 홍산인들이 무지개를 어떤 의미로 읽었을지는 알 수 없다. 하지만 많은 문화권에서 무지개는 '하늘 세계와 인간 세계를 연결하는 다리 혹은 통로'라는 상징이었다는 것을 참조하면 홍산인들도 이와 유사하게 이해했을 것이다.

홍산인들이 무지개를 하늘 세계의 천신들이 인간 세계와 교감하는 특별한 의미를 지닌 상징으로 해석했을 것이라는 점은 홍산문화의 쌍수수황형기(雙獸首璜形器)의 형태를 통해서 충분히 추정할 수 있다. 앞서 살펴본, (1) 무지개 '홍(虹)'자의 갑골문과(<자료 4>, <자료 5>), (2) 동한시대 산동 지역 무씨사(武氏祠) 화상석(畵像石)의 쌍용수(雙龍首) 무지개 형상(<자료 6>)을 통해서 보면, (3) 홍산문화에서 발견된 옥기들 가운데 쌍용수옥황(雙龍首玉璜)이나 쌍수수황형기(雙獸首璜形器)가 무지개를 형상화한 것이라는 것을 알 수 있다(<자료 7>, <자료 8>, <자료 9>) 참조).

대부분의 중국학자들은 후대의 명칭인 '옥황'으로 설명하고 있을 뿐, 그 최초의 형상이나 상징성에 대해서는 연구된 바가 없다. 중국의 고옥기 전문가인 서강(徐强)은 자신이 소장하고 있는 홍산문화 쌍수수황형기(<자료 8>)에 대해서는 "조형상 추상화 처리를 하였다."는 정도의 언급 이외에는 별다른 설명이 없다.[17] 이것은 홍산문화에서 정식으로 발굴된 쌍용수옥황(<자료 7>)과 매우 유사하다.

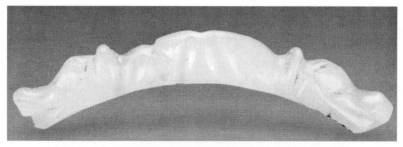

〈자료 7〉 홍산문화 객좌(喀左) 동산취(東山嘴)유적에서 발굴된
쌍용수옥황(雙龍首玉璜)[18]

---

17) 徐强, 『紅山文化 古玉 鑑定』, 北京, 華藝出版社, 2007, 35쪽 <圖 36>의 설명문.
18) 遼寧省博物館·文物考古硏究所, 『遼河文明展 文物集萃』, 瀋陽, 遼寧省博物館·文物考古硏究所, 2006, 35쪽 사진2.

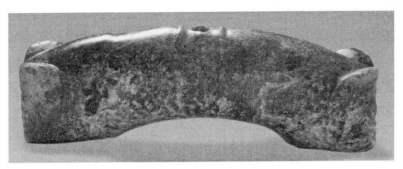

〈자료 8〉홍산문화 쌍수수황형기(雙獸首璜形器: 徐强 所藏品)[19]

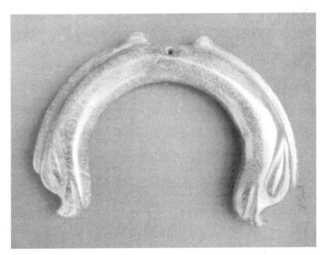

〈자료 9〉개인 소장의 홍산문화 쌍저수옥황(雙猪首玉璜)[20]

옥황(玉璜)은 옥으로 만든 황(璜)이다. '황'이란 하(夏)나라 계(啓)가
찼다는 의기(儀器)로, 가운데 구멍이 뚫린 원형의 벽(璧)을 반쪽 낸 모습
으로 '반원형(半圓形)의 벽'을 말한다.[21]

---

19) 徐强, 앞의 책, 35쪽 <圖 36>.

20) 神州收藏网(http://yourcollect.net/products/200953012515180.htm) 에 소개된 개인
소장 자료. 여기에서는 홍산문화 쌍용두옥황(雙龍頭玉璜)으로 소개해 놓았다.

중국에서는 고대로부터 천지(天地)와 사방(四方)에 제사를 지내는 6종의 의기(儀器)가 있었다. 이것은, (1) 하늘에 제사지내는 예기인 옥벽(玉璧), (2) 땅에 제사지내는 예기인 옥종(玉琮), (3) 북방신에 제사지내는 예기인 옥황(玉璜), (4) 동방신에 제사지내는 예기인 옥규(玉圭), (4) 남방신에 제사지내는 예기인 옥장(玉璋), (5) 서방신에 제사지내는 예기인 옥호(玉琥) 등 6가지이다. 이 가운데 옥벽, 옥종, 옥황, 옥규는 이미 신석기 시대부터 보인다.

후대의 옥황 형태는 크게 두 가지가 있는데, 하나는 반원형의 것이고, 다른 하나는 호(弧) 형태의 것이다. 구멍의 위치는, (1) 신석기 시대의 것은 대부분 반원이나 호의 가운데 부분에 구멍이 있어서 걸었을 때 무지개 형태가 되고, (2) 후대의 일부 옥황들은 반원이나 호의 양쪽 끝에 구멍이 있어 걸었을 때 무지개와 반대되는 방향이 되는 것도 있다.

신석기 시대 옥기에서 토템 동물의 머리로 장식되었던 부분은 후대에는 인형황(人形璜), 조형황(鳥形璜), 어형황(魚形璜), 수형황(獸形璜) 등으로 다양하게 변형된다. 춘추·전국 시대를 거치면서 용(龍) 머리 장식이 많아지며, 당나라 이후에는 옥황 자체가 점차 사라져 간다. 대부분의 시기에 '벽'과 '황'은 주로 옥(玉)으로 만들어져서 '옥벽'과 '옥황'이라고 부른다. 옥황의 기원이라고 할 수 있는 것이 바로 홍산문화에서부터 발굴된 것이다.

필자는 홍산문화에서 보이는 옥황의 최초의 모습은 '무지개'를 형상화한 것이라고 본다. 후대로 가면서 옥황은 다양하게 변형되는데, (1) 홍산문화의 옥황과 마찬가지로 양쪽에 동물 머리가 달린 것, (2) 한쪽에만 동물 머리가 달린 것, (3) 동물 머리가 달리지 않고 둥근 옥벽을 그대로 반으로 자른 것 등 크게 3종류가 있다. 각 종류별로 장식의 화려함은 다양하다.

---

21) 『山海經』「海外西經」. "夏后啓 左手操翳 右手操环 佩玉璜." 郭璞 注 :
"半璧曰璜."

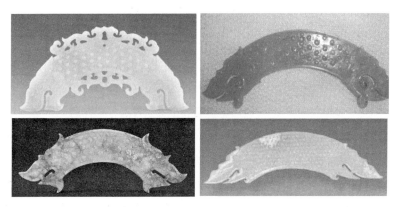

〈자료 10〉 양쪽에 동물 머리를 장식한 후대의 다양한 옥황(玉璜)
* 이런 형태는 대부분 용머리로 보아서 양용수옥황(雙龍首玉璜)으로 부른다.

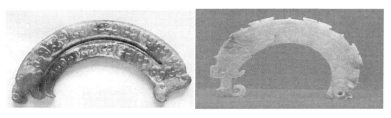

〈자료 11〉 한쪽에만 동물의 머리를 장식한 후대의 다양한 옥황(玉璜)
* 이런 형태는 대부분 용형옥황(龍形玉璜)으로 부른다.

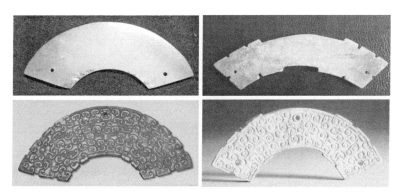

〈자료 12〉 동물 머리 장식이 생략된 후대의 다양한 옥황(玉璜)

앞서 살펴본 바와 같이 무지개를 상형한 옥황 가운데는 한쪽에만 동물의 머리가 장식된 것들도 보인다. 동물의 머리를 양쪽에 장식을 했든 한쪽에만 장식을 했든, 이런 모습은 후대의 전형적인 옥황의 모습인 것이다.

4. 홍산문화 옥저룡(玉猪龍)과 무지개

한쪽에만 동물의 머리를 장식한 옥황의 기원 역시 홍산문화 옥저룡(玉猪龍)이라는 것이 필자의 생각이다. 일반적으로 중국학자들은 옥저룡을 용(龍) 형상을 한 옥기로 보고 있다. 그러나, 반원형으로 구부러진 모습은 용이라기보다는 생명을 상징하는 태아의 형상이라고 보기도 한다. 그래서 일부에서는 이 옥저룡이 신라 곡옥(曲玉)의 기원이라고 보기도 한다. 그러나 필자는 이러한 견해와 전혀 다른 시각을 지니고 있다.

필자는 홍산문화의 대표적인 옥기 가운데 하나인 옥저룡은 한쪽에만 동물 머리를 장식한 무지개의 형상으로 후대 옥황의 최초 형태 가운데 하나라고 본다. 필자가 홍산문화 옥저룡을 단순한 토템 조각상이 아닌 무지개 형상으로 보는 결정적인 근거는 두 가지이다.

첫째, 앞서 살펴본, (1) 무지개 홍(虹) 자의 갑골문, (2) 양쪽에 동물 머리를 장식한 후대의 다양한 옥황들, (3) 한쪽에만 동물 머리를 장식한 후대의 옥황들과 비교를 해보면 홍산문화 옥저룡이 무지개를 형상화한 것이라는 점을 추론하는데 큰 무리가 없다.

둘째, 또 다른 근거는 옥저룡을 매다는데 이용된 구멍이 몸통 한 가운데 뚫려있다는 점이다. 이점은 이제까지 학자들이 주목하지 않은 것이다. 대부분의 홍산문화 관련 논문이나 저서에서 옥저룡의 사진은 항상 머리가 위로 가는 형태로 제시되고 있다(<자료 13-1> 참조). 이처럼 옥저룡이 단순히 토템 동물을 상형한 것이라면, 머리 아래 부분에 구멍을 뚫어서 걸어놓거나 목에 걸었을 때 동물의 형상이 제대로 보이도록 했을 것이다.

13-1. 대부분의 논문이
나 저서에서 보이는 머
리가 위로 향한 모습

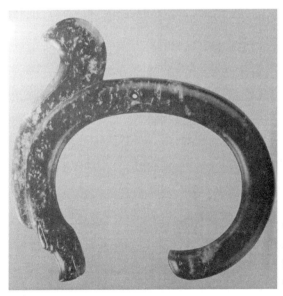

13-2. 구멍에 매달았을 경
우의 모습: 한쪽에 동물
머리를 장식한 옥황의 모
습이다.

〈자료 13〉 홍산문화의 전형적인 옥기인 옥저룡(玉猪龍)

그러나 출토품, 개인 소장품 등 모든 홍산문화 옥저룡은 구멍이 몸통 한 가운데 뚫려있어서, 걸어 놓거나 목에 걸었을 때 무지개 모양이고 옥황의 모습이다(<자료 13-2> 참조). 더욱이 옥저룡과 같이 한쪽에만 동물의 머리를 장식한 옥황이 후대에도 보인다는 것은 이런 필자의 생각이 틀리지 않다는 것을 보여주는 것이다. 필자는 이런 옥저룡 형태의 것이 홍산문화에 많이 보이고 시기도 앞선다는 점을 고려하면, (1) 옥저룡이 처음에는 무지개를 상형하여 토템 동물의 머리를 한쪽에 장식하였고, (2) 이것이 후대에 옥황으로 변형되었으며, (3) 따라서 홍산문화 옥저룡은 옥황의 기원이었다고 본다.

결국 홍산인들은, (1) 무지개를 상형하여 한쪽에 자신들의 토템 동물의 머리를 장식한 옥저룡 형태의 옥황을 만들었고, (2) 이것의 변형으로 양쪽에 토템의 동물의 머리를 장식한 쌍용수옥황(雙龍首玉璜)·쌍수수황형기(雙獸首璜形器)·쌍저수옥황(雙猪首玉璜) 등을 만들었다는 것이 필자의 생각이다.

그렇다면 왜 무지개를 상형한 최초의 옥황의 끝에 동물의 머리를 장식한 것일까? 필자는 이 동물은 홍산인들의 토템 동물 가운데 하나라고 본다. 토템은 동물신이자 조상신이고, 조상신들은 하늘세계와 관련되어 있다. 또한 홍산인들에게도 무지개는 '하늘 세계의 조상신들이 인간 세계에 내려오는 다리 혹은 통로'라는 관념을 지니고 있었을 것이다. 자신들의 조상신이 특정 동물과 관련된다는 토템 신앙을 바탕으로, '무지개의 한쪽 혹은 양쪽 끝에는 조상신이자 토템인 동물의 머리'를 장식했을 것이다.

홍산인들은 무지개 형상을 기억하고 그 상징적 의미를 후손들에게 전승시키기 위해서 쌍수수황형기를 만들어 기념하고, 조상신이나 하늘의 천신에게 제사를 지낼 때 작은 것은 샤먼들이 목에 걸었을 것이고 큰 것은 벽에 걸어 놓았을 것으로 보인다. 홍산문화에서 보이는 옥저룡은 무지개를 입체적 조각으로 표현한 인류 최초의 조각품일 수 있다고 본다.

Ⅳ. 홍산문화의 다양한 삼공기(三孔器)와 '환일(幻日: Sundog)' 현상

1. '환일(幻日: Sundog, Mock sun, Parhelion)' 현상과 3개의 태양

태양의 좌우에 2개의 가짜 태양이 나타나는 특별한 기상현상은, (1) 우리말로는 '여러 개의 해'를 의미하는 '무리해', (2) 한자로는 '가짜 태양'이라는 의미의 환일(幻日), (3) 영어권에서는 썬독(Sundog, Sun dog) 혹은 모크 썬(Mock Sun: 가짜 태양), (4) 과학적 용어로는 파히리온(Parhelion)이라고 불린다.[22) 사전의 설명을 소개하면 아래와 같다.

〈환일 [幻日, parhelion]〉
요약 : 공기 속에 뜬 얼음의 결정에 태양빛이 반사·굴절했을 때 일어나는 현상을 말하며 무리해라고도 한다.
본문 : 무리해라고도 한다. 태양과 같은 고도에서 좌우에 나타난다. 대개는 1쌍이지만, 더 많이 나타나는 경우도 있다. 태양이 낮을 때는 태양으로부터의 시거리(視距離)는 무리(헤일로)와 같이 약 22°인데, 태양이 높아지면 증대하여 안쪽 해무리[內暈]의 바깥쪽에 나타난다. 태양에 가까운 쪽은 불그스레한 빛을 띠고, 바깥쪽은 다소 꼬리를 끌고 있다. 달에 대해서도 같은 현상이 일어나는데, 이것이 환월(幻月:무리달)이다. 태양 및 환일을 꿰뚫고 수평선에 평행으로 백색의 고리가 생기는 일이 있다. 이것이 환일환(幻日環:무리해고리)이다. 환일환은 드물게 완전한 원에 가까워지는 경우도 있다. ⓒ 두산백과사전 EnCyber & EnCyber.com.

환일은 태양빛이 공기 중의 얼음 결정체에 굴절되어 관찰자의 시각에

---

22) Parhelion(복수는 Parheli)은 그리어 'parēlion(παρήλιον)'에서 기원한 것으로, 그 의미 구조는 'παρά(beside)+ήλιος(sun)=παρήλιον(beside the sun)'로 되어 있다.

서 태양을 향해 좌우 22° 위치에 각각 하나씩 가짜 태양이 나타나는 현상이다. 이런 현상은, (1) 세계 어디서나 또 어느 시기에나 나타날 수 있으나, (2) 극(極) 지방이나 위도가 높은 평지 지역에서 선명하게 자주 관찰되며, (3) 해가 뜰 때나 해가 질 때는 태양의 고도가 낮아서 선명한 무리해 현상이 나타나며, (4) 해가 중천에 떠 있을 때에는 아주 드물게 관찰되며, (5) 환일이 아주 밝게 태양의 좌우에 하나씩 나타나면 '3개의 태양이 떴다'고 기록되지만, (6) 기상 상황에 따라 1개 혹은 2개 이상의 환일이 나타나는 경우도 있다. 이러한 현상은 달 주변에서도 나타나는데 이것을 환월(幻月 = 무리달)이라고 부른다.

서양에서도 그리스의 아리스토텔레스(Aristotle: B.C. 384-322 B.C.)이래로 꾸준히 관찰되었고, 동양의 각종 사서(史書) 들에도 태양의 이변 가운데 하나로 꾸준히 기록되어 있다. 환일 현상에서 보이는 여러 주변적 상황에 대한 현대 용어들을 먼저 정리하고,[23] 이것들이 우리나라의『삼국사기』,『삼국유사』,『고려사』,『조선왕조실록』 등에서 기록될 때 사용한 용어들을 설명하면 아래와 같다.

첫째, 햇무리(日暈, Halo)는 빛의 굴절 현상으로 인해서 태양의 주위에 둥글게 보이는 빛의 고리이다. 태양의 고도가 32° 이하일 때 가끔 이중 햇무리가 나타나는 경우가 있다. 이 경우에는, (1) 22°에서 보이는 '안쪽 해무리'인 내훈(內暈: Infralateral Arc)과, (2) 46°도에서 보이는 '바깥 햇무리'인 외훈(外暈: Supralateral Arc)으로 구분된다.

둘째, 무리해 혹은 환일(幻日, Sundog=Parhelion=Mock sun)은 햇무

---

23) 대부분의 기상학이나 대기광학 관련 입문서에서도 환일 현상은 소개되어 있다. 紫田清孝 지음, 김영섭·김경익 옮김,『대기광학과 복사학』, 서울, 시그마프레스, 2002, 35~51쪽 ; 한국기상학회,『대기과학개론(개정판)』, 서울, 시그마프레스, 2009(5쇄), 315~317쪽 ; Frederick K. Lutgens, Edward J. Tarbuck 지음, 안중배·김준·류찬수 외 옮김,『대기과학』, 서울, 시그마프레스, 2009, 565~568쪽 ; Trudy E. Bell 지음, 송영운 옮김,『기상학』, 서울, 도서출판이치, 2010, 168~169쪽.

리 현상이 나타날 때 태양빛이 공기 중의 얼음결정체에 의해 굴절되면서
태양의 22° 좌우에 나타나는 내훈(內暈: infralateral arcs)에 접해서 밝게
빛나는 '가짜 태양'을 말한다. 그 밝기나 모양에 따라서 우리나라의 사서
(史書) 기록에는 구별하였는데, (1) 원형으로 태양과 같이 빛나는 것을
환일(幻日), (2) 반원 형태로 빛날 때는 해의 좌우에 귀고리(珥) 같은 것
이 있다고 해서 귀(珥) 혹은 햇귀(日珥)라고 하였고, (3) 아래위로 연결
된 띠 모양으로 빛날 때에는 포(抱) 혹은 일포(日抱) 라고 기록하였다.

셋째, 상단접호(上段接弧 : Upper Tangent Arc)는 '안쪽 해무리'인 내
훈(內暈)의 위쪽에 외접하여 나타나는 위로 열린 호(弧) 형태의 빛을 말
한다. 동양의 사서에는, (1) 태양의 바깥쪽으로 빛이 발산된다고 하여 배
(背)혹은 배기(背氣)라고 기록하기도 하였고, (2) 태양의 위에 모자처럼
빛이 있다고 하여 관(冠) 혹은 일관(日冠)이라고 기록하기도 하였다.[24]

넷째, 패리호(Parry弧: Parry Arc)는 상단접호(上段接弧 : Upper Tangent
Arc) 위쪽에 상단접호와 비슷한 호(弧) 형태의 빛이 새롭게 분리되어 나타나
는 것이다. 태양의 고도가 0°에 가까울 때는 '상단접호'와 '패리호'가 구별
되지 않지만, 태양의 고도가 높아지면서 서서히 분리된다. 예전에는 '패리
호'는 '상단집호'와 구별되지 않았었고, 윌리엄 패리(William Edward Parry:
1790-1855)에 의해서 1820년에 처음으로 '패리호'가 발견된 것이다. 이런
까닭에 동양의 사서에서는 '패리호'도 '상단접호'나 '천정호'와 마찬가지로
배(背)/배기(背氣) 혹은 관(冠)/일관(日冠) 등으로 표현하고 있다.

---

24) 『한서(漢書)』 「천문지(天文志)」 '휘적배혈(暉適背穴)' 항목의 안사고(安師
　　古)의 주(註)에서는, "태양의 옆에 반원형의 것으로 태양을 향해있으면 포(抱)
　　라고 하고, 태양의 바깥을 향하고 있으면 배(背)라고 한다(師古曰 在旁如半
　　環 向日爲抱 向外爲背)"고 하였다.

14-1. '환일(幻日) 현상'의 용어와 동양 사서(史書)에서의 표현

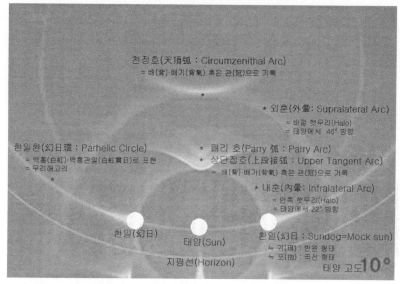

14-2. 환일 현상에서 이론적으로 보일 수 있는 10개의 태양의 위치

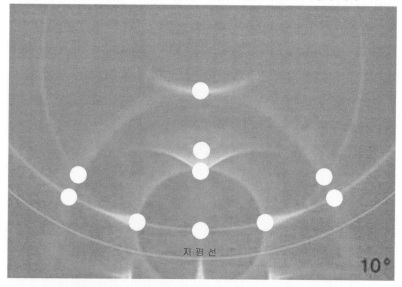

〈자료 14〉 환일 현상과 여러 개의 태양

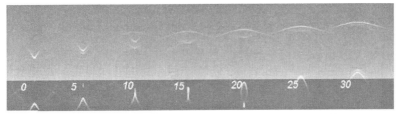

〈자료 15〉 태양의 고도(0°-30°)에 따른 기상 현상의 변화

* 태양 고도가 높아지면서 상단접호(上段接弧 : Upper Tangent Arc) 위쪽에서 패리-호(Parry 弧: Parry Arc)가 분리되는 것을 볼 수 있다.

다섯째, 천정호 (天頂弧: Circumzenithal Arc)는 태양 고도가 32° 이하일 때에만 관측 가능한 것으로 '바깥 해무리(外暈: Supralateral Arc)'의 상단에 접해서 태양의 바깥쪽으로 벌어진 호(弧) 형태의 빛을 말한다. 우리나라의 사서에서는 '천정호'도 '상단접호(上段接弧 : Upper Tangent Arc)' 나 '패리-호(Parry 弧: Parry Arc)'와 마찬가지로 배(背)/배기(背氣) 혹은 관(冠)/일관(日冠) 등으로 표현하고 있다.

여섯째, '무리해 고리'인 환일환(幻日環: Parhelic Circle)은 태양과 태양 좌우의 환일(幻日)을 꿰뚫고 수평선에 거의 평행에 가깝게 백색의 고리가 생기는 것을 말한다. 환일환은 완전한 원에 가까워지는 경우도 있다. 동양의 사서(史書)에 등장하는 "흰 무지개가 태양을 관통했다(白虹貫日)"는 것은 바로 이러한 현상을 기록한 것이다.

일곱째, 환일 현상에서 안쪽 해무리와 바깥 해무리가 동시에 보인다면 이론적으로는 10개 정도의 태양이 보일 수도 있다. 물론 10개의 태양이 현실에서 보이는 것은 너무도 드문 일이기는 하겠지만, 동이계 신화인 예(羿)와 10개의 태양 신화는 이런 여러개의 태양이 떠오르는 환일 현상에 대한 기억의 산물일 수도 있다고 본다.

환일 현상이 일어날 때마다 앞서 설명한 다양한 기상현상이 다 보이는

것은 아니다. 대부분의 경우에는 환일(幻日: 빛이 약할 때는 日珥늑日
抱), 안쪽 햇무리(內暈), 환일환(白虹貫日의 白虹), 상단접호(＝背 혹은
冠) 정도가 자주 관찰된다.

　이론적으로는 10개 정도의 태양이 가능하지만, (1) 일반적인 환일 현
상이 발생하는 경우에는 마치 3개의 태양이 떠오르는 것처럼 보이고, (2)
기상 상황에 따라서는 왼쪽이나 오른쪽에만 환일이 생겨서 2개의 태양
처럼 보이는 경우도 있으며, (3) 태양 위쪽의 패리-호(Parry 弧: Parry
Arc)나 상단접호(上段接弧 : Upper Tangent Arc)가 밝을 경우에는 4개
의 태양처럼 보이는 경우도 있다. 이러한 현상은 세계 곳곳에서 지금도
종종 관찰되고 있다. 아래는 최근에 세계 곳곳에서 관찰된 다양한 형태
의 환일을 찍은 사진이다.(<자료 16, 17, 18> 참조).

16-1. 2009.2.18일 미국 노스 다코다주(North Dakota) 파고(Fargo) 지역[25]

---

25) http://en.wikipedia.org/wiki/Sun_dog 의 사진 자료

16-2. 2005.1.22일 미국 미네소타주 뉴 우름(New Ulm) 지역[26]

16-3. 2011.1.8일 중국 장춘시(長春市)[27]

〈자료 16〉 전형적인 환일 현상과 '3개의 태양'

---

26) http://en.wikipedia.org/wiki/Sun_dog 의 사진 자료

27) 「서울신문 나우뉴스」, 2010.1.10일자 <종말 징조? 태양이 3개로 보이는 '환일현상' 포착>

17-1. 2007.11.14일 오후 3시-3시 40분 중국 하얼빈시(哈爾濱市)[28]

17-2. 2008.01.13일 오후 4시 34분 경 한국 경기도 시흥시(始興市)[29]

* 위와 같이 빛이 약할 때 동양의 사서에서 이(珥)나 포(抱)로 기록되었을 것이다.

〈자료 17〉 2개의 태양처럼 보이는 환일 현상

---

28) 「서울신문 나우뉴스」, 2007.11.15일자 <태양이 두개로 보이는 '환일' 中서 떴다>.
29) http://blog.naver.com/ywc1229/140046931853

2. 동양의 사서(史書)에 보이는 '환일 현상'과 2~3개의 태양

동양의 여러 사서에서도 환일 현상은 천문 관측 기록에 많이 남아 있다. 고대인들이 환일을 관측할 때, (1) 태양의 좌우에 환일이 선명할 경우에는 "3개의 태양이 동시에 떠올랐다(三日並出 / 三日並現 / 三日並照 / 三日相承)"고 표현하였고, (2) 태양 좌우에 한쪽만 환일이 선명한 경우에는 "2개의 태양이 동시에 떠올랐다(二日並出 / 二日並現 / 二日並照)"고 표현했으며, (3) 태양 좌우의 환일이 그다지 밝지 못해 약한 반원형의 빛이 보일 때는 "태양에 귀고리가 달렸다 / 햇귀가 달렸다(日珥)" 혹은 "태양에 2개의 귀고리가 달렸다 / 2개의 햇귀가 달렸다(兩珥)"고 표현하였으며, (4) 빛이 약해서 위아래로 연결된 곡선 형태의 빛일 때에는 "1~2개의 포(抱)가 있었다"고 표현하였다.

1) 『삼국사기(三國史記)』와 『삼국유사(三國遺事)』에 기록된 2~3개의 태양

첫째, 『삼국사기』에는 두 번의 환일 현상을 기록하고 있는데, (1) 신라 혜공왕(惠恭王) 2년(766) 1월에 "2개의 해가 동시에 떠서 대사면을 행하였다"[30]는 기록과, (2) 신라 문성왕(文聖王) 7년(845) 12월 1일에 "3개의 태양이 동시에 떴다"는 기록이 있다.[31]

둘째, 『삼국유사』에는 한 번의 환일 기록이 있는데, 우리에게 잘 알려

---

30) 『三國史記』卷9. 新羅本紀 9. 惠恭王 2년(766) 春正月 : 惠恭王 2년(766) 春正月 二日並出 大赦. 二月 王親祀新宮.
31) 『三國史記』卷11 新羅本紀 11 文聖王 7년(845) : 文聖王 7년(845)… 十二月朔. 三日並出.

진 월명사(月明師)의 도솔가(兜率歌)와 관련된 기록이다. 곧, 신라 경덕왕 19년(760) 4월 1일 "두 개의 해가 나타나(二日並現)" 없어지지 않자 월명사로 하여금 도솔가(兜率歌)를 짓게 하였다는 기록이다.[32]

도솔가와 관련한 '2개의 태양' 사건은 국문학자들 사이에서는 대부분, '태양이 2개가 뜨는 것은 있을 수 없는 일'이기 때문에 왕과 관련된 상징적 의미로만 해석해온 것이 이제까지 대부분의 논문들이었다. 그러나 황병익(黃炳翊)은 2005년 논문에서 '도솔가'와 관련된 '이일병현(二日並現)'은 왕과 관계된 상징이거나 점성술적 용어가 아니라 실재한 천문현상인 환일(幻日) 현상을 기록한 것이라는 점을 명쾌하게 밝히고 있다.[33] 황병익은 아래와 같이 설명하고 있다.

> "합리적인 사고로는 하늘에 해가 둘일 수 없으므로 '이일병현(二日並現)'은 실재 사실이 아니고, 왕과 관련된 상징이거나 점성술적 용어"라는 기존의 의견은 수정되어야 마땅하다. 왜냐하면, '(1) 하늘의 서북쪽에 청·적·백색의 두 개의 햇귀(日珥)가 있고, (2) 수 척이 넘는 붉은 기체 사이에 해가 끼어 있고, (3) 해의 배기(背氣)가 3중으로 나타나고, (4) 뭇사람들이 이를 두고 세 개의 태양이 떴다고 하였다'는 사료가 '이일변현'의 실상을 전해주고 있기 때문이다. 이는 실제의 천문현상인 환일(幻日), 해무리 현상과 정확히 일치한다. … 그러므로 도솔가에 나타나는 두 해의 출현은 환일, 무리 현상을 묘사한 것임에 분명하다."[34]

---

32) 『三國遺事』卷第五 感通 第七 <月明師兜率歌> : 景德王十九年庚子 四月朔 二日並現 挾旬不滅 日官奏 請緣僧作散花功德則可禳 於是潔 壇於朝元殿 駕幸靑陽樓 望緣僧 時有月明師 行于阡陌 時之南路 王 使召之 命開壇作啓 明奏云 臣僧但屬於國仙之徒 只解鄕歌不閑聲梵 王曰旣卜緣僧 雖用鄕歌可也 明乃作兜率歌賦之 其詞曰 今日此矣散 花唱良 巴寶白乎隱花良汝隱 直等隱心音矣命叱使以惡只彌勒座主陪 立羅良 解曰 龍樓此日散花歌 挑送靑雲一片花 殷重直心之所使 遠邀 兜率大僊家.

33) 황병익, 「『三國遺事』 '二日並現'과 「兜率歌」의 의미 고찰」, 『어문연구』, 통권 115호 제30권 3호, 2002, 145~166쪽.

34) 황병익, 윗글, 163쪽.

필자는 황병익의 이러한 견해가 옳다고 본다. 『삼국유사』에 보이는 2개의 태양은 도솔가와 연결되어 그동안 혼란을 빚었을지 모르지만, 『삼국사기』에 두 번 등장하는 2개의 태양 혹은 3개의 태양이 동시에 떴다는 기록은 왕의 본기(本紀)에 등장하는 기록이다. 삼국시대에도 분명하게 환일현상을 기록하고 있는 것이다.

2) 『고려사(高麗史)』에 기록된 2~3개의 태양

필자가 『고려사』 전체를 살펴본 결과 환일 현상과 관련한 기록이 총 114건이다. 이 가운데, (1) 의종(毅宗) 13년(1159)과, (2) 공민왕(恭愍王) 5년(1356)에 보이는 '3개의 태양이 동시에 떴다(三日竝出)'는 기록은 천문(天文)과 세가(世家)에 중복 기록되어 있어 하나씩 제외하면 환일 현상과 관련된 기록은 총 112건인 셈이다. 환일 현상과 관련된 총 112건의 기록은 34대 475년(918~1392) 동안 지속된 고려 시대에 평균적으로 약 4.24년에 한 번씩 환일 현상이 있었다는 것을 의미한다.

이 112건 가운데, (1) '3개의 태양'이 동시에 떠올랐다는 기록은 총 3건(천문과 세가에 동시에 기록된 2건 제외), (2) '2개의 태양'이 동시에 떠올랐다는 기록이 1건, (3) 태양의 양쪽 혹은 한쪽에 '귀(珥)'나 '포(抱)'가 달렸다고 표현한 것이 108건이다.

112건의 기록은 대부분 천문을 관찰한 기록인 『고려사』 47권, 「지(志) 1, 천문(天文) 1」에 실려 있다. 환일과 관련된 112건의 기록 가운데 2~3개의 태양을 직접 기록한 것만 시대 순으로 소개를 하기로 한다.

첫째, 인종(仁宗) "7년(1129) 정월 정해일(丁亥)에 세 개의 태양이 함께 떠올랐는데 서로 연결되어 무지개와 같았다."는 기록이 있다.[35] 이것

---

35) 『高麗史』 卷47, 志1, 天文1 : 仁宗 … 七年 正月 丁亥 三日竝出 相連

은 아주 분명하고 선명한 환일 현상인 3개의 태양을 기술한 것이다.

둘째, 인종(仁宗) "11년(1133)… 11월 무인일(戊寅)에 두 개의 태양이 함께 떴다."는 기록이 있다.[36]

셋째, 의종 毅宗) "13년(1159) 정월 병진일(丙辰) 햇무리(日暈)에 청·적·백색의 고리가 서북방에 2개가 있었다. 배기(背氣)는 3중인데 모두 태양의 둘레에서 몇 자 떨어지지 않았다. 뭇사람들이 이를 바라보고 말하기를 '3개의 태양이 함께 떴다'고 하였다."는 기록이 있다.[37] 이 기록은 햇귀(日珥)가 생각보다 매우 밝아서 3개의 태양과 같았다는 것이다. 이것은 세가(世家)에도 똑같이 기록되어 있다.[38]

넷째, 공민왕(恭愍王) 5년(1356) "춘정월 … 갑오일(甲午)에 붉은 기운이 해를 둘러쌌다. 길이가 수척(數尺)이 넘고 그 가운데 다 일륜(日輪)이 있었다. 사람들이 말하기를 '3개의 태양이 나란히 떴다고'고 하였다."는 기록이 있다.[39] 같은 기록이 세가(世家)에도 기록되어있다.[40]

다섯째, 공민왕(恭愍王) "16년(1367) 정월 … 무술일(戊戌)에 햇무리가 있었으며 두 개의 햇귀가 달렸는데, 마치 두 개의 태양과 같았다."는 기록이 있다.[41] 이 기록은 두 개의 햇귀가 두 개의 태양과 같았다는 것으로, 본래의 태양과 합치면 3개의 태양처럼 보이는 환일 현상을 기록한

如虹.
36)『高麗史』卷47, 志1, 天文1 : 仁宗 … 十一年 … 十一月 戊寅 二日竝出.
37)『高麗史』卷47, 志1, 天文1 : 毅宗 … 十三年 正月 丙辰 日暈有靑赤白 西北方有二. 背氣三重 皆去日輪不 數몇尺 閒人望之 皆謂三日並出.
38)『高麗史』卷18 世家18 毅宗 13년(1159): 己卯, 十三年, 春正月, 丙辰, 日暈有珥, 色靑赤白, 人皆謂三日並出.
39)『高麗史』卷47, 志1, 天文1 : 恭愍王 五年 正月 甲午 赤氣挾日 長數尺餘 其中皆有日輪 人言三日並出.
40)『高麗史』卷39 世家39 恭愍王 五年: 春正月 … 甲午, 赤氣挾日, 長數尺餘, 其中皆有日輪. 人言三日並出.
41)『高麗史』卷47, 志1, 天文1 : 恭愍王 … 十六年 正月 … 戊戌 日暈有兩珥, 如二日也.

것이다.

여섯째, 공민왕(恭愍王) "23년(1375) … 10월 경신일(庚申)에 무지개가
태양을 둘러싸고 있었는데, 태양 곁에 또 크고 작은 두 개의 태양이 있었
다."는 기록이 있다.[42] 이 기록은 태양 좌우에 2개의 환일이 있는 것을 묘
사한 것으로 본래의 태양까지 합치면 3개의 태양을 기록한 것이다.

2~3개의 태양을 직접 언급하지 않고, "2개의 햇귀가 걸렸다"는 식의 표
현도 105건이나 된다. 이것은 지면 관계상 일일이 소개하기 어렵다. 『고
려사』에서는 환일 현상의 밝기에 따라서 '2~3개의 태양이나 동시에 떴
다'거나 '태양의 좌우에 1~2개의 햇귀가 달렸다'는 식으로 기록했던 것
이다.

3) 『조선왕조실록(朝鮮王朝實錄)』에 기록된 2~3개의 태양

『조선왕조실록』에서 환일 관련 기록은 총 91건으로, (1) '3개의 태양
이 동시에 떠올랐다(三日竝出)'와 관련된 기록이 5건이고, (2) 태양의
좌우에 1-2개의 햇귀(日珥), 아주 가끔은 일관(日冠)이나 일포(日抱)가
있었다는 기록이 86건이다. 27대 519년(1392~1910) 동안 지속된 조선
시대에 약 6.03년에 한 번씩 환일 관련 현상이 일어난 셈이다.

5건의 '3개의 태양'관련 기록 가운데, (1) '3개의 태양이 동시에 떠올
랐다(三日竝出)'고 '직접 관찰'하여 기록한 것이 3건, (2) 현재의 중국
북경에서 본 것에 대한 기록이 1건, (3) 해의 이상(異常) 현상을 왕에게
설명하면서 예로 든 것이 1건 이다. 조선 시대에 직접 관찰한 3건을 먼
저 소개하면 아래와 같다.

---

42) 『高麗史』卷47, 志1, 天文1 : 恭愍王 … 二十三年 … 十月庚申 虹日圍
日旁又有大小二日.

첫째, 성종(成宗) 7년(1476) 12월에 중국 황제의 생일을 축하하기 위해서 파견된 성절사(聖節使) 이봉(李封)이 12월 11일에 해주위(海州衛)에 도착하여 3개의 달이 뜬 것 같은 무리달(幻月) 현상을 보고, 12일 새벽에는 "붉은 햇무리가 있었는데, 양쪽에 2개의 태양이 있는 형상(有赤暈, 兩傍又有兩日之狀)"을 보았다고 왕에게 보고 한 기록이 있다.[43]

둘째, 명종(明宗) 11년(1556) 2월 19일에는 경상도 감사의 보고를 기록하면서 "1월 29일에 합천에 3개의 태양이 함께 떴다(正月二十九日, 陝川, 三日竝出)"는 것을 기록해 놓았다. [44]

셋째, 선조(宣祖) 35년(1602) 1월 2일에는 충청도 임천군(林川郡)에서 "금년(1601) 12월 20일 해가 뜰 때에 마치 세 개의 해가 함께 솟은 것 같았다(今十二月二十日日出時, 有若三日竝出)"는 임천군수 이심(李愖)의 보고를 기록하고 있다.[45]

---

43) 『朝鮮王朝實錄』成宗 74卷, 7年(1476 丙申 / 명 성화(成化) 12年) 12月 30日(己亥) 1번째 기사
성절사 이봉이 흰 달무리와 붉은 햇무리를 보았다고 치계하다
○己亥/聖節使李封馳啓曰: "十二月十一日, 臣到海州衛, 二更初, 月有白暈, 圓經四五十尺許, 又有暈, 微有靑赤色, 如虹貫, 圓經百有五六十尺許, 當月兩傍, 有兩月之狀。至明朝, 日暈如虹未銷, 十二日, 日高二丈許, 有赤暈, 兩傍又有兩日之狀, 南邊暈如匹練, 直指南方橫亘五六十尺許, 北邊日暈, 直指東北方, 南北相距, 可五六十尺許。日高四五丈許始銷。" 傳曰: "可問觀象監。" 觀象監啓曰: "自十一日一更至三更月暈; 十二日陰雲。" 傳曰: "彼此不同, 未知孰是孰非, 然李封若無所見, 何詳悉如是? 其令憲府鞫觀象監官員以啓。"
44) 『朝鮮王朝實錄』明宗 20卷, 11年(1556 丙辰 / 명 가정(嘉靖) 35年) 2月 19日(戊申) 3번째기사
정원에 재변이 일어남을 우려한다고 전교하다.
○以慶尙監司啓本, 傳于政院曰: "日變非尋常, 又有斷流之變。恐懼憂慮之心, 尤爲罔極。"【正月二十九日陜川三日竝出, 晉州、奉化, 川流又斷。】
45) 『朝鮮王朝實錄』宣祖 145卷, 35年(1602 壬寅 / 명 만력(萬曆) 30年) 1月 2日(乙未) 2번째 기사

'3개의 태양이 동시에 떠올랐다(三日竝出)'는 기록 가운데 위의 3건 이외의 나머지 2건은, (1) 성종(成宗) 8년(1477) 성절사로 파견된 이봉(李封)이 중국 북경에서 본 것과, (2) 명종(明宗) 5년(1550)에 영관상감(領觀象監) 이기(李芑)가 해의 이상 현상에 대해서 왕에게 설명하면서 사례로 소개한 것이다. 이것을 소개하면 아래와 같다.

첫째, 성종(成宗) 8년(1477) 2월 4일에 성절사로 다녀온 이봉의 보고를 인용하여 성종이 "이봉(李封)이 말하기를, '경사(京師: 북경을 말함)에 갔을 때에 세 개의 해[日]가 함께 출현한 것을 보았다.'고 하였는데, 경들도 또한 보고 들었는가(李封言: '赴京時見三日竝出', 卿等亦得見聞乎?)" 라고 묻는 기록이 있다. 성절사 이봉은 해주를 지나가면서 3개의 태양을 보았고(成宗 7년(1476) 12월 12일), 중국에 가서도 또 다른 3개의 태양을 본 것이다.[46]

충청 감사 이용순이 임천의 기상 이변에 대해 치계하다.
○忠淸監司李用淳馳啓曰: "林川郡守李惟牒呈內, 今十二月二十日日出時, 有若三日竝出, 詳見其狀, 則正輪左右, 雙環挾持, 白虹圍其外, 二食頃許, 日輪始安. 二十二日申時地震, 自西向東, 其聲殷殷, 屋柱幷震. 變怪非常事."

46) 『朝鮮王朝實錄』成宗 76卷, 8年(1477 丁酉 / 명 성화(成化) 13年) 2月 4日(癸酉) 3번째 기사
중국에 가서 보고 들은 일과 안주에 백성을 이주시키는 일 등을 논하다.
○上御宣政殿, 引見沈澮·李克墩, 問聖節使之行, 弓角犯禁之由. 澮對曰: "近帝命太監二·校尉十六, 察玉河館內事, 通事芮亨昌潛買牛角, 令牙子分載四車, 期會通州. 校尉知之, 告太監以奏, 沒入牛角, 竝收其直, 牙子充軍. 臣等聞, 與牙子爭利者, 陰囑太監, 以至生事." 上曰: "中朝法嚴, 今後必不得買矣." 克墩曰: "中朝待我國甚厚. 高皇帝嘗賜火炮", 鄭同亦曰: "若奏請貿角, 意必蒙準." 又啓曰: "中朝有怪事, 皇帝闕內設道觀, 崇奉道敎, 甚至有怪獸, 狀如黑拘, 夜則見多害人, 欲搏之, 便開口噓氣, 人輒腫. 有以此奏者, 帝不信. 一日帝御早朝, 獸乃見, 給事中及諸大臣極論奉道之非, 帝卽命壞觀. 人言黑屬北, 其狀如犬, 恐有犬戎之禍." 上曰: "帝之壞觀得矣. 李封言: '赴京時見三日竝出', 卿等亦得見聞乎?" 克墩對曰: "若有之, 衆必共見. 臣意不如是

둘째, 명종(明宗) 5년(1550) 11월 30일에 영관상감(領觀象監) 이기 (李芑)가 아뢰기를 "옛날에는 세 개의 해가 나란히 나타났던 때도 있었습니다. 그러나 지금 이 변괴(變怪)는 햇무리에 양이(兩珥: 두 개의 햇귀)가 똑같이 함께 일어나서 색깔이 같은 것이었습니다."는 기록이 보인다.[47] 이것은 직접 관찰 기록은 아니지만 당시 선비들이 환일현상을 알고 있었다는 것을 잘 보여주며, 변괴로 해석하였다는 점을 알 수 있다.

명종 5년 11월에는 7번이나 햇무리 현상이 일어난다. 그 가운데 분명하게 2~3개의 태양을 기록한 것은, (1) 해무리 현상과 2개의 햇귀(兩珥)가 있어 '3개의 태양'처럼 보인 현상이 7일과 23일에 있었고, (2) 좌측에만 햇귀가 보여 '2개의 태양'처럼 보인 현상이 24일에 일어난다. 이렇게 해에 이상이 보이자 명종은 11월 28일에 "해의 재변이 예사롭지 않아 매우 두렵다. 관상감으로 하여금 상고하여 아뢰게 하라(日變非常, 予甚 驚懼. 令觀象監詳考以啓."고 명을 내린다.[48] 이에 대한 답변이 위에

也。其日陰, 意者陰雲解駁, 日光穿漏, 其狀或如是也。"上曰:"必此誤 見也。"澮曰:"平安道諸邑城多頹圮, 且安州乃天使經由大處, 而彫殘 尤甚。若徙民以實, 則自然阜盛。"承旨玄碩圭曰:"世祖朝徙民以實, 故兩界富庶。若擇徙南方富實者, 則必能安居樂業矣。"上曰:"予將審 思之。"

47) 『朝鮮王朝實錄』明宗 10卷, 5年(1550 庚戌 / 명 가정(嘉靖) 29年) 11月 30 日(己未) 1번째 기사
영관상감사 이기가 해의 변괴에 대해서 아뢰다.
○己未/領觀象監事李芑啓曰: "古有三日竝出之時。然此則日暈兩珥, 平等俱起, 而色同者也。"傳曰: "知道。"

48) 『朝鮮王朝實錄』明宗 10卷, 5年(1550 庚戌 / 명 가정(嘉靖) 29年) 11月 28日(丁巳) 1번째 기사
청홍 감사의 서장에 따라 해의 재변을 상고하여 아뢰게 하다.
○丁巳/下淸洪監司李夢弼日變書狀, 【牙山縣監申秀溟牒呈: "今十一月 十四日辰時, 日高二竿, 太陽南北各距二布長, 狀如日色, 有微赤色, 尾 長各一丈許, 而南邊圓光先自散盡, 北邊則良久消滅。"】于政院曰: "日

소개한 영관상감(領觀象監) 이기(李芑)의 설명이다. 이기는 3개의 태양은 실제로 태양이 3개인 것이 아니라, 햇귀가 좌우에 2개 달린 것이라고 설명하였던 것이다.

4) 중국 25사 중 『진서(晉書)』에 기록된 2~3개의 태양

중국의 각종 사서(史書)에서도 환일 현상은 천문 현상의 하나로 기록되어 있다. 여기에서는 서진(西晉: 265~316)의 역사를 기록한 『진서』의 기록만을 예로 들어 살펴본다.[49] 『진서』에는, 5건의 '3개의 태양' 관련 기록이 보이는데, 같은 날짜의 천문(天文)과 제기(帝紀)에 동시에 기록되어 중복된 2건을 제외하면 실제로는 3건이 기록되어있다. 서진이 41년 동안 존속한 것을 감안하면, 광활한 중국 대륙 가운데 서진 지역에서만 3개의 태양이 뜨는 사건이 약 13.6년 만에 한 번씩 관찰된 셈이다.

3건 가운데, (1) 2건은 효민제(孝愍帝) 건흥(建興) 2년(314)과 건흥(建興) 5년(317)의 기록이고, (2) 나머지 1건은 유청(劉聰)이라는 인물에 대한 기록에 보이는 것으로 시기를 알기가 어렵다. 이것을 소개하면 아래와 같다.

첫째, 서진 효민제(孝愍帝) 건흥(建興) 2년(314) 1월 신미일(辛未)에 "3개의 태양이 같이 떴다(三日相承)"는 기록이 있다.[50] 이것은 제기(帝紀)에도 다시 기록되어 있다.[51]

둘째, 서진 효민제(孝愍帝) 건흥(建興) 5년(317) 1월 경자일(庚子)에

變非常, 予甚驚懼。令觀象監詳考以啓。"
49) 필자는 현재 중국의 25사 전체를 검색하고 있고, 그 결과는 별도의 논문을 통해 발표될 것이다.
50) 『晉書』卷 十二, 志 第二, 天文 中 : (孝愍帝) 建興二年(314) 正月辛未 辰時, 日隕于地. 又有三日相承, 出於西方而東行.
51) 『晉書』卷五, 帝紀 第五, 孝愍帝 : (建興)二年(314) 春正月 … 辛未, 辰時日隕于地. 又有三日相承, 出於西方而東行.

도 "3개의 태양이 함께 비추고 (흰)무지개가 오래 있었다. 태양에 이중 햇무리가 있었고 좌우에 두 개의 햇귀가 달렸다(三日竝照, 虹蜺彌天. 日有重暈, 左右兩珥)"는 기록이 있다.[52] 이것은 제기(帝紀)에도 다시 기록되어 있다.[53]

셋째, 위의 기록 이외에 다른 한 건은 유청(劉聰)이라는 인물에 대한 기록에 보이는데, "3개의 태양이 동시에 비추고, 좌우에 2개의 햇귀가 있었으며 오색(五色)이 선명했다(三日竝照, 各有兩珥, 五色甚鮮)"는 기록이 있으나 연도를 알기 어렵다.[54]

이상의 내용을 종합해 보면 동양의 사서에서는 모두 환일 현상을 분명하게 기록하고 있고, (1) 환일 현상이 선명할 때에는 2~3개의 태양이 동시에 떴다고 기록했으며, (2) 그 빛이 약할 때에는 태양 좌우에 1-2개의 햇귀(日珥)가 걸렸다고 기록했다는 것을 알 수 있다.

3. 북방 민족의 신화와 설화에 보이는 환일 현상

여러 개의 태양이 동시에 보이는 환일 현상은 북방 여러 민족들의 신화나 설화에도 남아 있다.

첫째, 동이족 계열의 신화인 예(羿)와 관련한 10개의 태양 신화[55]는

---

52) 『晉書』卷 十二, 志 第二, 天文 中 : (孝愍帝) 建興 … 五年(317) 正月 庚子, 三日竝照, 虹蜺彌天. 日有重暈, 左右兩珥.

53) 『晉書』卷五, 帝紀 第五, 孝愍帝 : (建興)五年(317) 春正月, 帝在平陽. 庚子, 虹霓彌天, 三日竝照.

54) 『晉書』, 卷一百二, 載記 第二, <劉聰子粲 陳元達> : 赤虹經天, 南有 一歧 ; 三日竝照, 各有兩珥, 五色甚鮮 ; 客星歷紫宮入於天獄而滅. 太史令康相言於聰曰 : 「蛇虹見彌天, 一歧南徹 ; 三日竝照 ; 客星入 紫宮. 此皆大異, 其徵不遠也. 今虹達東西者, 許洛以南不可圖也. 一 歧南徹者, 李氏當仍跨巴蜀, 司馬叡終據全吳之象, 天下其三分乎!

55) 원가 지음, 전인초·김선자 옮김, 『중국신화전설Ⅰ』, 서울, 민음사, 1998, 445~

환일 현상에 대한 기억이 신화적 형태로 남아 있는 것이라고 본다. 왜냐하면 이론적으로는 내훈과 외훈이 동시에 보이는 경우 10개의 태양이 뜰 수 있기 때문이다(<자료 14-2> 참조).

둘째, 북방 소수민족들 사이에는 신석기 시대부터 여러 개의 태양과 관련된 관념이 있었다. 러시아 극동대학교의 고고학자 데. 엘. 브로 스키는 동북방 아무르 강 유역에 사는 여러 소수민족들에게서 보이는 궁수(弓手)와 여러 개의 태양 신화들을 소개하면서 "궁수와 다수의 태양에 대한 신화는 아무르에서 가장 이른 시기 - 기원전 5천년기 - 로 편년될 것이다"고 지적하고 있다.[56] 브로 스키는 여러 개의 태양 신화를 직접적으로 환일 현상과 연결시키지는 않지만, 필자는 여러 개의 태양 신화의 기원은 환일 현상과 관련된다고 본다.

셋째, 필자는 여러 개의 해와 달 가운데 여분(餘分)의 해와 달을 늑대가 먹는다는 아메리카 인디언들의 신화도 '환일 현상' 혹은 '환월 현상'과 관련된 이야기의 변형이라고 본다. 브로 스키는 이러한 아메리카 인디언들의 신화가 구석기 시대에 아메리카 땅으로 건너간 것이라고 보고 있다.[57]

결국 환일 현상을 좀 더 자주 관찰할 수 있었던, (1) 위도가 높고, (2) 평원에 가까운 지역에 살던 북방민족들에게는 환일 현상으로 인한 여러 개의 태양이라는 관념이 다양한 형태로 변형되어 전승되고 있는 것이다. 환일 현상에 대한 고대인들의 기억은 대부분 신화나 설화 형태의 이야기로 남아있지만, 아래에서 살펴볼 홍산문화에서는 최초로 입체적 조각으로 표현되어 있다는 것이 필자의 생각이다.

457쪽 참조 ; 선정규, 『중국신화역구』서울, 고려원, 1996, 275~305쪽 참조.
56) 데. 엘. 브로댠스키 지음, 정석배 옮임, 『연해주의 고고학』, 서울, 학연문화사, 1996, 406~407쪽.
57) 데. 엘. 브로댠스키 지음, 정석배 옮임, 위의 책, 410쪽.

4. 홍산문화의 다양한 삼공기(三孔器)와 3개의 태양

홍산문화 옥기 가운데, 3개의 구멍이 뚫린 특이한 형태의 삼공기(三孔器)들이 발견된다. 홍산문화에서 발견되는 삼공기는 3 가지 형태가 있다.

첫째, 3개의 구멍 좌우에 동물 머리를 장식한 쌍수수삼공기(雙獸首三孔器)[58]는 동물이 곰이라고 보아서 쌍웅수삼공기(雙熊首三孔器)[59] 또는 웅수삼공기(熊首三孔器)[60]라고 불리기도 한다. 홍산문화의 토템 동물 가운데 하나인 곰의 머리를 장식한 것이다(<자료 18> 참조).

둘째, 3개의 구멍 좌우에 사람의 얼굴을 장식한 것으로 '쌍인수형삼공기(雙人首三孔器)'[61] 혹은 '인수삼공기(人首三孔器)'[62]라고 부르는 것이다. 쌍웅수삼공기와 형태는 모두 같으나 동물 머리 대신에 사람 얼굴이 장식된 것이다(<자료 19> 참조).

---

58) 徐强, 앞의 책, 146쪽 사진 206에서는 쌍수수삼공기(雙獸首三孔器)로 보고 있다.
59) 遼寧省博物館, 遼寧省文物考古研究所, 앞의 책, 25쪽에서는 쌍웅수삼공기(雙熊首三孔器)로 보고 있다.
60) 鄧淑苹, 「試論紅山系玉器」, 許倬云, 張忠培 主編, 『新世紀的考古學』, 北京, 紫禁城出版社, 2006, 385쪽.
61) 徐强, 앞의 책, 147쪽 사진 207에서는 쌍인수형삼공기(雙人首三孔器)로 부른다. 이 옥기가 우하량 제2지점 1호총 12호묘에서 출토되었다고 소개하고 있으나 잘못이다. 다른 책들을 참고하면 이 옥기는 우하량 16지점 2호묘에서 출토된 것이다. 아래 각주 49 참조.
62) 鄧淑苹, 앞의 글, 387쪽.

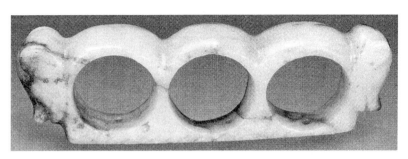

〈자료 18〉 홍산문화 쌍수수삼공기(雙獸首三孔器) : 우하량 제16지점 2호묘 출토[63]

〈자료 19〉 홍산문화 쌍인수삼공기(雙人首三孔器) : 우하량 제2지점, 1호총,
12호묘 출토[64]

셋째, 3개의 구멍만 있고 좌우에 아무런 장식이 없는 삼공기(三孔器)
가 있다. 이것은 현재까지 발표된 중국학자를 포함한 여러 나라 학자들
의 모든 논문이나 저서에서 삼련벽(三聯璧) 혹은 삼련옥벽(三聯玉璧)
으로 잘못 알려져 있다(<자료 20> 참조).[65]

옥벽(玉璧)은 제천예기(祭天禮器)로 둥근 옥에 원형의 구멍이 뚫

---

63) 遼寧省博物館, 遼寧省文物考古硏究所, 앞의 책, 25쪽.
64) 徐强, 앞의 책, 147쪽 사진 207.
65) 1. 鄧淑苹, 앞의 글, 366쪽.
    2. 于建設 主編, 『紅山玉器』, 呼和浩特, 遠方出版社, 2004, 60쪽.

린 옥기를 말한다. 홍산문화에서는, (1) 전형적인 옥벽, (2) 외부가 사
각형인 방형옥벽(方形玉璧), (3) 옥벽이 2개 연결된 쌍련옥벽(雙聯
玉璧), (4) 옥벽 3개가 연결된 삼련옥벽(三聯玉璧) 등이 모두 발견
된다.

필자가 새롭게 삼공기(三孔器)라고 명명한 파림좌기(巴林左旗) 나일
사태(那日斯台) 유적지에서 출토된 것은 외형상 삼련옥벽과 유사하지만
분명하게 구별된다. 나일사태 삼공기는, (1) 한 변은 수평선을 상징하듯
평평하게 되어 있고, (2) 평평한 변에 옥기를 매달 수 있는 구멍이 뚫려
있어 수직이 아니라 수평으로 장식되었다는 점에서 홍산문화에서 발견
되는 삼련옥벽과 분명하게 구별된다(<자료 20> 참조).

홍산문화에서 발견되는 쌍련옥벽이나 삼련옥벽은, (1) 옥벽이 위아래
로 3개 이어져 있고, (2) 3개의 연결된 옥벽 가운데 가장 작은 옥벽의 구
멍에 줄을 연결하면 위아래로 수직으로 세워지게 되어 있다(<자료 21>
참조).

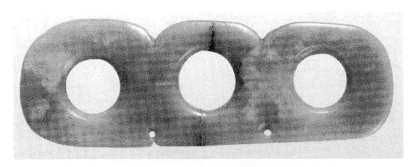

〈자료 20〉 홍산문화 삼공기:
파림좌기(巴林左旗) 나일사태(那日斯台) 유적지 출토66)

---

66) 于建設 主編, 앞의 책, 60쪽.

〈자료 21〉 비교자료 : 홍삼문화 쌍련옥벽(雙聯玉璧)과 삼련옥벽(三聯玉璧)[67]

앞서 살펴본 3가지 형태의 삼공기(三孔器)는 신석기시대 홍산문화에서 최초로 발견되는 것이다. 이것이 무엇을 상형한 것이고 또 그 상징적 의미가 무엇인지에 대해서는 아직 연구된 바가 없다.

앞에서 필자는 쌍수수황형기가 무지개를 형상화한 것이라는 관점을 제시하였다. 홍산문화에서 최초로 보이는 쌍수수삼공기를 비롯한 3가지 유형의 삼공기는 '환일 현상'에서 보이는 '3개의 태양'을 형상화한 것이라는 것이 필자의 생각이다.

신석기시대 대부분의 문화권에서 태양은 신(神)이었다. 이러한 하나의 '태양=태양신'이 어느 날 갑자기 3개가 동시에 뜬다는 것은 신석기시대 홍산인들에게는 매우 충격적인 일이었을 것이다. 3개의 태양이 뜨는 '환일 현상'은 앞서 동양의 여러 사서(史書)들에서 본 바와 같이 적어도 5-13년에 1번은 관찰되는 것이다. 요녕성 서부와 내몽고 동부의 홍산문화 지역은 위도가 높은 지역이고 평지 지역이어서 환일 현상이 더 빈번하게 발생했을 가능성이 높다.

---

67) 徐强, 앞의 책, 140쪽 사진 190 쌍련옥벽(牛河梁 2지점 출토), 119쪽 사진 143 삼련옥벽(胡頭溝 3호묘 출토).

필자가 홍산문화에서 최초로 보이는 쌍수수형삼공기는 '3개의 태양'을 형상화한 것으로, 그 기원은 '환일 현상'에 있었다고 보는 데는 몇 가지 근거가 있다.

첫째, 환일 현상에서도 태양의 고도가 낮을 때에 '안쪽 햇무리'인 내훈 (內暈: Infralateral Arc)은 무지개와 똑 같은 모습이라는 것이다(<자료 22> 참조). 물론 날씨가 흐린 날이나 석양이 질 때 등에는 무지개처럼 색도 지니고 있다. 참고로 내훈과 외훈의 색깔 순서는 서로 반대로 되어 있다. 홍산인들은 무지개와 모습이 똑같아 보이는 '안쪽 햇무리'인 '내 훈'도 또 다른 형태의 무지개로 인지했을 것이다.

둘째, 양쪽에 동물 머리를 장식한 쌍수수황형기(雙獸首璜形器)로 무 지개를 형상화 했던 홍산인들은 '안쪽 햇무리'인 '내훈'도 역시 쌍수수황 형기와 마찬가지로 한 마리의 거대한 동물로 묘사했을 것이다. 양쪽 끝에 머리가 달린 동물 형태로 무지개를 상상하고, 건기와 우기에 물을 마시거 나 토해서 비를 조절하는 것이 고대 동양의 전형적인 무지개 관념이었다. 이러한 무지개 관념은 후대에 용(龍)의 관념과 직접적으로 이어진다.

셋째, 홍산인들이 무지개와 같은 모양의 '안쪽 햇무리'인 내훈(內暈)과 '3개의 태양'이 동시에 떠오른 것을 보았을 때, 무지개를 쌍수수황형기(雙 首獸璜形器)로 형상화하였듯이 쌍수수황형기와 유사한 다른 형태의 옥기 로 형상화하였을 것이다. 그러므로 무지개를 형상화한 쌍수수황형기(雙首 獸璜形器)의 몸통 부분에 '3개의 태양'을 상징하는 '3개의 구멍'을 뚫어 놓은 것이 쌍수수삼공기(雙獸首三孔器)라는 것이 필자의 생각이다.

필자는 동양의 사서에 반복적으로 관찰되어 기록된 '3개의 태양이 동 시에 떴다'는 환일 현상과 관련하여, (1) 홍산문화 시대에 이미 환일 현 상은 관찰되었으며, (2) 홍산인들은 '3개의 태양'을 형상화한 쌍수수삼공 기(雙獸首三孔器)라는 옥기(玉器)를 제천예기(祭天禮器)로 사용했으며, (3) 홍산문화 쌍수수삼공기(雙獸首三孔器)가 환일 현상에 대해 관찰하고 남긴 인류 최초의 입체 조각품이라고 보고 있다.

〈자료 22〉 태양 고도가 낮을 때에 '안쪽 햇무리'인 내훈(內暈: Infralateral Arc)의 모습
* 내훈이 무지개 형상을 하고 있다.

V. 글을 마치며 : '3수 분화의 세계관(1-3-9-81)'의 기원과 환일 현상

필자는 1997년 박사학위 논문에서 '하나에서 셋으로 지속적으로 분화되는 일련의 사유체계'를 '3수 분화의 세계관(1-3-9-81)'이라고 명명하고, 이러한 사유체계가 북방 샤머니즘을 공유하고 있는 북방 민족들에게 보편적으로 존재한다는 점을 밝힌 바 있다.[68] 이 후 20년 이상 한국, 중국, 몽골 등에

---

68) 우실하, 「한국 전통문화의 구성 원리에 대한 연구」, 연세대 사회학과 박사학위

다양한 형태로 남아 있는 '3수 분화의 세계관'의 흔적들을 연구하고 있다.

이런 북방 샤머니즘의 '3수 분화의 세계관'이 동북아 여러 민족의 문화, 사상, 민속 등에 어떤 형태로 전승되고 있는가 하는 점은 이미 필자의 여러 저작과 논문을 통해서 상세히 논의한 바 있다.

예를 들어, '3수 분화의 세계관'은, (1) 북방 샤머니즘의 중요한 관념체계인 삼계구천설(三界九天說), 우주수(宇宙樹) 관념, 삼혼일체설(三魂一體說) 등과 연결되어 있고, (2)『한서』「율력지」에 보이는 '태극원기 함삼위일(太極元氣 函三爲一)'이라는 최초의 태극 관념인 삼태극(三太極)/삼원태극(三元太極) 관념과도 이어지며, (3) 중국 북방 지역에서 전래되고 있는 구구가(九九歌), 구구소한도(九九消寒圖), 구구소한시도(九九消寒詩圖)에 나타나는 수의 상징성과도 연결되어 있고, (4) 도교와 한국 민족종교의 각종 상징체계에서 '하나에서 셋으로' 분화되는 '3.1철학'의 바탕이기도 하며, (5) 몽골의 민속, 전설, 신화,『몽골비사』등에서도 잘 드러나고 있다.[69]

논문, 1997.

69) 우실하,「동북아시아 모태문화와 '3수 분화의 세계관'」,『문화와 사람』창간호, 한국문화심리학회, 2000, 225~255쪽 ; 우실하,「최초의 태극 관념은 음양태극이 아니라 삼태극/삼원태극이었다」,『동양사회사상』제8집, 동양사회사상학회, 2003, 5~37쪽 ; 우실하,「동북아 샤머니즘의 성수(聖數 : 3. 7. 9. 81)의 기원에 대하여」,『단군학연구』제10호, 단군학회, 2004, 205~240쪽 ; 우실하,「도교와 민족종교에 보이는 '3수 분화의 세계관'」,『도교문화연구』제24집, 한국도교문화학회, 2006, 99~133쪽 ; 우실하,「구구가(九九歌), 구구소한도(九九消寒圖)의 기원과 '3수 분화의 세계관'」,『동양사회사상』제13집, 동양사회사상학회, 2006, 347~379쪽 ; 우실하,「삼태극(三太極)/삼원태극(三元太極) 문양의 기원에 대하여」,『정신문화연구』제29권 제2호 통권 103호, 한국학중앙연구원, 2006, 205~237쪽 ; 우실하,「「천부경」,「삼일신고」의 수리체계와 '3수 분화의 세계관(1-3-9-81)'」,『선도문화』제1집, 선도문화연구원, 2006, 35~101쪽 ; 우실하,「몽골문화와 '3수 분화의 세계관(1-3-9-81)'」,『단군학연구』제18집, 단군학회, 2008, 307~345쪽 ; 우실하,「몽골문화와 '3수 분화의 세계관(1-3-9-81)'-Ⅱ」,『몽골학』제27호, 한국몽골학회, 2009, 87~118쪽.

필자는 '3수 분화의 세계관'에 대해서 지속적으로 연구해 오면서, (1) 북방 샤머니즘을 공유한 지역에서 발원하여, (2) 요서 지방 일대 요하문명의 홍산문화(紅山文化: B.C. 4500~B.C. 3000)의 후기(B.C. 3500 - B.C. 3000)에 최초로 체계화되었다고 보고 있다.

각각의 확산 상황에 대해서는 현재 연구가 진행되고 있다. 일단 필자의 가설을 간략하게 정리하면, (1) 북방 샤머니즘 지역에서 기원하여 홍산문화 지역에서 최초로 체계화되었으며, (2) 몽골 등 북방 소수민족의 샤머니즘 안에 잘 보존되어있으며 몽골리안 루트를 따라 남 - 북 아메리카쪽으로도 전파되었고, (3) 한반도 쪽으로는 내려오면서 선도와 풍류도 그리고 각종 민족종교에 전승되고, (4) 중국 쪽으로 남하하면서 도교, 신선사상 등에 전승되고, (5) 유목족들의 이동과 교류를 통해서 중앙아시아의 샤머니즘에 전승되고 있고, (6) 북유럽의 기층문화를 이루는 북유럽신화나 고대 켈트족의 드루이드교에 전승되고 있으며, (7) 기원전 2000~1500년 대대적으로 이루어진 고대 아리안족의 남방 이동으로 페르시아 지역과 인더스 문명 지역으로 전파되었을 것으로 보고 있다. 이것을 간단히 도표화하여 제시하면 아래와 같다.

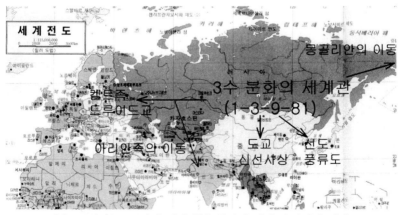

〈자료 23〉 '3수 분화의 세계관'의 확산에 대한 우실하의 가설

'3수 분화의 세계관'을 체계적으로 논리화, 철학화한 것이 도가(都家)나 선도(仙道) 계통에 잘 정리된 소위 '3.1 철학'이다. '3.1 철학'에서는 '하나이면서 셋이고, 셋이면서 하나'임을 강조하고 논리전개의 출발점으로 삼는다. 이것은 중국의 도교, 신선사상 계통의 저서들에 잘 남아 있는데, (1) 11세기 송(宋)대 장군방(張君房)이 편찬한 도교(道敎) 교리의 개설서(槪說書)인 『운급칠첨(雲級七籤)』, (2) 노자(老子)의 『도덕경(道德經)』, (3) 한(漢)대의 도교 경전인 『태평경(太平經)』, (4) 전한(前漢)대 양웅(揚雄)의 『태현경(太玄經)』등에 잘 남아 있다.

3, 9(3×3), 81(9×9)을 성수(聖數)로 사용하는 '3수 분화의 세계관 (1-3-9-81)'은 그 출발점이 '하나이면서 셋이고, 셋이면서 하나'라는 논리와 '하나에서 셋'으로 지속적으로 분화되는 것이다. 필자는 '3수 분화의 세계관'이라는 사유체계의 최초의 기원이 바로 '3개의 태양'이 뜨는 '환일 현상'에 있었다고 본다.[70)

언제나 하나로 떠오르는 태양신이 어느 날 갑자기 3개가 되어 떠오른다는 것은 고대인들에게 충격이었을 것이다. 신으로 여기던 하나의 태양이 어느 날 3개가 되었다는 것은, 하나의 태양 안에 이미 3개의 태양이 담겨져 있는 것으로 해독하였을 것이다. 이것을 형상화한 것이 바로 홍산문화 '쌍수수삼공기'였고, 이런 현상을 논리화, 철학화한 것이 '3.1철학', '3.1신(神)' 관념인 것이다.

---

70) 이에 대해서는 2010.11.27일 한남대 문과대 심포지움홀에서 있었던 <비교민속학회 2010 추계학술대회>에서 「'3수 분화의 세계관(1-3-9-81)'의 기원과 홍산문화: 유적과 유물에 보이는 성수(聖數) 3, 9, 81을 중심으로」라는 제목으로 발표한 바 있다. 이글은 2011년 4월말에 출판되는 『비교민속학』 44집에 "'3수 분화의 세계관(1-3-9-81)'의 기원과 홍산문화: 홍산문화에 보이는 성수(聖數) 3, 9, 81을 중심으로"라는 제목으로 실릴 예정이다.

參 考 文 獻

1. 원전 사료

『說文解字』, 『釋名』, 『山海經』, 『三國史記』, 『三國遺事』, 『高麗史』, 『漢書』, 『晉書』, 『朝鮮王朝實錄』

2. 논저

데. 엘. 브로댠스키 지음, 정석배 옮김, 『연해주의 고고학』, 서울, 학연문화사, 1996.

선정규, 『중국신화역구』, 서울, 고려원, 1996.

우실하, 『동북공정 너머 요하문명론』, 서울, 소나무, 2007.

_____, 『동북공정의 선행 작업과 중국의 국가 전략』, 서울, 울력, 2004.

_____, 『고조선의 강역과 요하문명』, 서울, 동아지도, 2007.

_____, 「'요하문명론'의 초기 전개 과정에 대한 연구」, 『단군학연구』 제21호, 단군학회, 2009, 273~309쪽.

_____, 「'통일적다민족국가론'의 전개와 적용」, 『고구려연구』, 29집, 고구려연구회, 2007, 63~85쪽.

_____, 「동북공정의 최종판 '요하문명론'」, 『단군학연구』 제15호, 단군학회, 2006, 5~35쪽.

_____, 「최근 중국의 역사관련 국가 공정들과 한국의 과제」, 『단군학연구』 제12집, 단군학회, 2005, 301-333쪽.

_____, 「동북아시아 모태문화와 '3수 분화의 세계관'」, 『문화와 사람』 창간호, 한국문화심리학회, 2000, 225~255쪽.

_____, 「최초의 태극 관념은 음양태극이 아니라 삼태극/삼원태극이었다」, 『동양사회사상』 제8집, 동양사회사상학회, 2003, 5~37쪽.

_____, 「동북아 샤머니즘의 성수(聖數 : 3.7.9.81)의 기원에 대하여」, 『단군학연구』 제10호, 단군학회, 2004, 205~240쪽.

_____, 「도교와 민족종교에 보이는 '3수 분화의 세계관'」, 『도교문화연구』 제24집, 한국도교문화학회, 2006), 99~133쪽.

_____, 「구구가(九九歌), 구구소한도(九九消寒圖)의 기원과 '3수 분화의 세계관'」, 『동양사회사상』 제13집, 동양사회사상학회, 2006, 347~379쪽.

_____, 「삼태극(三太極)/삼원태극(三元太極) 문양의 기원에 대하여」, 『정신문화연구』 제29권 제2호 통권 103호, 한국학중앙연구원, 2006, 205~237쪽.

_____, 「「천부경」, 「삼일신고」의 수리체계와 '3수 분화의 세계관(1-3-9-81)'」, 『선도문화』 제1집, 선도문화연구원, 2006, 35~101쪽.

_____, 「몽골문화와 '3수 분화의 세계관(1-3-9-81)'」, 『단군학연구』 제18집, 단군학회, 2008, 307~345쪽.

_____, 「몽골문화와 '3수 분화의 세계관(1-3-9-81)' Ⅱ」, 『몽골학』 제27호, 한국몽골학회, 2009, 87~118쪽.

_____, 「동북아시아 모태문화와 '3수 분화의 세계관'」, 『문화와 사람』 창간호, 한국문화심리학회, 2000, 225~255쪽

_____, 「한국 전통문화의 구성 원리에 대한 연구」, 연세대 사회학과 박사학위 논문, 1997.

원가 지음, 전인초·김선자 옮김, 『중국신화전설 Ⅰ』, 서울, 민음사, 1998.

한국기상학회, 『대기과학개론(개정판)』, 서울, 시그마프레스, 2009(5쇄).

황병익, 「『三國遺事』 '二日並現'과 「兜率歌」의 의미 고찰」, 『어문연구』 통권 115호 제30권 3호, 2002.

鄧淑苹, 「試論紅山系玉器」, 許倬云, 張忠培 主編, 『新世紀的考古學』, 北京, 紫禁城出版社, 2006.

徐中舒, 『甲骨文字典』, 四川, 四川辭書出版社, 1989

徐强, 『紅山文化 古玉 鑑定』, 北京, 華藝出版社, 2007.

遼寧省博物館·文物考古研究所, 『遼河文明展 文物集萃』, 瀋陽, 遼寧省博物館·文物考古研究所, 2006.

王弘力 編注, 『古篆釋源』, 瀋陽, 遼寧美術出版社, 1997.

于建設 主編, 『紅山玉器』, 呼和浩特, 遠方出版社, 2004.

劉國祥, 「西遼河流域新石器時代至早期靑銅時代考古學文化槪論」, 『遼寧

師範大學學報(社會科學版)』, 第1期, 2006年, 113~122쪽.

馮雲鵬·馮雲鵷, 『金石索』, 北京, 書目文獻出版社, 1996(영인본).

紫田清孝 지음, 김영섭·김경익 옮김, 『대기광학과 복사학』, 서울, 시그마프레스, 2002.

Frederick K. Lutgens, Edward J. Tarbuck 지음, 안중배·김준·류찬수 외 옮김, 『대기과학』, 서울, 시그마프레스, 2009.

Raymon L. Lee, JR., Alistair B. Fraser, The Rainbow Bridge: Rainbows in Art, Myth, and Science, The Pennsylvania State Univ. Press, 2001.

Trudy E. Bell 지음, 송영운 옮김, 『기상학』, 서울, 도서출판이치, 2010.

3. 인터넷 및 신문 자료

http://en.wikipedia.org/wiki/Sun_dog

http://yourcollect.net/products/200953012515180.htm

http://blog.naver.com/ywc1229/140046931853

「서울신문 나우뉴스」2010.1.10일자 <종말 징조? 태양이 3개로 보이는 '환일현상' 포착>

「서울신문 나우뉴스」, 2007.11.15일자 <태양이 두개로 보이는 '환일' 中서 떴다>.

장소성 개념을 통해 살펴 본 〈무이도가〉와 〈곡운구곡가〉 비교

이 효 숙*

I. 서론

문학 작품을 정밀하게 이해하는 데에 있어 배경에 대한 천착은 매우 중요하다. 작품을 이해하는 맥락을 제공할 수 있기 때문이다. 그 중에서도 '山水', '自然'은 한자문화권인 동아시아의 고전 문학을 이해하는 데 있어서 매우 중요한 요소임은 분명하다. 산수는 직접적인 음영의 대상이 되기도 하고, 도체(혹은 진리)를 비유적으로 표현하는 대상이 되기도 한다. 따라서 산수가 시에서 배경적인 형태로 제시되느냐 혹은 중요한 제재로 사용되느냐에 따라 시의 종류를 나누어 설명하기도 하였다.

그런가 하면 어떤 특정한 산수는, 작가 한 사람의 음영 대상에 머무는 것이 아니라 동류의 여러 작자들에게 공통된 심상의, 공통된 소재로 사용되기도 한다. 특히 한시에 있어서 次韻이나 和韻, 分韻 등의 詩作

---

* 강원대학교 국어국문학과 강사

방법은 특정 산수에 대한 음영을 개인의 차원에 한정시키지 않고 당대 혹은 한 세대의 큰 문화적 흐름을 형성하게 하는 데에 중요하게 작용하였다. 그렇기 때문에 산수를 배경적 차원이나 소재적 측면에 다루는 것에 그친다면 문학 작품(군)에 내재된 의미를 명확하게 파악하기 힘들게 될 것이다. 환경적 요소와 인간의 구체적인 경험, 그에 따른 의미 부여가 복합적으로 일어나는 하나의 '장소'로서 산수를 인식해야 할 필요성은 여기에 있다.

본고에서는 장소로서의 산수의 의미를 밝혀보기 위해 九曲歌에 주목하고자 한다. 주지하다시피, 九曲歌는 '九曲'이라는 특정한 장소를 인식 대상으로 삼아 창작한 작품이 일련의 연작시를 이룬다. 그 중에서도 주자의 「武夷櫂歌」 10수는 구곡가의 원류로서 조선의 구곡가에 큰 영향을 미친 작품이다. 주자의 <무이도가>를 어떻게 이해할 것인가에 대해 논쟁을 벌이거나[1] 차운시를 짓기도 하고, 九曲圖를 모사하거나 혹은 직접 자신의 구곡을 경영하는 등의 일련의 행위가 복합적으로 일어났다. 또 구곡과 관련한 일련의 행위를 통해 자신들의 도통의식을 찾으려는 노력이 계속되기도 하였다.[2] 따라서 원류로서 <무이도가>에 대한 이해는 조선의 구곡가를 이해하는 데에 기본적인 기준으로 작용한다.

주자의 <무이도가>와 비교할 대상은 谷雲 金壽增과 그 일가 인물들이 지은 <곡운구곡가> 10수다. 김수증은 강원도 화천의 화악산 기슭에서 직접 곡운구곡을 경영했던 인물이다. 당대 西人 老論系 문인들뿐만 아니라 후대 문인 학자들이 그의 구곡 경영에 많은 관심을 보였다. 특히 <곡운구곡가>는 김수증 자신을 비롯하여 장동 김문의 자제들이 모

---

1) 이민홍, 「<武夷櫂歌> 수용을 통해 본 士林派文學의 一樣相」, 『韓國漢文學硏究』 6, 1982, 25~44쪽.
2) 조규희, 「조선 유학의 '道統'의식과 九曲圖」, 『역사와 경계』 61, 2006, 1~24쪽 ; 이상원, 「조선후기 <高山九曲歌> 수용양상과 그 의미」, 『古典文學硏究』 24, 2003, 31~60쪽.

여 함께 한 곡씩 맡아 창작에 참여했으며, <무이도가>를 차운하여 詩作에 임했다는 점에서 주목할 만하다. 이것은 특정한 의식적 지향을 함께 한 의도적인 행위라고 파악할 수 있기 때문이다.

九曲에 담긴 일정한 패턴을 찾아 九曲을 보다 의미있는 공간으로서 인식하기 위해 '場所性'의 개념을 도입해 보고자 한다. 장소성의 개념은 인문지리학적 차원에서 도입된 개념으로 최근 건축이나 조경, 지방사 연구에 도입되고 있다. 최근 문학 연구에 있어서도 도시의 형성과 관련해 부분적으로 연구가 시작되고 있다. 의미있는 공간으로서의 '장소'가 어떻게 만들어지는가, 장소와 인간의 관계는 어떻게 맺어지는가, 그것이 문학작품에 어떻게 형상화되는가, 그것이 작품에서 어떤 의미를 지니는가는 문학 연구에서도 긴요한 접근이 될 것으로 생각한다.

본고의 연구 목적은 동아시아의 큰 문학적 전통인 구곡가를 '장소성'의 개념으로 풀어보는 것이다. 이 목적을 수행하기 위해 구곡가의 원류로서의 <무이도가>와 그 한국적 전래로서의 <곡운구곡가>를 비교 분석하고자 한다. 두 九曲歌에서 曲마다 드러나는 일정한 패턴을 찾을 수 있다면 구곡가 계열의 시를 보다 깊이있게 분석할 수 있는 계기가 될 것이다. 우선 2장에서는 이론적 토대가 될 장소성의 개념과 그 형성 요건을 살펴 볼 것이다. 이를 토대로 하여 3장에서는 주자의 <무이도가> 10수를, 4장에서는 김수증과 그 자제들의 작품인 <곡운구곡가> 10수를 분석할 것이다. 5장에서는 이들 두 구곡가에서 드러난 공통된 패턴을 찾아 구곡가에서 (의도적으로) 형상화한 구곡의 의미를 규명하고자 한다.

Ⅱ. 공간과 장소, 장소성

장소성의 의미를 설명하기 위해, 우선 '공간(space)'과 '장소(place)'의 의미를 구별해야 할 것이다. 장소와 공간은 다음과 같이 구분된다.

> 공간은 움직임이며, 개방이며, 자유이며, 위협이다. 장소는 정지이며, 개인들이 부여하는 가치들의 안식처이며, 안전과 애정을 느낄 수 있는 고요한 중심이다. 인간은 직접적으로, 그리고 간접적으로 다양한 경험을 하며, 이러한 경험을 통하여 미지의 공간은 친밀한 장소로 바뀐다. 즉 낯선 추상적 공간(abstract space)은 의미로 가득찬 구체적 장소(concrete place)가 된다.[3]

> 장소(場所)는 '양기에 의해 열려진 즉 환경적으로 양호한 땅위에 어떤 활동을 수용하거나 들어가 머무를 수 있도록 인간에 의해 구획되고 한정된 곳'을 의미하는 바, 이는 곧 자연과 문화의 복합체라고 할 수 있다.[4]

정리하자면, '공간'이란 물리적인 환경 그 자체이고, 어떠한 의미가 부여되지 않은 '공터'의 의미이다. 이와는 상반되게, '장소'란 정치적·문화적·사회적 가치가 부여되어 일정한 인문학적 의미가 창출되는, '의미있는 공간'이다.

물리적 환경이 일정한 장소로 인식되기 위해서는 그것을 장소로 인식하기 위한 '이정표'가 필요하다.[5] 이-푸 투안은 『공간과 장소』에서 미로 찾기 실험을 예로 '이정표'를 설명하였다. 출구를 모르는 상태에서 몇 차례의 시도를 통해 출구에 대한 감각을 익히게 된다. 출구를 찾기 위한 시

---

3) 이-푸 투안, 『공간과 장소』, 구동회·심승희 역, 도서출판 대윤, 1995, 7~8쪽.
4) 이석환·황기원, 「장소와 장소성의 다의적 개념에 관한 연구」, 『국토계획』 32, 1997, 172쪽.
5) '이정표'라는 용어 대신 '장소 도상(place icon)'이라는 용어가 사용되기도 한다.

도를 계속하면서 특정한 지형·지물을 인지하게 되고 이 특정한 지형·지물은 시도가 누적될수록 많이 파악될 수 있을 것이다. 특정한 지형·지물은 이정표가 되어 출구를 인식하고 확신하는 데 도움을 주며 곧 우리를 목적지인 출구로 데려다 주는 역할을 한다.[6]

특정 장소를 사람들이 빨리 알아보게 하기 위해서 이정표는 반드시 필요하다. 이 때 이정표는 눈에 잘 띄는 것이어야 하며, 대중적으로도 쉽게 알아볼 수 있어야 한다. 이러한 가시적인 특성은 공간을 장소로 인식하게 하는 데에 중요한 역할을 한다. 즉 장소를 장소로 인식하게 하는, 장소의 정체성을 높이는 데 이정표는 중요한 요소다. 이정표를 접할 때 사람들은 일정한 기억을 떠올리고 특정한 의미를 연상하게 되어 場所感을 얻게 된다.[7]

장소감이란 곧 그 장소에 대한 개인의 관념화된 생각을 의미한다. 개인이 장소감을 형성하기 위해서는 장소와 관련된 많은 요소들이 개입될 여지가 있다. 따라서 장소감을 형성하는 요인은 학자마다 다양하지만 장소에 대해 연구한 많은 학자들이 공통적으로 지적하는 중요한 전제 조건은 장소와 인간 그리고 그 두 주체간의 의미있는 관계가 있어야 한다는 점이다. E. 렐프는 장소감을 형성하는 요소로 ① 물리적 환경 ② 활동(경험, 행위) ③ 그에 따른 의미(정서)를 들었다.[8]

장소가 장소로서 인식되기 위해서 우선은 다른 공간과는 차별적으로 인식될 수 있는 물리적·시각적인 경관을 가지고 있어야 한다. 그 다음 그 속에서 의도했든 의도하지 않았든 일정한 행위가 이루어졌을 때, 공간은 더 이상 죽어있는(혹은 의미없는) 곳이 아니다. 그 다음 필요한 것

---

6) 이-푸 투안, 앞의 책, 121~121쪽.
7) 이석환·황기원, 앞의 논문, 179쪽.
8) 에드워드 렐프, 『장소와 장소상실』, 김덕현·김현주·심승희 역, 논형, 2005, 110~115쪽.

은 물리적 환경에서 일어난 행위에 대한 인간의 관계 맺기, 일종의 의도된 의미 부여가 필요하다.

그런데 장소에 대해 개인이 느끼는 '장소감'은 경우에 따라 집단적인 측면으로 확장될 수도 있다. 이석환·황기원은,

> 그 땅이 지닌 독특한 분위기, 그곳의 물리적 특성, 그 안에서 일어나는 활동과 그 기능, 그 곳에 이미 부여된 의미와 가치를 지니고 있다. 인간이 소환경을 접함에 있어서 그는 자신만의 접촉 방식과 자신이 속한 문화 집단의 공유된 접촉 방식을 동시에 가지고 실존적으로 경험한다. 주어진 소환경이 한 개인의 특유한 소통 방식과 그 집단이 공유한 소통 방식을 함께 만족시킬 때, 즉 대상에 대하여 "동일성" – 동일화와 연속성 – 이 이루어지고 대상의 "개별성" – 특이성과 수월성 – 이 있을 때 소환경과 인간 사이의 정체성이 확보된다.[9]

고 하여 장소감이 동일화의 과정을 통해 확장될 가능성을 설명하였다. 이와 같이 어떤 장소에 대해 갖는 개인의 '장소감'이 누적되어 동일한 문화 향유 집단에게 공통적으로 적용된다면 그것은 더 이상 개인의 차원을 넘어선 또 다른 개념이 된다. 이를 '장소감'과 구별하여 '장소 정신(spirit of place)'이라 칭한다. 따라서 집단이 함께 공유할 수 있는 장소 정신이 성립되기 위해서는 상대적으로 긴 시간이 필요하며 세대 간 지속되는 특성이 필요하다.

장소에 대해 개인이 갖게 되는 '장소감(sense of place)'과 집단적으로 공유하는 '장소 정신'이 서로 상호작용을 하는 과정에서 '장소성'(placeness)은 탄생한다. 따라서 장소성은 한 장소가 인간의 실용적 국면, 개인의 지각적 국면, 그리고 문화 집단의 구성원으로서 지니는 실존적 국면에 부합함으로서 형성된다고 할 수 있다.[10]

---

9) 이석환·황기원, 앞의 논문, 180쪽.
10) 위의 논문, 181쪽.

물리적 환경, 행위, 의미를 토대로 장소감이 어떻게 형성되는가는 문학 작품을 통해 살펴볼 수 있다. 더욱이 구곡가의 경우, 시에 정경에 대한 묘사가 나타날 뿐만 아니라 해당하는 곡의 경치를 그린 구곡도가 함께 전해지고 있어서 물리적 환경 요소를 보다 수월하게 찾을 수 있을 것이다. 이 외에도 구곡 경영에 관한 여타의 기록물들이 함께 전수되고 있어서 문헌적으로도 뒷받침이 될 것으로 기대한다.

구곡 경영과 구곡가의 향유는 주자에게서 그친 것이 아니라 중국은 물론, 국경을 넘어 조선에까지 전래되었다. 또, 일군의 학문적·혈연적 집안이 그에 대한 명백한 추숭의 의지를 표명하며 구곡 향유에 적극적으로 나섰다. 이러한 정황은 구곡이 주자에게만 의미있는 장소가 아니었음을 증명하고 있는 셈이다. 따라서 일련의 구곡 문화의 향유를 통해 구곡에 대한 장소성이 형성되었을 것이라는 추론은 설득력을 지닐 것이다.

Ⅲ. 〈무이도가〉의 장소성 형성 요인 분석

주희는 福建省 武夷山에 武夷精舍를 건립하고 九曲을 경영하며 강학에 몰두하였다. 무이정사 건립이 완성된 1183년에는 序와 함께 「무이정사잡영」 12수를 지어 무이정사 주위의 풍경과 생활을 기록하였고, 이듬해(1184년)에는 〈무이도가〉 10수를 지었다.[11] 이 장에서는 〈무이도가〉를 대상으로 시에 나타난 소환경 요소인 물리적 공간과 행위, 그에 따른 정서를 살펴보고자 한다.

---

11) 원 제목은 「순희 갑진년 2월에 정사에서 한가히 거하다가 무이도가 10수를 장난으로 지어 함께 노니는 벗들에게 보여 주며 서로들 한번 웃었다.(淳熙甲辰中春精舍閑居戱作武夷櫂歌十首呈諸同遊相與一笑)」(『주자대전』 권9)인데, 줄여서 〈무이도가〉로 널리 불리고 있다. 본고에서도 이를 따른다.

다음의 시는 <무이도가>의 서시다.

武夷山上有仙靈	무이산 위에는 신령스러운 신선이 있고
山下寒流曲曲淸	산 아래는 차가운 물결 굽이굽이 맑구나.
欲識箇中奇絶處	그 가운데 기이한 절경을 알아보려고 했더니
櫂歌閒聽兩三聲	뱃노래 두 세 마디 한가로이 들리네.

이 시에서는 무이구곡의 전경이 드러나 있다. 무이산을 중심으로 하여 상·하의 공간이 나뉘어 제시되었다. 위쪽은 신령스러운 기운이 서려 있고, 아래로는 맑은 물이 굽이굽이 흐르고 있으며, 그 굽이 곳곳에 기이한 절경을 간직한 곳(奇絶處)이 서려 있는 곳이다. 이러한 물리적 공간을 간직한 곳에서 작자는 절경처를 찾고자 하는 적극적인 행위를 추진하였다. 그 때 마침 '뱃노래[櫂歌]' 두어 마디가 들려와 작자가 찾고자 하는 절경처로 가는 길에 가까워졌음을 알려준다. 桃花와 더불어 '뱃노래'는 한자문화권인 동아시아 전통사회에서 이상향을 의미하는 아이콘[이정표]으로 작용한다. 무이구곡으로 들어서는 작자는 신령스러움[上]과 청량감[下]을 느끼며 뱃노래가 들리는 곳[이상향]으로 이동하였다. 이를 통해 무이구곡이라는 장소의 정체는 상서로운 이상향의 공간으로 표현되었다.

다음의 시는 1곡 升眞洞을 읊은 시다.

一曲溪邊上釣船	일곡이라 시냇가에서 낚싯배에 오르니,
幔亭峰影蘸晴川	幔亭峰 그림자는 晴川에 잠겼네.
虹橋一斷無消息	무지개 다리 한번 끊어진 뒤 소식이 없고,
萬壑千巖鎖翠煙	만학 천암은 푸른 안개 속에 사라져 가네.

낚싯배에 올라 비로소 이상향을 향해 진입하여 1곡의 모습을 완상하였다. 시에 드러난 바에 의하면 1곡은 晴川 맑은 물에 만정봉의 그림자가 비치고, 물굽이를 둘러싸고 만학천봉이 푸른 안개 속에 자취를 감춘 모습으로 그려져 있다. 무이산의 신선인 무이군(武夷君)이 만정봉과 산

아래를 연결하려 놓았다던 '홍교(虹橋)'는 이미 끊어져 아무 소식이 없다. 무이군은 매년 음력 8월 15일에 마을 사람들을 산꼭대기로 초청하여 만정봉에서 연회를 베풀었는데, 이 때 홍교를 놓아 산 아래와 통하게 했다는 전설이 있다고 한다. 연회를 베풀 주인이 없는 만정봉의 적막함에 온 산 봉우리들이 푸른 안개에 갇힌 모습이 더해져 仙境은 더욱 아득하고 막막한 심사로 표현되었다. 여기서 이미 사라진 홍교는 1곡이 이상향으로 진입하는 시작점임을 나타내는 이정표로 작용하고 있다. 이를 통해 신성한 공간이 현재는 적막하고 아득한 것으로 형상화되었다.

二曲亭亭玉女峰	이곡이라 우뚝 솟은 옥녀봉
插花臨水爲誰容	꽃 꽂고 물가에 있음은 누구를 위한 단장인가?
道人不復荒臺夢	도인은 양대의 꿈을 다시 꾸지 못해도
興入前山翠幾重	흥이 앞산에 드나니, 짙푸름은 그 몇 겹인가?

2곡에 묘사된 玉女峰은 우뚝하게 솟아 깎아지른 듯 한 절벽의 모습이다. 옥녀봉 바위 절벽에 듬성듬성 핀 꽃은 마치 옥같은 선녀가 情人을 기다려 꽃을 꽂은 모습으로 묘사되었다. 옥녀봉의 모습은 곧 무산 신녀를 연상시켜 '양대(陽臺)의 꿈'으로 시상이 전이되었다.[12] 양대의 꿈은 宋玉의 「高唐賦」에 출전을 둔 것으로, 양대는 초나라 懷王과 巫山 신녀가 만나 '雲雨之情'을 나눈 곳이다. 회왕과 신녀가 정을 나누고 서로 작별할 때가 되자 선녀는 "아침에는 구름이 되고 저녁에는 비를 내리며 양대의 아래에 있겠다"고 하였다.[13] 양대의 꿈은 곧 남녀가 기뻐하며 모

---

12) 이 구절은 〈무이도가〉의 이해를 둘러싸고 조선 후기에 촉발된 논쟁에 중심에 있다. 이황과 기대승 등은 〈무이도가〉를 산수 경물을 노래한 산수시로 봐야할 것을 주장한 반면, 김인후, 조익 등은 이 시를 造道詩로 파악할 것을 주장하였다. 특히 조익은 이 시구를 들어 선비가 경계해야 할 여색을 말한 것이라고 새겨야 한다고 주장한 바 있다.

13) 『文選』 卷19, "且爲朝雲 暮爲行雨 朝朝暮暮 陽臺之下"

이는 것을 의미한다. 시에서 도인은 양대의 꿈을 다시 꾸지 못한다고 하였으니 다시금 무산의 신녀를 만날 일은 없을 것이다. 그러나 비록 무산의 신녀는 보지 못했어도 우뚝 솟은 옥녀봉의 짙푸른 자태를 보니 이것으로도 흥취가 들기에 충분하다 여긴 것이다.

> 三曲君看架壑船　　삼곡이라 그대는 보라 산허리에 얹힌 배를
> 不知停櫂幾何年　　노를 멈춘 지 몇 해나 되었는지 모르겠구나.
> 桑田海水今如許　　뽕나무밭이 바다로 변해 버렸으니
> 泡沫風燈敢自憐　　물거품과 바람 앞의 등잔은 스스로를 가련히
> 　　　　　　　　　여기네.

3곡에 이르러 절벽 위에 걸려 있는 가학선(架壑船)을 마주하였다. 가학선은 중국 고대 남방의 소수민족들이 사용하였던 관의 일종으로, 망자를 배 모양의 관에 넣고 절벽에 걸어 두던 장례 풍습에서 비롯되었다고 한다. 작자는 이 가학선을 관이라 보지 않고 배의 모양으로 여겼으며 이어서 산허리에 배가 올라와 있는 모습을 통해 '桑田碧海'를 떠올렸다. '물거품(泡沫)'과 '바람 앞 등잔(風燈)'은 물 위를 떠다니며 노를 저었을 배가 오랜 시간이 흘러 산허리에 올라와 있는 모습과 대비되어 유한성을 더욱 부추기는 소재로 사용되었다. 일체 만물이 무상함을 깨닫게 되는 순간, 작자는 그 영속하지 못하는 물체에서 안타까움[憐]을 느끼게 되었다.

> 四曲東西兩石巖　　사곡이라 동서(東西)로 있는 두 바위
> 巖花垂露碧㲯毯　　바위에 핀 꽃에 이슬 떨어지니 푸른 빛 축 늘어
> 　　　　　　　　　졌네.
> 金鷄叫罷無人見　　금계 울음소리 그쳤지만 사람은 보이지 않고,
> 月滿空山水滿潭　　새벽달은 빈 산에 가득하고 물은 못에 가득하네.

4곡은 금계암의 풍광을 묘사하였다. 동쪽과 서쪽으로 두 개의 바위가 펼쳐져 있고, 그 바위 상에 꽃이 피어 이슬에 젖어 있으며, 이슬 무게에

짙푸른 풀이 축 늘어져 있는 모습으로 형상화되었다. 이슬이 떨어져 맺
혔다는 구절과, 금계가 울음소리를 그쳤다는 표현, 여전히 달이 텅 빈 산
에 가득하다는 표현을 통해 시간적으로는 아직 어둠이 가시지 않은 새벽
녘임을 알 수 있다. 작자는 고요한 새벽에 금계암 주변에서 못을 바라보
고 있다. 금계는 전설 속에 등장하는 신령스러운 닭의 일종으로, 『신이
경』에 의하면 扶桑山에 玉鷄가 있는데 玉鷄가 울면 金鷄가 따라 울
고, 金鷄가 울면 石鷄가 울고 石鷄가 울면 천하의 닭이 다 울고 潮水
가 감응한다고 한다. 이런 전설로 인해 금계는 새벽에 우는 새의 미칭으
로 사용되었다. 작자는 금계암에서 만물이 태동하기 시작하는 시기의 생
동감을 느꼈다. 이슬을 머금어 묵직하고도 짙푸른 풀빛, 못 가득한 물,
달빛은 모두 물[水]의 이미지와 맞닿아 있으며 이것은 곧 陰氣, 생기의
태동과 관련된 아이콘들이다. 이를 통해 4곡은 넘치는 생동감을 함유하
고 있는 장소로 형상화되었다.

> 五曲山高雲氣深 오곡이라 산 높아 구름 기운 깊으니
> 長時煙雨暗平林 오래도록 안개 끼고 비 내려 平林 어둡구나.
> 林間有客無人識 숲 속에 나그네 있어도 알아보는 이 없고
> 欸乃聲中萬古心 어기여차 소리에 만고에 변하지 않는 마음이
>   어렸네.

5곡은 鐵笛亭의 모습을 묘사하였다. 산이 높아 그 사이 낀 구름도 기
운이 몰려 있어 더욱 깊어져 있다. 구름이 깊은 까닭에 계속해서 안개 끼
고 비가 내려 平林이 어둡다. 『무이산지』에 따르면 5곡에는 隱屛峰(大
隱屛), 接筍峰(小隱屛), 晚對峰(紫石屛, 彌勒峰), 文峰(一名 更衣
臺), 天柱峰이 있다.[14) 작자는 어둑해진 숲 속에서 있으며 '어기여차'하
는 노 젓는 소리[欸乃聲]를 듣고 있다. 앞서 4곡에서는 새벽녘이라 주변

---

14) 董天工 纂, 『武夷山志』 상, 강소고적출판사, 131쪽.

에 아무도 없음을 이야기한 바 있는데, 여기서는 숲 속에 있는 나그네를 알아보는 이가 없다고 하였다. 알아보는 사람이 없다는 표현은 곧 '知音'의 고사를 연상케 하고, 이 고사는 5곡의 명칭인 '쇠피리'와 자연스럽게 맞닿게 된다. 쇠피리를 분다거나 하는 표현은 어디에도 없으나 이 시에서는 노 젓는 소리가 곧 '音'의 의미를 담당하고 있다. 더불어 아무도 알아주는 이가 없어도 이상향을 찾아가고자 하는 마음은 오래도록 변치 않을 것임을 암유하고 있다.

> 六曲蒼屛遶碧灣　　육곡이라 창병봉 짙푸른 물굽이 둘러쳤는데,
> 茅茨終日掩柴關　　띠 집은 하루 종일 사립문이 닫혀 있네.
> 客來倚櫂巖花落　　객이 찾아와 노를 저으니 바위에 핀 꽃이 떨어지는데
> 猿鳥不驚春意閒　　원숭이와 새는 놀라지 않고 봄의 정취는 한가롭기만 하네.

6곡은 蒼屛峰의 모습을 노래하였다. 蒼屛峰15)이 병풍처럼 물굽이를 둘러 쳐 있고, 그 아래 띠로 엮은 초가가 한 채 있는데, 하루 종일 사립문이 닫혀 있다. 나그네가 찾아와 노를 젓는 움직임에 바위에 핀 꽃이 떨어지는 모습은 靜的인 풍광을 더욱 부각시킨다. 한편 원숭이와 새는 나그네의 출현에도 놀라지 않는 모습에서 나그네와 자연스럽게 동화된 모습을 보이며 봄의 한적한 정취를 표현하였다. 이 시의에 대하여 조익은 "사곡(四曲)부터 여기까지는 그 뜻이 대개 비슷해서, 모두 사욕(私欲)이 없어지고 난 뒤의 자득(自得)의 낙을 말하고 있는데, 한 단계씩 들어갈수록 더욱 깊은 경지를 보여 주고 있다."16)고 해석하였다. 조익은 점차

---

15) 蒼屛峯은 6곡의 시내 북쪽에 있다고 한다. 董天工, 『武夷山志』 卷1, 總志, 131쪽.
16) 조익, 『浦渚先生集』 卷22, 雜著, 「武夷櫂歌十首解」, "… 自四曲至此 其意蓋相似 皆是言私欲盡後自得之樂 而一節深一節也 …"

입도차제로 들어서면서 평안하고 자득한 경지에 이르고 있음을 설명하려고 하였다. 그 의도와 부합하든 그렇지 않든 6곡은 다른 어떤 곡보다도 평온한 정경으로 묘사되어 있음은 분명하다. 병풍처럼 골짜기를 둘러싼 창병봉은 속세와 절연한 분위기를 만들고 있으며, 거기에 소박한 초가의 모습이 더해지며 안온한 분위기를 함께 형성하고 있다. 창병봉과 초가는 평온한 6곡을 형상화하는 아이콘으로 볼 수 있다.

七曲移船上碧灘	칠곡이라 배를 저어 푸른 여울 올라가니,
隱屛仙掌更回看	은병봉과 선장봉 다시 돌아 보네.
却憐昨夜峰頭雨	도리어 예쁘구나. 어제 밤 봉우리 위에 내린 비
添得飛泉幾道寒	날리는 샘물에 더해지니 몇 가닥이 차갑구나.

7곡은 石唐寺 주변 경관을 묘사하였다. 작자는 배를 저어 위쪽에 자리한 푸른 여울로 거슬러 올라 와 그간의 노정을 되돌아 보았다. 은병봉(5곡)과 선장봉(6곡)이 내려다 보이는 것으로 보아 7곡은 상류에 자리하고 있음을 알 수 있다. 7곡을 흐르는 푸른 여울물에 여러 봉우리에서 모여 든 샘이 합해지는데, 이 광경을 '添得飛泉'이라 하여 샘물이 물방울을 튀기며 격렬하게 모여드는 모습을 형용하고 있다. 지난 밤에 비가 내려 산골짜기 물이 불었기 때문이다. '차갑다'는 시어는 이 시에 등장하는 여러 형태의 물(여울, 비, 샘물)의 이미지를 대표하고 있다. 뿐만 아니라 '寒'자는 이 시의 운자이기 때문에, 〈무이도가〉를 차운한 후대의 많은 시에서 7곡은 맑고도 차가운 기운이 서린 곳으로 표현되었다.[17]

---

17) 그 예는 다음과 같다. 한국고전종합DB(http://db.itkc.or.kr/itkcdb/mainIndexIframe.jsp) 검색 결과 참조. 이황, 『退溪先生文集』 卷1, 「閒居讀武夷志 次九曲櫂歌韻」, "七曲樽篙又一灘 天壺奇勝最堪看 何當喚取流霞酌 醉挾飛仙鶴背寒" ; 정구, 『寒岡先生文集』 卷1, 「仰和朱夫子武夷九曲詩韻十首」, "七曲層巒遶石灘 風光又是未曾看 山靈好事驚眠鶴 松露無端落面寒" ; 권상하, 『寒水齋先生文集』 卷1, 「詠高山七曲 用武夷櫂歌韻 尤菴先生次第一韻 命同志人各次九曲韻」, "七曲楓巖倒碧灘 錦屛秋色

八曲風煙勢欲開	팔곡이라 풍연의 기세가 개일 듯 하니
鼓樓巖下水縈洄	고루암 아래에는 물결이 얽혀 돌아가네.
莫言此處無佳景	이곳에 아름다운 경치가 없다고 말하지 마소.
自是遊人不上來	여기부터는 유람하는 이가 올라오지 않았다네.

8곡은 鼓樓巖의 정경을 묘사하였다. 8곡에 들어서자 바람과 안개가 곧 개일 듯 하다. 바람과 안개 사이로 고루암 아래에 고인 물을 들여다 보니 물결이 소용돌이치며 얽혀 돌아가고 있다. 물결의 움직임을 관조하던 작자는 신비로움을 느껴 이곳 경치가 매우 아름답다 감탄하였다. 그러면서 8곡의 경치가 수려하다는 것을 알아차리지 못하는 뭇사람들에게, 이곳이 승경처라는 것을 깨닫지 못하는 까닭은 미쳐 와보지 못했기 때문이라 설명하였다. 이 언술의 이면에는 8곡까지 올라오는 이가 없음을 안타까워하는 심정이 드러나 있다. 9곡까지 이르는 길을 입도차제의 과정으로 해석하든, 그냥 산수를 완상하는 과정으로 해석하든 관계없이, 풍연 때문에 진면목이 확연히 드러나지는 않고 있으나 8곡은 목표로 하는 최종의 경지에 가까웠음을 암시하고 있다.

九曲將窮眼豁然	구곡이라 장차 끝나려 하는데 눈앞이 확 트이고
桑麻雨露見平川	뽕나무와 삼은 비와 이슬에 젖었고 平川이 보이네.
漁郞更覓桃源路	어부는 다시금 무릉도원 가는 길을 찾는데
除是人間別有天	오직 여기가 인간 세계 별천지라네.

鏡中看 悠然獨坐忘歸路 一任霜風拂面寒"; 송규렴, 『雪月堂先生文集』 卷1, 「敬次武夷櫂歌韻」, "七曲丹屛繞碧灘 故將山水畫中看 等閑風月 人誰弄 可惜眞源波久寒"; 조헌, 『重峯先生文集』 卷1, 「遊栗原 次武 夷棹歌韻」, "七曲褰裳渡碧灘 隱屛幽谷費回看 人言秋雨霖霪甚 我愛 飛泉添得寒"; 이형상, 『瓶窩先生文集』 卷1, 「城皐九曲十絶 次晦菴武 夷九曲」, "七曲竿垂第七灘 鼎扶風致好誰看 羊裘一解苔磯上 潭影如 今帶月寒" 등

무이구곡의 마지막은 新村市(星村)이다. 9곡에 이르러 비로소 시야가 확 트였다. 뽕나무와 삼이 재배되는 것으로 보아 인가가 가까웠음을 알 수 있다.『무이산지』<구곡도>에 그려진 9곡 성촌의 풍경은 이 시에서 묘사된 것과 일치한다. 기암괴석들로 표현되던 여타 곡과는 달리 구릉의 형태를 띤 산이 멀리 묘사되고 근경에는 平川과 齊雲峰이 우뚝하게 솟아 있다. 평천은 그 지역에서는 '曹墩'이라 불린다고 한다.[18] 그 아래 몇 척의 고깃배가 노를 저어 떠다니는 모습이 형상화되었다.[19] 구곡의 가장 궁극처에 다다랐는데 그간의 험준한 산색과는 달리 뽕나무나 삼을 키우는 평범하고 평온한 마을[星村]을 만나게 된 것이다. 어부는 여기가 별천지임을 깨닫지 못하고 다시금 무릉도원 가는 길을 찾자 작자는 이곳이야 말로 그 동안 찾던 이상향의 장소라 설명하고 있다. 도체의 궁극은 먼 곳에 있는 것이 아니라 평범한 것에 깃들어 있다는 것이며, 그것을 깨닫게 되는 순간 궁극을 맛볼 수 있다는 설명이다.

Ⅳ. 〈곡운구곡가〉의 장소성 형성 요인 분석

김수증은 김상헌의 세 명의 손자(수증, 수항, 수흥) 중 맏이이며, 김창협·김창흡을 필두로 문명을 날린 이른바 '6昌'의 백부다. 기사환국(1689년)으로 가문에 화가 미치자 김수증은 거듭된 예송논쟁으로 인해 혼란한 정치 상황을 피하여 현재의 강원도 화천군 사내면 영당동 일대를 자신의 卜居地로 정하여 은거했다. 그는 골짜기에 '谷雲'이라는 이름을 붙이고 九曲을 경영하며 그 주변에 籠水亭·不知菴·無名窩 등의 여러 정자와 堂을 마련하였다. 화음동의 자연경관을 완상하며 여러 편의 기를 지

---

18)『武夷山志』上, 卷1, 總志, 145쪽.
19)『武夷山志』中, 卷14, 九曲圖, 851쪽.

어 그 자세한 경위를 자신의 문집에 기록하였다.[20] 특히 김수증의 구곡
경영과 관련한 김창협·김창흡 형제와의 영향 관계는 일찍이 김창협·김
창흡에 대한 연구에서 폭넓게 다뤄진 바 있다.[21]

　김수증은 화가인 조세걸(1636~1705)로 하여금 「곡운구곡도」를 그리
게 하였는데, 이 화첩은 籠水亭을 포함하여 谷雲九曲의 실경을 각각
한 폭 씩 열 폭에 나누어 絹本 위에 淡彩로 그려서 粧帖한 것이다. 跋
文은 김창협이 쓴 것인데, 그림이 완성된 후(1692년)에 자신과 두 아들,
다섯 조카, 그리고 외손인 홍유인까지 합하여 아홉 사람이 나이순에 따
라 「武夷櫂歌」에 차운하여 매 곡을 묘사하는 칠언절구의 시를 지어 화
첩을 만들었다.[22] 김수증과 그 자제들이 지은 「谷雲九曲次晦翁武夷
櫂歌韻」은 『谷雲集』 附錄에 실려 있다.[23]

　다음에 인용하는 시는 서시에 해당하는데 김수증 자신이 지은 것이다.

20) 졸고, 「17~18세기 장동 김문의 산수문학 연구」, 강원대학교 박사학위논문,
　　2008, 46쪽.
21) 고연희, 『조선후기 산수기행예술 연구』, 일지사, 2001 ; 김남기, 「삼연 김창흡의
　　시문학연구」, 서울대 박사학위논문, 2001 ; 안대회, 『18세기 한국한시사 연구』,
　　소명출판사, 1999 ; 이승수, 『삼연김창흡연구』, 영가문화사, 1998 ; 이종호, 「삼
　　연 김창흡의 시론에 관한 연구」, 성균관대 박사학위논문, 1992 ; 조성산, 「조선
　　후기 낙론계 학풍의 형성과 경세론 연구」, 고려대 박사학위논문, 2003 ; 진영미,
　　「농암 김창협 시론의 연구」, 성균관대 박사학위논문, 1997.
22) 유준영, 「谷雲九曲圖를 중심으로 본 17세기 實景圖發展의 일례」, 『정신문
　　화』 8, 한국정신문화연구소, 1980, 44쪽.
23) 한국문집총간본 『곡운집』에는 부록이 실려 있지 않고, 1978년에 영인한 『곡운
　　집』에 실려 있다. 1978년 영인본 『곡운집』은 후손인 김창현 선생이 가장본을
　　모아 김수흥, 김수항의 문집과 합본하여 영인한 것이다. 한편 『여유당전서』 「산
　　행일기」에 정약용이 곡운구곡을 다녀가면서 화첩의 내용을 베껴 적어놓은 것이
　　있어 <곡운구곡가>를 확인할 수 있었다. 그런데, 1978년 영인본 <곡운구곡
　　가>와 「산행일기」 속 <곡운구곡가>의 시어가 부분적으로 차이를 보이고 있
　　다. 1978 영인본에 있는 부록이 어떤 경위로 편입되었는지에 대한 기록이 없어
　　두 본 중 어느 한 본을 텍스트로 확정하기는 어려울 것 같다. 본고에서는 앞서
　　언급한 두 저본과 각 시의 저자의 문집을 참조하여 확정하였다.

絶境端宜養性靈　　　세상과 떨어져 있어 성령을 기르기 마땅하니
暮年心跡喜雙淸　　　늘그막에 마음과 자취 둘 다 맑은 것 기뻐하네.
白雲東畔華山北　　　백운산 동쪽 화악산 북쪽에는
曲曲溪流滿耳聲　　　굽이마다 물소리 귀에 가득하구나.

이 시에는 곡운구곡의 지리적 위치와 곡운구곡에 임하는 작자의 정서, 작자의 행위가 비교적 명료하게 제시되어 있다. 우선 곡운구곡은 지리적으로 백운산(영평 부근. 지금의 경기도 가평) 동쪽이자 화악산(강원도 화천) 북쪽에 위치하고 있다. 작자는 늘그막에 세상과 떨어져 성령을 기르고자 하는 의도로 곡운구곡으로 들어오게 되었다고 서술하였다. 은거를 택하니 마음과 더불어 자취(행동)가 모두 다 맑은 상태가 되어 흡족하다고 하였다. 이 시에서 곡운구곡이라는 장소에 정체성을 불어넣는 것은 '굽이마다 들리는 물소리'다. 전술한 바와 같이, 「곡운구곡도첩」은 9개의 曲과 籠水亭의 경치로 이루어졌다. 그만큼 농수정은 곡운구곡에 있어 상징적 의미를 지닌 또 하나의 장소이다. '籠水亭'은 6곡의 와룡담 근처에 세워진 정자로, 최치원의 「題伽倻山讀書堂」에서 시어를 취하여 명명한 것이다.[24] 굽이굽이 물을 흐르게 하여 속세와 절연한 장소를 만들고자 한 것이다.

一曲難容入洞船　　　일곡이라 골짜기에 배 들어가기 쉽지 않고
桃花開落隔雲川　　　복사꽃 피고 지며 구름 낀 시내와 격했네.
林深路絶來人少　　　숲 깊어 길 끊어지니 오는 이 적고
何處山家有吠烟　　　산골 집 어디서 개짓는 소리 밥 짓는 연기 나는가?

위에 인용한 시는 1곡 '傍花溪'를 읊은 것으로, 김수증이 지은 작품이다. 1곡은 배가 들어가기 쉽지 않을 만큼 계곡 폭이 넓지 않다. 「곡운

---

24) 김수증, 『곡운집』 卷4, 「谷雲記」, "… 其南涯松林葱鬱, 可置亭子, 取崔孤雲詩語, 名以籠水 …"

구곡도」에 묘사된 1곡의 모습 또한 유사하다. 사람이 다니는 숲길은 폭
이 매우 좁아 겨우 나귀를 끌고 지나 갈 수 있을 정도로 묘사되어 있다.
그러나 1곡의 정체성을 부여하는 데에 중요한 역할을 하는 소재는 '복사
꽃'이다. 전술한 바와 같이 「도화원기」 이래로 복사꽃과 어부, 뱃노래
등은 한자문화권에서 전통적인 이상향을 의미하였다. 복사꽃의 이미지는
이 시뿐만 아니라 '傍花溪'라는 명칭, 「곡운구곡도」 1곡의 정경 묘사에
긴밀하게 연결되어 1곡이 이상향으로 들어가는 신성한 장소의 입구에
해당한다는 뜻을 강화시켜주고 있다.

二曲崚嶒玉作峰	이곡이라 험준하게도 옥으로 봉우리를 만들었고
白雲黃葉映秋容	백운산 누런 잎에는 가을 빛이 비쳤네.
行行石棧仙居近	棧道를 가고 가 신선 사는 곳 가까워지니
已覺塵喧隔萬重	이제야 깨닫노라. 먼지 낀 세상이 만 겹이나 격 했음을.

　이 시는 2곡인 靑玉峽을 묘사한 것으로, 김수증의 장남인 昌國[25]이
지었다. 험준하게 솟은 봉우리는 옥으로 만든 것처럼 푸른 빛을 띠는 석
벽이다. 멀리 보이는 백운산에는 가을이 들어 누런 빛을 띠게 되니 푸른
석벽과는 그 색감이 더욱 대조적이다. 석벽 옆으로는 난 좁은 잔도가 신
선의 세계로 가는 길의 역할을 하고 있다. 「곡운구곡도」에 그려진 2곡의
정경과 화제도 시에서 표현한 물리적 공간을 그대로 보여주고 있다. 왼
쪽으로는 험한 물굽이가 있고, 오른쪽으로는 층암을 끼고 있는 모습이
근경에 자리하고 있다. 정면에 험준한 바위 산 중턱에 좁은 잔도가 그려
져 있다. 작자는 잔도를 걸어 들어간 이곳에 이르러, 점차 선계에 가까워

---

25) 金昌國(1644~1717) : 谷雲의 큰아들로 자는 元桂. 谷雲은 文忠公 晦谷 漢
　　英의 여식인 昌寧 曹氏와의 사이에 아들 셋과 딸 넷을 두었는데, 아들은 차례
　　로 昌國, 昌肅, 昌直이고, 딸은 각각 洪文度, 李秉天, 申鎭華, 兪命健 등에
　　게 출가시켰다. 昌國은 23세에 進士에 합격하고 成川 府使를 지낸 바 있다.

지고 상대적으로 먼지 낀 속세와 떨어져 있음을 깨달았다.

三曲僊蹤杳夜船　　삼곡이라 신선의 자취 밤배에 아득한데
空臺松26)月自千年　　빈 누대와 소나무 걸린 달 예나 다름없다.
超然會得淸寒趣　　　문득 깨달았네. 청한자 놀던 흥취
素石飛湍絶可憐　　　흰 돌에 튀는 여울은 참으로 사랑스럽네.

「곡운기」에는 3곡의 모습을 다음과 같이 설명하였다.

> (청옥협에서-역자 주) 1里 남짓 가니 이른바 女妓亭이 있는데, 神女峽
> 이라 고쳤다. 또 貞女峽이라고도 이름한다. 솔 벼랑이 높고 상쾌하여 水石
> 을 굽어 보니 무척 맑고도 확 트여 水雲臺라 이름하였다. 마을 사람들은
> 이곳이 梅月堂이 머물러 즐기던 곳이라 전하기에 뒤에 淸隱臺라 하여 고
> 쳤다.27)

　3곡의 명칭은 "女妓亭"에서 "神女峽, 貞女峽"으로 바뀌었다. 소나
무가 있는 벼랑은 "水雲臺"라 이름하였다가 김시습이 머물던 곳이라 하
여 다시 "淸隱臺"라 이름을 바꾸었다. 그러니 시에서 말한 누대는 곧
'청은대'를 의미하며, 청은대의 주인은 곧 청한자 김시습을 가리킨다. 신
선의 자취를 좇아 밤배로 3곡에 올라오니 누대는 주인을 잃고 비어있는
데, 소나무에 걸린 달은 예나 다름없다. 〈무이도가〉의 3곡에서 상전벽
해의 무상함을 표현한 '가학선'의 이미지가 이 시에서는 주인 없이 텅
비어 있는 '청은대'로 이어졌다. 다른 점은 〈무이도가〉에서는 泡沫과
風燈이 유한한 대상으로 등장하여 애상감을 자아낸 반면, 〈곡운구곡
가〉에서는 청한자의 흥취가 흰 돌에 부서지며 물결치는 여울물에 있었

---

26) 부록에는 "仙"으로 되어 있는데, 그 아래 "璇"이 아닌가 의심스럽다는 후주가
　　붙어 있다.
27) 김수증, 『곡운집』卷4,「곡운기」, "…行里許, 有所謂女妓亭, 改以神女峽,
　　又名貞女峽. 松厓高爽, 俯觀水石, 甚淸曠, 名之曰水雲臺. 鄕人傳是梅
　　月堂留賞處, 故後改以淸隱臺."

음을 깨닫게 됨으로써 옛 성현의 흥취를 느끼는 계기로 작용하였다는 것
이다.28)

四曲川觀倚翠巖　　사곡이라 천관석은 푸른 암벽에 기대어 있는데
近人松影落㲯㲯　　가까이 선 소나무 그림자는 가지를 축 늘어뜨
　　　　　　　　　렸네.
奔湍濺沫無時歇　　빠르게 흘러가는 물방울은 잠시도 쉼이 없으니
雲氣尋常漲一潭　　구름 기운은 항상 한 못 가득 넘쳐난다.

　4곡은 백운담을 읊은 작품으로 조카 昌協이 맡았다. 작자는 천관석29)
에 기대어 백운담을 관조하였다. 소나무는 가지를 축축 늘어뜨리며 그림
자를 만들고, 그 아래 백운담을 흐르는 물은 쉼없이 포말을 만들어가며
흐르니 못 위로 구름의 기운이 생동하고 있다. 「곡운구곡도」에 표현된
바 또한 이와 유사하다. 푸른 암벽에 소나무 가지가 길게 늘어져 있으며
물에 소나무 그림자가 어려 있다. 「곡운기」에는 백운담의 모습이 보다
자세히 묘사되었다.

　　연못의 생김은 깊숙이 우묵하고, 연못 좌우로는 큰 바위가 둘쑥날쑥 늘
　　어져 모양이 마치 거북이나 용이 물을 마시는 듯하였다. 물기운이 세차게
　　뿜어 오르면 수많은 기와를 무너뜨리는 듯 소리가 산골짜기에 진동하여,
　　이를 보고 있자니 마음이 서늘하였다. 물 밑 모두가 온통 돌인데, 기슭 사
　　이로 드러난 것은 형세에 따라 높고 낮으며 넓게 비탈져서 깨끗하게 반질

---

28) 서인 노론계 문인들을 중심으로 하여 김시습을 추숭하는 분위기가 형성된 바 있
　　다. 다음 논문에서 상세히 다루었다. 李勝洙, 「17세기후반 사대부의 金時習
　　수용 양상과 그 의미」, 『韓國漢文學硏究』 28, 韓國漢文學會, 2001, 187~
　　215쪽 ; 이효숙, 「16·17世紀 西人における西人の<金時習> 認識」, 『朝
　　鮮學報』 206, 조선학회, 2008, 99~130쪽.
29) 천관석은 4곡에 있는 聊淹留亭 아래에 있는 반석을 가리킨다. 김수증, 『곡운집』
　　卷4, 「華陰洞志」, "亭子 아래 커다란 盤石은 무명 요를 펼친 듯하여 열 사람
　　도 앉을 만하니, 川觀石이라 하였다.(亭下大石, 如鋪素氈, 可坐十人, 名川
　　觀石. 石傍有趨眞橋, 橋西數十餘步, 有蔭松巖, 北涯亦有之.)"

거린다. 길이와 넓이가 무려 수백 걸음이라 봄여름 사이에는 고장 사람들
이 통발을 드리우고 그물을 펼쳐 열목어를 잡는다고 한다.[30]

이를 통해 볼 때, 4곡에서 형상화된 백운담은 <무이도가>의 4곡과
마찬가지로 생동감을 그 정체성으로 삼고 있음을 알 수 있다. 시어로 사
용된 '소나무 그림자(松影)'와 '용솟음 치는 물방울(奔溧濺沫)'은 4곡의
생동감을 표현하는 아이콘 역할을 수행하였다.

五曲溪聲宜夜深	오곡이라 시냇물 소리 밤이 깊어 아름다우니
鏘然玉佩響遙林	쟁글거리는 옥패소리 아득한 숲을 울리네.
松門步出霜厓靜	소나무 대문 걸어 나오니 서리 내린 벼랑 고요하고
圓月孤琴世外心	둥근 달 외로이 뜯는 해금, 세속 밖의 마음이로다.

5곡은 鳴玉瀨를 묘사한 것으로 조카인 昌翕이 맡았다. 곡의 명칭에
서 보이는 바와 같이, 5곡은 청각적인 이미지를 극대화시켜 표현하였다.
밤이 깊어 사방이 어두워지자 온 신경은 쟁글거리며 흐르는 시냇물 소리
에 집중된다. 숲을 울리는 시냇물 소리에 잠들지 못하고 밖으로 나와 달
을 바라보며 외로이 해금을 뜯는다. 「곡운구곡도」에는 물가 바위 뒤로
소나무가 늘어서 있고, 물가에는 젊은이가 해금을 켜는 모습이 형상화되
어 있다. 실제로 작자가 해금을 연주했는지는 알 수 없으나 '孤琴'이라
는 시어는 앞서 소개한 <무이도가> 5곡의 '鐵笛'의 심상과 맥락을 같
이 한다. '世外心'이란 곧 세속의 것을 벗어나고자 하는 마음이며, <곡

---

30) 김수증, 『곡운집』卷4, 「谷雲記」, "潭形深凹, 潭左右, 大石隆然錯列, 狀
如龜龍飮水. 水勢噴激, 如裂萬瓦, 聲振山谷, 見之凜然. 水底皆是全石,
露出崖際者, 隨勢高低, 盤陀淨滑. 延袤無慮數百步, 春夏間, 鄕人設筍
或張網, 取餘項魚. 遂改名曰雪雲溪, 追聞舊稱白雲潭, 還仍其舊. 其傍
巖崖斗起, 名之曰悅雲臺. 由此上數百餘步, 又得勝處, 奇壯遜百雲潭,
而淸穩過之, 名之以鳴玉瀨."

운구곡가>의 창작에 참여한 一門이 함께 추구하고자 하는 뜻이다.

> 六曲幽居枕綠灣　　육곡이라 한적하게 푸른 물굽이 베고 누우니
> 深潭千尺映松關　　깊은 못에는 천 척 솔문이 비치네.
> 潛龍不管風雲事　　잠룡은 풍운 같은 세상사 상관하지 않고
> 長臥波心自在閒　　오래도록 누웠으니 물 중심이 절로 한가롭네.

　6곡은 臥龍潭을 읊은 것으로 아들인 昌直[31]이 맡았다. 6곡에서는 우선 한적한 거처에 초점을 맞추었다. 이 거처란 곧 전술한 '농수정'을 가리킨다. 소박한 농수정을 키가 매우 큰 소나무가 마치 관문처럼 에워싸고 있다. 그 주변은 다시 물굽이가 감싼 형국이다. 이러한 모습은 「곡운구곡도」에 여실히 드러나 있다. 다른 곡은 대체로 주로 골짜기에 기대어 주변을 형상화하였으나 6곡은 맞은 편 봉우리에서 俯瞰한 형태를 취하고 있다. 이를 통해 농수정과 농수정을 둘러싼 관문같은 소나무, 6곡의 물굽이가 표현되었다. 그림 가운데 있는 주인옹은 멀리서 휘돌아 흐르는 물굽이를 관조하고 있다. 와룡담은 말 그대로 용이 잠겨 있는 못이라는 의미인데, 시 속에 '용'은 세상에 나아갈 뜻이 없이 물 속에 오래도록 잠겨있으므로 물 중심이 고요할 따름이다. 여기서 말한 용은 곧 세상사에 관심을 끊고 곡운구곡에 침잠해 있는 농수정 주인옹 김수증을 의미한 것이다.

> 七曲平潭連淺灘　　칠곡이라 잔잔한 못, 얕은 여울에 이었고,
> 淸漣堪向月中看　　맑은 물결은 달을 향해 볼 만 하네.
> 山空夜靜無人度　　산은 비었고 밤은 고요한데 지나는 이 없이
> 惟有長松倒影寒[32]　　오직 큰 소나무 거꾸러진 그림자만 차갑네.

---

31) 金昌直(1653～1702) : 谷雲의 셋째 아들로 자는 季達. 34세에 文科에 급제하고 弘文 校理를 지냈다.
32) 김창업, 『老稼齋集』 卷1 「谷雲七曲 明月溪」 "七曲平潭連淺灘 月明多向此中看 山空夜靜無人度 唯有長松倒影寒"

7곡은 明月溪를 읊은 것으로 조카 昌業이 맡았다. 잔잔한 못에 얕은 여울이 더해져 흐른다. 그러나 물결은 거세지 않아 달빛에 간혹 비칠 따름이다. 인적 없이 고요한 산중에 밤이 드니 오직 큰 소나무만이 흐르는 못에 그림자를 드리웠다. 작자는 평담하게 흐르는 여울물과 여기에 비친 소나무를 바라보고 있다. 「곡운구곡도」에는 한 가운데 구불구불하게 자란 소나무가 그림자를 늘어뜨리며 자리하고 있으며 그 옆에 먼 곳을 보는 노옹이 서 있다. 시와 그림 모두 6곡에 이어서 관조자로서의 주인옹과, 그를 표상하는 또 다른 분신인 소나무가 그림을 읽는 데 중요한 역할을 하고 있다. 〈무이도가〉의 7곡처럼 거센 물결은 아니지만 다른 봉우리에서 흘러내린 물이 합수되는 양상이나, '寒'자로 표상되는 서늘한 기상은 〈곡운구곡가〉에서도 동일하게 나타나고 있다.

八曲淸淵漠漠開　　　팔곡이라 맑은 물 아득히 펼쳐지니
時將雲影獨沿洄　　　때때로 구름 그림자만이 홀로 물 따라 돌아 흐르네.

眞源咫尺澄明別　　　진원이 지척이라 맑고 또렷하니
坐見儵魚自往來[33]　　피라미 오고 가는 것 앉아서 보네.

8곡은 隆義淵을 읊은 것으로 조카인 昌緝이 맡았다. 8곡에 이르자 맑은 물굽이가 아득하게 펼쳐졌다. 때때로 구름 그림자만이 물길을 따라 돌아 흐르곤 하는 모습이다. 물굽이가 점차 환하게 열리는 모습을 보니 진원, 곧 이상향이 가까이에 있음을 알 수 있다고 하였다. 작자는 가만히 앉아서 피라미 오가는 모습을 지켜본다. 「곡운구곡도」에도 그림 속에 한 선비가 물굽이에 탁족을 하고 있는 형상이 표현되어 있다. 이 모습은 〈무이도가〉 8곡에서 고루암에 앉아 물결의 움직임을 관조하고 있는 선

---

33) 金昌緝, 『圃陰集』 卷1, 敬明著 「谷雲第八曲隆義淵圖」 壬申

비의 모습과 흡사하게 관조를 통한 격물치지를 그리고 있다.

九曲層巖更崒然　　구곡이라 층암절벽 더욱 우뚝하고
臺成重壁映淸川　　누대가 층암을 이루어 맑은 내에 비치네.
飛湍暮與松風急　　뛰어 나는 급류는 저녁 솔바람과 함께 급해서
靈籟嘈嘈滿洞天　　신령한 소리 대단하여 동천에 가득하네.

9곡은 疊石臺를 읊은 것으로 外孫인 洪有人이 맡았다. 9곡은 겹겹
이 쌓인 돌이 누대처럼 우뚝하고 기이한 바위들이 이리저리 늘어서 있어
疊石臺라 명명된 곳이다. 층암은 맑은 내에 비치고, 층암 사이로 흐르는
물은 저물녘 솔바람과 함께 급류를 이뤄 요란하게 소리를 내며 흐른다.
정신이 멍할 정도의 급류와 바람 소리는 골짜기를 가득 메웠는데 이에
대해 작자는 시끄럽다기보다는 신령한 느낌을 받는다. 곧 동천에 가득한
신령한 소리는 구구한 세사를 잊게 하는 울림이다. 이는 <무이도가>에
서 묘사한 9곡과는 이미지가 다르다. <무이도가>의 9곡인 성촌은 평온
하고 일상적인 마을로 그려졌다. 그러나 <곡운구곡가>와 「곡운구곡도」
에 형상화된 9곡은 '平川'과 비슷한 층암이 계곡을 중심으로 늘어져 있
고, 계곡에서 타고 흐르는 물의 울림을 관조하는 노옹의 모습에 초점을
맞추었다.

V. 구곡가에 형상화된 구곡의 장소성

　각곡의 물리적 환경 요소를 살피기 앞서 먼저 살펴보아야 할 것은 행
위(경험)적 요소이다. <무이도가>와 「곡운구고가」에서는 공통적으로
구곡, 물굽이를 따른 이동은 바로 그것이다. 투안은 공간 상의 자유롭게
이동하는 것에 대하여

자유는 활동할 수 있는 힘과 충분한 공간을 가지고 있음을 뜻한다. 자
유롭다는 것은 여러 수준의 의미를 가진다. 근본적인 것은 현재의 조건을
초월하는 능력이다. 이러한 초월성은 기본적인 운동 능력에서 가장 잘 드
러난다. 운동하는 과정에서, 공간과 그 속성은 직접적으로 체험된다. 움직
이지 못하는 사람은 추상적인 공간에 대한 원초적인 개념을 익히는 데에
도 어려움을 겪는다.34)

고 설명하였다. 구곡을 유람하는 행위는 주변에 대한 일종의 탐험의 성
격을 띤다. 이 행위를 통해 행위자는 스스로 運身의 폭이 넓음을 느낄
수 있다.

게다가 이 이동은 평지에서 평지로의 수평적 이동이 아니라 서서히 상
승하는 수직적인 이동이라는 점에서 더욱 의미를 지닌다. 물리적 공간에
있어서 '中心'이인가 주변인가, 높은가 낮은가는 상징적인 의미를 갖는
다. 어떤 장소가 지니는 고도는 곧 그 장소의 권위를 의미한다. 구곡의
시작인 1곡에서 9곡으로의 이동은 물굽이가 시작되는 근원을 따라가는
상승 이동이며, 곧 이상향의 근원을 찾기 위한 노정으로 이해할 수 있다.

또 두 연작시에서 공통적으로 나타나는 행위는 바로 대상에 대한 觀
照다. 이 행위는 물리적 환경 요소에 대한 해석을 도왔다. 즉, 관조를 통
해 얻어진 풍광에 대한 정보는 그대로 물리적 환경 요소에 대한 묘사로
이어지기 때문이다. 뿐만 아니라 사물에 대한 관조는 물리적 환경 요소
와 작자의 행위와 그것이 지니는 상징적 의미를 파악하게 하는 중요한
과정이기도 하다. 관조를 통해 사물을 응시하는 행위는 求道的인 삶의
자세를 의미하며 곧 구도적인 삶을 추구할 것을 주장하는 일종의 당위성
을 띤다. 이는 곧 유학자의 修身을 의미한다.

〈무이도가〉와 〈곡운구곡가〉에서 공통적으로 살펴볼 물리적 환경
요소는 기본적으로 아홉 개의 물굽이[曲], 계곡이다. 각 곡마다 펼쳐지는

---

34) 이-푸 투안, 앞의 책, 90~91쪽.

물리적인 환경 요소에 이정표가 개입되면서 각곡의 정체성이 생기게 된다. 각 곡의 정경과 이정표와 그에 따른 정체성은 다음과 같다.

<무이도가>와 <곡운구곡가>의 첫 수는 序詩에 해당한다. 구곡에 대한 전체적인 조망이 이루어졌다. 여기에 '뱃노래', '굽이마다 들리는 물소리'가 이정표가 되어 작자(들)이 찾고자 하는 곳이 이상향이라는 것임을 말하고 있다. 즉 무이구곡과 곡운구곡은 모두 신령하고, 맑은 이상향의 공간임을 표현하였다.

두 번째 시는 1곡을 읊은 시이다. 두 시 모두 1곡이 이상향으로 들어가는 진입로임을 설명하였다. <무이도가>에서는 '홍교'가, <곡운구곡가>에서는 '복사꽃'이 선경의 입구를 나타내는 이정표 역할을 수행하였다. 2곡을 읊은 세 번째 시에서는 푸른 빛을 띠는 석벽을 仙人的 풍모로 묘사하였다. 옥으로 만든 것 같은 푸른 석벽이 이정표가 되어 2곡이 이미 속세와 일정한 거리를 두고 있음을 부각시켰다. 3곡을 읊은 시에서는 유한한 속세에 대한 가련한 심사를 주로 드러냈다. 가변적이고 일회성이 있는 것으로 <무이도가>에서는 '가학선', '물거품', '바람 앞 등불' 등이 제시되었고, <곡운구곡가>에서는 주인을 잃은 '빈 누대'가 제시되었다.

4곡을 읊은 시에서는 모두 생동감이 시에 전반적인 분위기를 형성하였다. <무이도가>에서는 '금계'와 '짙푸른 풀빛', 물의 기운[陰氣] 등이, <곡운구곡가>에서는 '푸른 소나무', '용솟음치는 물방울'이 이정표로서 역할을 하였다. 5곡을 읊은 시에서는 모두 청각적 심상 부각되었다. <무이도가>에서는 '어기여차'하는 노 젓는 소리[欸乃聲]가, <곡운구곡가>에서는 '쟁글거리며 흐르는 시냇물 소리'와 '해금'이 그 역할을 담당하였다. 이 청각적인 심상은 '知音'의 고사와 연결되어 표현되었다. 6곡을 읊은 시에서는 공통적으로 병풍처럼 둘러싸인 곳에 고요하게 거처하고 있는 은자의 집이 묘사되었다. <무이도가>에서는 '하루 종일 사립문이 닫혀 있는 띠 집'이, <곡운구곡가>에서는 '유거'로 표현된 籠水

亭이 그 이정표 역할을 했다. 이 곳에서 은자는 세상과 절연하고 자연과 동화되어 침잠한 모습으로 형상화되었다.

7곡을 읊은 시에서는 작자 자신이 어느 정도 상류에 올라 온 상태에서 여러 곳에서 합수되어 흐르는 물을 관조하는 행위가 부각되었다. 합수되는 양상은 시에 따라 각각 차이를 드러내고 있으나 모두 서늘한 기상을 주된 분위기로 유지하고 있음을 살펴볼 수 있었다. 8곡을 읊은 시에서는 찾고자 하는 이상향이 가까워졌음을 이야기하였다. 이따금씩 '風煙'(〈무이도가〉)이나 '雲影'(〈곡운구곡가〉)이 나타나 시야를 가리고 있으나 원래 지니고 있는 '佳境'이나 '眞源'은 숨길 수가 없는 것이다. 9곡을 읊은 시에서는 자신이 찾고자 하는 이상향에 도달한 심사를 담담하게 표현하였다. 〈무이도가〉에서는 '뽕나무나 삼'이 심어져 있는 그냥 평범하고 평온한 시골 마을이, 〈곡운구곡가〉에서는 정신을 잃게 만들 정도로 세찬 울림이 전해오는 '洞天'이 그 이상향으로 제시되었다.

이상을 요약하면 다음과 같다. 구곡가에 형상화된 구곡에는, 물리적 환경 요소로서의 물굽이라는 기본적인 요소에 각 곡마다 배치된 이정표가 더해져 각 곡의 장소감이 형성된다. 여기에 진원지(이상향)를 찾기 위한 상승 이동과 각 곡마다 곡경을 감상하기 위한 관조라는 구체적인 행위가 첨가된다. 이를 통해 유자로서의 格物致知와 修身의 삶이 가능케 된 것이다. 따라서 이를 통해 형성된 구곡이라는 장소는 구도적 삶의 장소로 재탄생하게 되었다.

주자 혹은 김수증의 일련의 구곡 문화 향유는 개인 혹은 당대에만 지속되었던 일시적인 행위가 아니라 공감대를 지닌 일군의 유자들이 집단적으로 문화의 한 형태로 만들어갔기 때문에 또한 장소감을 넘어 장소 정신으로 확장될 수 있었다. 구곡에 대한 인문지리적 기록물(예컨대 『무이산지』, 『청량산지』, 『화양동지』 등)과 구곡도의 전승, 차운 등의 시작 방법이 있었기 때문에 장소성 형성은 더욱 확고하게 진행될 수 있었다.

參 考 文 獻

주 희,『주자대전』

김수증,『곡운집』, 1978년 영인본.

김수증,『곡운집』, 한국문집총간 125, 민족문화추진회.

김창업,『老稼齋集』, 한국문집총간, 민족문화추진회.

金昌緝,『圃陰集』, 한국문집총간, 민족문화추진회.

조 익,『浦渚先生集』, 한국문집총간, 민족문화추진회.

董天工 纂,『武夷山志』상, 강소고적출판사.

에드워드 렐프,『장소와 장소상실』, 김덕현·김현주·심승희 역, 논형, 2005, 1~352쪽.

이-푸 투안,『공간과 장소』, 구동회·심승희 역, 도서출판 대윤, 1995, 1~328쪽.

유준영,「谷雲九曲圖를 중심으로 본 17세기 實景圖發展의 일례」,『정신문화』8, 한국정신문화연구소, 1980, 38~46쪽.

이민홍,「<武夷櫂歌> 수용을 통해 본 士林派文學의 一樣相」,『韓國漢文學硏究』6, 1982, 25~44쪽.

이상원,「조선후기 <高山九曲歌> 수용양상과 그 의미」,『古典文學硏究』24, 2003, 31~60쪽.

이석환·황기원,「장소와 장소성의 다의적 개념에 관한 연구」,『국토계획』32, 1997, 169~184쪽.

이승수,「17세기후반 사대부의 金時習 수용 양상과 그 의미」,『韓國漢文學硏究』28, 韓國漢文學會, 2001, 187~215쪽.

이효숙,「16·17世紀 西人における西人の<金時習> 認識」,『朝鮮學報』206, 2008, 조선학회, 99~130쪽.

_____,「17~18세기 장동 김문의 산수문학 연구」, 강원대학교 박사학위논문, 2008, 1~165쪽.

조규희,「조선 유학의 '道統'의식과 九曲圖」,『역사와 경계』61, 2006, 1~24쪽.

명청대 장강 하류 문예부흥의 두 가지 표상
—소주(蘇州)의 패트로니지(patronage)와 물길을 중심으로—

권 석 환*

I. 장강 하류의 문예부흥의 두 가지 표상

　　장강 하류의 시장의 확대와 그에 의한 사회변혁은 전문상인의 출현으로부터 시작되었다. 중국의 상업은 명 중엽(16세기)에 나타났고, 이 시기에 이르러 상품경제가 일상생활로 침투하였으며, 사농공상의 계층관이 동요하기 시작하였다. 16세기 명말에는 휘주 출신 상인들이 중국 경제의 전면으로 부상하기 시작했다. 상인들은 정치윤리 면에서는 정주이학(程朱理學)에 의존하였지만, 경제윤리 면에서는 신유학을 기초로 하였다. 이러한 조류 속에서 휘상은 유학을 추구하다가 상업을 추구하고, 상인이면서 유학자를 겸하고, 유학을 버리고 상업을 추구하다가 다시 유학으로 귀의하곤 하였다.[1]

---

* 상명대학교 중국어문학과 교수
1) 葉顯恩, 「明後期廣州市場的轉型與珠江三角洲社會變遷」, 『明史研究專刊』 第12期, 台北, 1998.

이상과 같이 계층의 변화와 새로운 문화사상의 조류에 따라 실용적인 지식에 대한 관심과 과학적 정신이 고양되었고, 문화 각 방면에서 자유롭고 독창적인 정신이 나타나기 시작하였다. 예술분야에서는 전통에 도전하는 창의적인 작품들이 양산되었고, 자의식이 강한 낭만적인 문학이 크게 발전하였다. 이로 인해 명 중기 이후 강남 지역은 문예가 부흥하는 계기를 마련하였다.[2]

본 논문에서는 명청 시대 소주(蘇州) 지역에서 일어났던 문예부흥은 '물길'과 '패트로니지(patronage 문화후원)'라는 두 가지 표상으로 나타났다는 가정에서 출발한다. 두 가지 표상은 상호 긴밀한 관계를 가진다. 명대 이후 강남 지역은 물길[水道]을 따라 시진(市鎭)이 형성되었고, 이는 상업 자본의 축적으로 이어졌다. 상인들은 축적한 부를 문화 활동에 투자하여 문화 예술을 후원하는 페트로니지의 역할을 담당하게 되었다. 이는 자신들의 신분을 사회적으로 실현하려는 목적이었지만, 후원 행위가 결과적으로는 문화예술의 부흥으로 이어졌다. 문화에 대한 투자는 문화상품의 유통으로 이어졌고, 자신들의 상업 활동의 원만한 진행과 이윤의 극대화로 귀결되었기 때문이다. 이러한 분위기 속에 소주 지역 문인화가와 궁정화가들은 물길로 이루어진 소주의 도시 공간을 실경으로 재현하였다. 실경 속의 물길은 경제적 공간이고, 정치적 공간이며, 예술적 공간이 되었던 것이다.

본 논문에서는 소주 지역을 중심으로 명청대 물길에 의해 축적된 상업 자본이 어떻게 문화예술을 후원하게 되며, 그것이 경제적 번영과 어떤 관계가 있는지를 규명하고자 한다.

---

2) 졸저, 『중국의 강남예술가와 그 페트론들』, 이담, 2009, 37쪽.

Ⅱ. 소주 지역 수장가(收藏家)의 활동과 패트로니지

소주 지역 패트로니지 활동을 논하기 전에 먼저 명청 시대 강남 지역
과 유럽에 일어났던 르네상스와 어떤 유사성이 있는 지를 언급하여야 한
다. 르네상스 시대를 이끌었던 인문정신은 전통적 종교 교리에 의해 강
요된 인간의 정신적 억압상태로부터 해방시키고, 자유로운 탐구와 비판
력을 자극했으며, 또한 인간의 사고와 창의력의 가능성에 대한 새로운
자신감을 불러일으켰다.[3] 15세기 이탈리아의 도시의 상인들과 금융업자
들이 패트론(patron)이 되어 예술가와 계약관계를 맺고 예술작품을 주문
하거나, 궁전과 교회 및 수도원을 건축하는 등의 후원을 통하여 자신들
의 학습, 신앙심, 취미를 세상에 보여주고자 하였다. 이상에서 보는 바와
같이 르네상스 시대 인문정신의 대두와 패트론의 활동은 유럽의 문예부
흥을 주도하는 두 가지 표상이었던 것이다.

한편 강남 지역의 경우, 유럽의 르네상스와 유사한 문화변혁과 문예부
흥의 기운이 명대 중기 이후부터 청말까지 지속적으로 일어났다. 그 예
증으로는 먼저 명청대에는 전통적인 계층 구조에 변화가 생겨났고, 부를
축적한 상인 계층이 상업 자본을 문화예술에 후원했다는 사실에서 찾을
수 있다. 유럽 르네상스 초기에 이르러 이태리 상인과 금융업자가 황실
의 후원을 대신했던 것처럼, 명청대에 이르러 강남 지역에 등장한 상인
들이 황실을 대신하여 예술을 후원하였고, 르네상스 시대 유럽 상인들이
자신들의 문화적 의지를 보여주려고 했던 것처럼, 명청대 강남 지역 염
상들이 사대부들과의 문화 교류와 예술가에 대한 후원을 통해 신분상승
과 경제적 이익을 도모하였다. 그리고 유럽의 르네상스와 마찬가지로 중

---

3) 『브리태니커백과사전』, http://www.britannica.co.kr 참조 요약

국의 명청 시대 역시 예술의 발전이 사회 경제적 환경과 매우 밀접한 관계에 있었을 것으로 추정된다.[4)

명대 중기는 성화(成化 1465~1487년), 홍치(弘治 1488~1505), 정덕 (正德, 1506~1521년), 가정(嘉靖 1522~1566년)의 통치 시기이다. 당시 소주 지역에서는 절파(浙派)[5)와 오문파(吳門派)의 화풍(畵風)[6)이 병존 하거나 교체하는 시기였다. 가정(嘉靖) 이후 절파가 점점 쇠락한 반면 소주의 심주(沈周 1427~1509)·문징명(文徵明 1470~1559)을 대표로 하는 오문화파는 명 중후기 화단에 영향을 주었고 거의 1세기 동안 유지 되었다.

15세기 초부터 소주 등지에서는 대토지를 기반으로 부를 축적한 지주 출신의 지식인 집단이 등장하기 시작하였다. 심주·유각(劉珏1410~147 2)·오관(吳寬1436~1504)·도목都穆(1458~1525)·문징명·문가(文嘉 1501~1583)·왕세정(王世貞1526~1590)·왕지등(王遲登1535~1612)·항 원변 등이 그들이다. 경제적으로 부유한 문인들은 당시 소주 지역에 거주

---

4) 졸저, <明淸시대 강남지역 문화후원(Patronage)의 개념과 특징>, 중국어문학논집 제52호, 중국어문학연구회, 2008.12, 421~442.
5) 절파(浙派): 절강성 출신의 화가 대진(戴進)에 의해 시작되었고, 오위(吳偉)를 거치면서 하나의 화파로 형성되었다. 동기창의 『畵禪室隨筆』에서 '절파'는 대 진의 화풍을 가리키는 것이었으나, 청초 이후에 江夏派라 불리던 오위를 하나 로 묶어 절파라 통칭하기에 이르렀다. 오위의 자유분방함과 역동적인 화풍은 후 에 '狂態邪學'이라고 불리는 부당한 대우를 받기에 이르렀고, 이들은 회화사에 서도 미미하게 다루어지게 되었다.
6) 중국 명대 중기의 소주 지역에서 활약했던 회화 화파로서 소주(蘇州)가 춘추시 대 오(吳)나라의 수도였기 때문에 오문(吳門)이라는 명칭을 가지게 되었고, 대 표적인 화가인 심주(沈周)·문징명(文徵明)·당인(唐寅)·구영(仇英) 등이 모두 소주 출신이었다. 오문화파는 문인 산수화에 두드러진 성과를 거두었고 인물화 와 화훼화에도 각각 새로운 경지를 개척하였다. 구영을 제외한 세 사람은 시서 화의 결합하여 문인화의 우수한 전통을 더욱 완미하고 보편화시켰으며, 청나라 초기 화단까지 이어졌다.(http://baike.baidu.com/view/209924.htm 참조)

하던 빈한한 문인 은사(隱士)들을 후원했다. 이를 통해 당시 소주지역의
문화 권력은 형성하였고, 예술가들의 심미적 취미를 결정하였다.

소주지역은 각 가정마다 방직을 통하여 부를 창출하였는데, 사대부가
조차도 방직으로 이익을 축적하기에 이르렀다. 이러한 과정에서 사대부
의 의식과 생활 태도는 점점 상인들과 섞이기 시작했고, 상인과의 계층
적 구별이 모호해졌다.

소주지역의 이러한 경제적 변화와 상인들의 적극적인 활동에 따라 실
내 가구 디자인과 그것의 배치, 그리고 아름답고 화려한 원림 건축 등 주
변 환경이 변화하였고, 이에 따라 심미적 취미와 장식적 취미가 이전 시
대와 판이하게 달라졌다. 따라서 이것은 명대 중기 이후 문학예술의 풍
격에 영향을 주게 되었고, 오문화파의 화풍에는 생활환경의 변화와 현실
성이 묻어났다.[7]

이상에서 보는 바와 같이 예술가에 대한 황실의 후원이 지속되는 가운
데서도 문인사대부와 지주계층 문인들이 문화권력을 형성하는 한편 예
술 작품에 대한 품평과 지지를 통하여 은사와 예술가를 간접적으로 후원
하였고, 이와 동시에 문화예술의 새로운 향유층으로 부상하였다. 더 나
아가 부유한 상인들이 서화의 수장가(收藏家)로 활동하게 되면서 예술
가에 대한 직접적인 후원 행위가 이루어지기 시작하였다.

그러면 그 구체적인 예를 들어보기로 하자. 당시의 수장가 항원병(項
元汴1525~1590)과 항원기(項元淇 1580년 전후 생존) 형제는 중기 소
주의 직업화가 주신(周臣?~1535)·구영(仇英1498~1552)을 후원하였다.

주신은 직업화가라는 이유에서 올바른 평가를 받지 못했지만, 당시에
그려지지 않았던 도시의 소외계층인 거지, 장님과 절름발이, 돈을 구걸
하기 위해 공연하는 장면 등을 다루어 신선한 바람을 일으켰다.

---

7) 張繼馨 等, 『吳門畵派的繪畵藝術』, 北京燕山出版社, 2000.12, 24쪽.

구영은 칠기장 집안에서 태어나 소주 도화오(桃花塢)에서 그림을 배우던 중 문징명의 추천으로 주신에게 그림을 배웠다. 그는 30살 전후에 부호와 수장가들의 주목을 받아, 항원변의 천뢰각(天籟閣)의 빈객이 되었고, 곤산(昆山)의 수장가 주봉래(周鳳來), 소주의 부호 진관(陳官) 등의 후원을 받았다. 기록에 의하면, 주봉래는 구영의 <자허상림도(子虛上林圖)>를 은 천량에 구매하였고, 항원변은 구영의 <한궁춘효도(漢宮春曉圖)>卷後에 "가격이 2백금(値價二百金)이다"라고 썼다고 한다. 이 가격은 당시 다른 그림 가격과 비교하면 매우 파격적이다. 항원변의 기록에 의거하면, 그가 송나라 조맹견(趙孟堅)의 <묵란도(墨蘭圖)>를 "은 120량(銀一百二十兩)"에 구매하였고, 원(元)나라 전선(錢選)의 <산거도(山居圖)>를 "삼십 금(三十金)"에 구입하였으며, 문징명의 <원안와설도(袁安臥雪圖)>卷을 "원가 16량(原價十六兩)"에 구입하였고, 당인(唐寅)의 <숭산십경(嵩山十景)>册을 "대략 원가 24 금(計原値二十四金)"에 구매하였다[8]고 했다. 이상의 작품 가격과 비교하면, 항원변의 구영의 작품에 대한 평가가 얼마나 높았는지를 짐작케 한다.

왕총(王寵1494~1533)은 상인 출신 서화가였다. 왕총의 부친 왕정(王貞)은 소주 창문(閶門) 밖에서 주점을 경영하였다. 왕총은 시끄러운 저자거리에서 어린 시절을 보냈다. 여러 차례 과거에 낙방하고 불우한 시절을 보냈지만, 아버지가 수집한 골동과 서화를 통해 예술적인 재능을 키웠고, 아버지가 축적한 부를 바탕으로 소주 지역 명사들과 자연스럽게 접촉을 할 수 있었다. 왕총은 시서화의 재주 때문에 당인·문징명·채우(蔡羽)·축윤명(祝允明) 등 당시 소주 지역 명사들과 교류할 수 있었다.[9] 특히 문징명·축윤명 등의 서화에 서발문과 시문을 주고받으면서

---

8) 尹光華, 仇英 ≪赤壁圖≫ 卷簡考, 美術之友, 2008년 1기
9) 文徵明은 <王履吉墓志銘>을 통하여 왕총과의 교류 관계를 서술한 바 있다.
   (『甫田集』 三十六卷本(明嘉靖刻本), 卷31, 頁1a-2b)

문화예술계의 촉망을 받게 되었다.

게다가 전통 문인 출신 화가 역시 상업적 태도가 이전 시대보다 매우 과감해졌다. 당시 소주지역 문화 권력을 장악하였던 문징명은 평생 동안 수많은 묘지명(墓誌銘)을 창작하였는데, 자신의 아주 가까운 측근 외에 지방 관료나 상인들에게는 반드시 대가를 받았고, 대가가 적으면 주랑 (朱朗)과 같은 제자들에게 대필하도록 하였다. 이것이 사대부 문인들의 상업에 대한 관념이 상당히 변화되었음을 알 수 있는 일례이다.

당시 화단의 변화와 함께 서화의 수장과 감상이 유행하였다. 명 중 후기에 소주 지역에는 개인 수장가가 급증하였는데, 대표적인 사람으로 소주 지역에는 심주, 문징명, 문팽(文彭), 문가(文嘉), 동기창(董其昌), 왕세정(王世貞), 항독수(項篤壽), 한세능(韓世能), 항원변, 왕세무(王世懋), 사명고(史明古), 劉以則, 장축(張丑1577-1643) 등을 들 수 있다.

그 중에서 장축을 예로 들어 보면, 장축은 『청하서화방(淸河書畵舫)』 등의 서화 수장록[10]을 통해 자신의 수장 이론과 식견을 정리한 바 있다. 그는 수장가 가문에서 출생하여 자연스럽게 역대 서화를 접할 수 있었고, 항자경·동기창 등과 교류하면서 수장 능력을 키웠다. 이처럼 소주 지역에 수장가가 집중화되었는데, 이는 직업화가의 활약에 영향을 주었으며 서화 교역에 활력을 주었다.

이상을 요약하면, 명 중기 이후 소주는 오문화파가 등장하여 화단을 주도하였고, 사대부 문인을 비롯하여 지주계층 문인들이 문화예술의 새로운 향유층으로 부상하였으며, 15세기부터 16세기 중반까지 약 1세기 동안 부유한 사대부와 상인 수장가들이 문화예술을 후원하였다. 그리고 수장에 대한 풍성한 기록은 서화에 대한 후원과 매매가 이미 성행되었음

---

10) 장축은 수장 방면의 저서로는 『淸河書畵舫』 외에 『眞迹日錄』·『張氏書畵四表』·『法書名畵見聞表』·『南陽法書表』·『南陽名畵表』·『淸河秘篋書畵表』·『米庵鑑古百一詩』 등이 있다.

을 짐작케 한다.

이렇게 볼 때, 당시 문화예술의 창작은 작가의 창작 태도와 정신 외에 문화예술에 대한 경제적 후원과 수장가의 취미에 의해 결정된다고 할 수 있다.

Ⅲ. 소주지역의 물길과 그 시각적 재현의 의미

1. 소주지역의 물길의 문화 경제적 의미

명 중기 이후부터 청 전기(18세기 초 중기)까지, 소주는 전국에서 경제가 가장 번화한 도시였고, 문화예술이 가장 발달했던 도시였다. 이처럼 경제와 문화예술이 발전하게 된 가장 중요한 요인으로는 '水利'를 들 수 있다. 소주시 전체 수면의 면적은 3607평방km로 전체 면적의 42.52%에 달한다. 소주시에는 크고 작은 물길이 2만여 개가 되며, 총 길이는 1457 km이다[11] 소주의 수리의 핵심은 수당(隋唐) 시대부터 건설된 경항대운하(京杭大運河)에 있었다. 경항운하는 소주성 밖을 에둘러 지나가고, 이것은 호성하(護城河)와 서로 연결되어 있으며, 성 안의 작은 물길과 거미줄처럼 이어져 있다. 소주의 수계는 운하·호성하·성하(城河)·호수(湖)·탕(蕩)·강(江)·당(塘)·만(灣)·연못(池)으로 다양하다.

송대에 그려진 <平江圖>[12]를 보면, 소주 고성은 물길이 종행으로

---

11) 『蘇州市志』제1책, 蘇州市地方志編纂委員會, 江蘇人民出版社, 213쪽.
12) <平江圖>는 송대 오늘날의 소주인 平江의 도시 지도로서 南宋 紹定2年 (1229) 군수 李壽明이 그리고 각공 여정(呂梴)과 장윤성(張允成) 등이 새겼다. 현재는 蘇州市 碑刻博物館(文廟)에 보관되어 있다. 높이 248cm, 넓이 146cm, 두께 30cm. 송대 평강성(平江城)의 평면 윤곽과 거리 배치, 성벽, 호성하(護城河)·평강부(平江府)·평강군(平江郡)·오현아서(吳縣衙署)·가방(街坊)·사원

이어져 물과 육로가 나란히 가는데, 그 기본적인 구조가 지금까지 변하지 않고 있다. 평강성은 남북으로 약간 긴 장방형을 이루고 있고, 주변으로 5개의 성문이 있는데, 운하를 위한 수문과 보행을 위한 성문이 조합되어 있다. 성내의 수로 분포는 상당히 조밀하게 되어 있는데, 수문을 열어 물을 성내로 인입할 경우, 물은 지형이 높은 북서쪽으로부터 낮은 동남쪽으로 향하도록 되어 있다. 이를 통하여 신선한 다량의 생활용수를 확보할 수 있으며, 홍수 때에는 문을 닫아 물의 유입을 차단하였다.[13]

전체 도시의 교통망 중 도로와 물길이 밀접한 관계를 맺고 있어 기본적으로 육로와 수로가 대응하고 있다. 그래서 소주는 "물길과 육로가 나란히 가고, 물과 길이 서로 바라본다(水陸平行, 河街相望)"이라고 하고, 민가건축은 '앞이 길이고 뒤가 물(前街後河)'인 형태를 띠고 있다고 할 수 있다. 물길이 주요 교통망이 되었고, 300여 개의 교량이 육로와 보조를 맞추고 있다.

명청 시대에 이르러 소주 지역은 대운하가 확장되고 조운(漕運) 제도가 완비됨에 따라 내하(內河)의 운행과 해상으로 이어지는 교통이 매우 편리해지면서 중국 동남 지역 수륙 교통의 요충지가 되었다. 또한 상업활동 구역이 물길을 따라 조성되었기 때문에 전국의 상인들이 소주로 집중하였고, 소주의 도시의 경제가 부유해지기 시작하여 강남의 경제 중심으로 부상하였다.

그래서 송시대 수리학자 섭단(郟亶)은 "천하의 이익은 논에서 나는 것이 가장 크고, 논의 아름다움은 소주보다 뛰어난 곳이 없다"[14]고 말하

(寺院)·정대루탑(亭·臺·樓塔)·교량 등 건축물을 그렸다. 그 중에는 교량이 359개, 물길이 20 갈래, 건축물이 250 여 곳이 그려져 있다.

13) 권석환 등 저, 『중국문화답사기:오월지역의 수향을 찾아서』 1, 다락원, 2002, 155쪽.

14) 郟亶: "天下之利, 莫大于水田, 水田之美, 莫大于蘇州" 『蘇州市志』 제1책, 蘇州市地方志編纂委員會, 江蘇人民出版社, 2쪽.

였다. 이처럼 소주 지역에 농논사가 발달한 것은 풍부한 수량 때문이었
다. 그래서 "소주는 동남지역 중에서 재물과 세금이 가장 많고, 소주는
동남 지역 중에서 수리의 요충지이며, 소주는 동남 지역에서 인재가 가
장 풍성하였다."[15]라고 말하였다.

이처럼 소주의 수로는 육로와 상호 조화를 이루어 도시 생활, 물류, 무
역, 배수, 방재, 기후 조절, 인문경관 조성 등에 중요한 작용하였다. 특히
강남의 수려한 자연환경은 고아한 인문환경을 만들어 원림이라는 거대
한 문화유산을 창조하기에 이른 것이다.

2. 소주 물길의 시각적 재현

1) 오문화파(吳門畵派)의 소주 물길의 재현

명대 중기 소주 지역을 중심으로 형성되었던 오문화파들은 소주와 주변
오지방의 산수 자연을 직접 유람하고 그것을 사실적으로 묘사하였다. 예
를 들면, 심주의 <소주산수전도(蘇州山水全圖)>·<호구십이경도책(虎
丘十二景圖册)>·<동장도권(東莊圖册)>·<오문십이경(吳門十二
景)>·<호구도책(虎丘圖册)>, 문징명의 <졸정원도책(拙政園圖册)>·
<석호청승(石湖淸勝)>·<진상재(眞賞齋)>·<호계초당(滸溪草堂)>,
당인의 <남유도(南游圖)>, 문가의<곡수원도(曲水園圖)>·<이동기유도
책(二洞紀游圖册)>, 전곡의 <구지원(求志園)>·<호구전산도(虎丘前山
圖)>·<혜산자천(惠山煮泉)>, 문백인(文伯仁)의 <금릉십팔경(金陵十八
景)> 등이다. 이것을 명 중기 소주 지역에서는 유행한 실경도(實景圖

15) 東南財賦, 姑蘇最重, 東南水利,姑蘇最要, 東南人士, 姑蘇最盛沈寓,『治
蘇』『淸經世文編』卷 二三.『姑蘇繁華圖』: 淸代蘇州城市文化繁榮的
寫照, 范金民, 江海學刊 제5기, 2003 재인용

topographical painting)라고 한다.

여기서 가장 대표적인 심주의 <동장도책>(그림1, 2 남경박물관 소장)16)과 문징명의 <졸정원도>(그림3, 미국 MetropolitanMuseum of Art 소장)를 예로 들어보자. 동장은 소주의 봉문(葑門)에 있는 장원식 원림이다. 봉문은 소주 성 동쪽에 위치하고 있는데, 주변에 많은 수당(水塘)으로 인해 조성된 수향 경관이다. 동장은 심주의 친구인 오관(吳寬)의 아버지인 오맹융(吳孟融)이 살던 장원이다. 심주가 친구의 부탁으로 이 원림을 24폭(명 만력 년간에 3폭이 유실되어 지금은 21폭만이 남아 있다.)에 사실적으로 그렸다. 따라서 이 그림에는 물길에 따라 조성된 강남 원림의 21개 경관 즉 진의강(振衣岡)·맥산(麥山)·경식헌(耕息軒)·주앵경(朱櫻徑)·죽존(竹田)·과림(果林)·북항(北港)·맥휴(稻畦)·속고당(續古堂)·지락정(知樂亭)·전진관(全眞館)·곡지(曲池)·동성(東城)·상주(桑州)·정자빈(艇子浜)·학동(鶴峒)·졸수암(拙修庵)·능호(菱濠)·서계(西溪)·남항(南港)·절계교(折桂橋) 모습이 생생하게 표현되어 있다.17)

---

16) <東莊圖>는 두 종류가 있다. 하나는 <匏庵先生東莊十二景>이고, 또 하나는 24경의 <東莊圖>인데, 지금은 3폭이 산실되어 21폭이 남아 있으면 남경박물관에 소장되어 있다. 常德强, <沈周『沈莊圖』的審美意蘊>, 南通大學學報 第24卷 第3期, 2008.5 참조.

17) 李東陽, <東莊記> "蘇之地多水, 葑門之內, 吳翁之東莊在焉. 菱濠滙其東, 西溪帶其西, 兩港旁達, 皆可舟而至也. 由凳橋而入則爲稻畦, 折而南爲果林, 又南西爲菜圃. 又東爲振衣岡, 南爲鶴峒. 由艇子浜而入則爲麥丘. 由朱田而入則爲折桂橋. 區分絡貫, 其廣六十畝. 而作堂其中曰續古之堂, 庵曰拙修之庵, 軒曰耕息之軒. 又作亭于桃花池曰知樂亭. 亭成而莊之事始備焉. 總名之東莊, 因自號東莊翁"(『李東陽集』第一卷, 岳麓書社, 2008)

그림 1 東莊圖(부분)

그림 2 東莊圖(부분)

이상의 경관을 보면, 동장은 물길로 이루어져 있고, 농작물 경작이 가능하며, 거주와 조망, 유람과 감상을 동시에 할 수 있는 거주형 원림임을 알 수 있다. 또한 위에서 거론한 동장의 건축물의 명칭에 비추어 볼 때, 이곳은 소주 지역 명사들의 아집 장소로 사용되었고, 문인의 아취가 가득하다. 당시 이 지역의 명사들은 음주부시(飮酒賦詩)하거나 차를 마시며 우의를 다지는 한편 문인사대부들은 상인들과 결집하여 문화 상품 교류의 장을 마련하거나 문화 권력을 형성하는 계기를 마련하였다. 더 나아가 당시 소주의 경제번성의 징표가 되는 원림이 이미 산수화의 중요한 소재가 되었다는 점이다. 심주의 <동장도>처럼 많은 오문화파들이 원림을 산수화의 대상으로 삼았다. 이른바 '산수화의 원림화'는 이미 오문산수화의 예술 특징 중에 하나가 되었다.[18] 이것은 자신들의 공간에 대한 자의식의 발로라고 할 수 있다.

이제 <졸정원도책>으로 가보자. 졸정원은 명나라 가정 년간에 어사 왕헌신(王獻臣)이 소주에 은일할 때 조성한 것이다. 왕헌신은 가정(嘉靖) 12년(1533)에 전해오던 원림을 새롭게 조성한 뒤, 문징명에게 <졸정원도책>를 부탁하였다. 문징명은 졸정원의 31개의 경관을 그림으로 재현하였고, <왕씨졸정원기(王氏拙政園記)>를 통해 각 경관의 위치와 의미를 설명한 바 있다[19] 그의 설명에 의하면 졸정원은 자연적으로 모인 물길을 약간의 준설을 거쳐(有積水亘其中, 稍加浚治) 조성한 물 중심의 '用水園林'이다. 졸정원은 대체로 물길을 분산하여 서로 소통하게 만드는 '分散用水' 방법을 사용하였다. 이 방법을 사용하면 원림 안의 물의 원류가 분명하게 드러나지 않아 무궁무진한 느낌을 주고, 또한 수

18) 孔晨, 『吳門畵派硏究』, 紫禁城出版社, 1993.
19) <王氏拙政園記>: "凡爲堂一, 樓一, 爲亭六, 軒, 檻, 池, 臺, 塢, 澗之屬二十有三, 總三十有一, 名曰拙政園"(『文徵明集·續輯』 校者周道振簽名本), 國學古籍本.

그림 3 문징명의 졸정원도:'소비홍(小飛虹)

면의 변화에 따라 크고 작은 여러 개의 중심이 형성되어 다양한 경관이
연출된다[20]고 하였다.

그중에서 가장 잘 알려진 '소비홍(小飛虹)'을 예로 들어 설명하기로
하자. 소비홍은 의옥헌(倚玉軒) 북쪽 몽은루(夢隱)로 가는 다리를 말한
다.[21] 붉은 칠을 한 다리 난간이 물속에 비친 모습이 마치 무지개 같고,

---

20) 彭一剛, 『古典園林分析』, 中國建築工業出版社, 1986, 45쪽.
21) <王氏拙政園記>: "其後爲倚玉軒. 軒北直夢隱, 絶水爲梁曰小飛虹.
　　逾小飛虹而北, 循水西行, 岸多木芙蓉曰芙蓉隅."

미풍이 불면 물결이 일어 물속의 다리 그림자가 마치 나는 듯하여 '소비
홍'이라고 하였다. 이것은 남조(南朝) 시대 포조(鮑照 약415~470년)가
지은 <白雲>이란 시에 "날렵한 무지개가 진하(秦河)에 비치니, 떠도는
안개가 가벼운 거문고 줄을 튕기네(飛虹照秦河, 泛霧弄輕弦)"에서 따
온 것이다. 소비홍이 물길을 가로 질러감에 따라 남북으로 소통과 차단
의 새로운 의경이 생겨난다. 죽장을 들고 소비홍을 건너는 은일자(문징
명 자신일 가능성이 높다)가 소요자득(逍遙自得)하고, '한거지락(閑居
之樂)'을 즐기기에 충분하였다.[22] 이처럼 그의 물길 재현은 얼마나 높은
의경을 담고 있는지 짐작하고도 남음이 있다.

　이상에서 오문화파는 소주 지역 물길 재현에 대하여 알아보았다. 오문
화파 화가들의 물길에 대한 재현은 산수화의 원림화로 나타났다. 이처럼
그들이 원림을 산수화의 대상으로 삼고, 원림 속의 문인사대부의 고아한
생활과 정취를 집중적으로 묘사하였던 것은, 소주 사회의 경제적 번성과
자신의 공간에 대한 높은 자의식을 반영한데서 기인하였다고 할 수 있다.

2) 궁정화가(宮廷畫家)와 민간화가의 소주 물길의 재현

　오문화파와 마찬가지로 궁정화가와 민가화가들 역시 강남 지역의 물
길을 묘사하였다. 명 가정 년간의 <남도번회도(南都繁會圖)>,[23] 만력

---

22) <王氏拙政園記>:"而君甫及强仕卽解官家處, 所謂築室種樹, 灌園鬻
　　蔬, 逍遙自得, 享閑居之樂, 二十年于此矣"
23) 『南都繁會圖卷』(견본 채색, 44×350cm, 中國國家博物館 소장) 명 가경 년
　　간 남경의 경제적 번영을 묘사한 것으로, 그림은 오른쪽에서 왼쪽으로 교외의
　　농촌에서 시작하여 도시 안의 남시가(南市街)와 북시가(北市街)를 중심으로
　　각종 점포와 간판, 거리를 가득 메운 수레와 마차 그리고 사람들의 모습을 그렸
　　다. 그림은 남도황궁(南都皇宮) 앞에서 끝이 난다. 전문가들의 통계에 의하면,
　　이 그림 속에는 천 여 개의 직업, 그리고 109개의 상점 간판이 등장한다고 한다.
　　명대 도시의 생활의 변화를 반영한 것으로 볼 수 있다. 그림 끝에 仇英이 그렸
　　다는 낙관이 있으나, 구영의 회화 기법으로 보아 사실과 다르다는 것이 전문가

그림 4 康熙南巡圖(소주 盤門)

년간의 <상원등채도(上元燈彩圖)>[24]는 강령(江寧 즉 남경)의 번화한 모습을 묘사하였다.

청대로 오면서 궁정화가들은 거대한 필치로 강남을 묘사하기에 이르렀다. 강희제는 궁정에 화가를 모집하여 자신의 남순의 전 과정을 그림을 통해 기록하도록 하였는데, 이것이 바로 <강희남순도(康熙南巡圖)>[25]이다. 강희제는 강희23년부터 강희 46년까지(1664~1707) 24년 동안 6차례의 남순을 단행하였다. 이 그림은 제2차 남순(1689년) 행차를 묘사한 것으로, 1691부터 1694年에 걸쳐 그려진 것이다. 행차는 경사(京師)에서

들의 지배적인 견해이다.

24) <上元燈彩圖>(견본 채색 25.5×266.6): 낙관이 없어 화가를 알 수 없지만 회화 기법으로 보아 궁정화가의 작품으로 추정되고 있다. 금릉(金陵, 오늘날의 남경)의 진회하(秦淮河)에서 북쪽으로 삼산가(三山街) 일대의 원소절 모습을 그린 것이다. 그림 속의 삼산가에서 내교(內橋) 일대의 운집한 상인과 상점의 모습이 주로 그려져 있다. 명중후기의 강남지역의 번성한 도시의 모습을 파악할 수 있는 중요한 그림이다.

25) <康熙南巡圖>(비단 채색, 12권(卷), 각권67.8×1555~2612.5cm): 이 그림은 청나라 황궁에 보관되었다가 후에 산실되었다. 지금은 제1, 9, 10, 11, 12권이 故宮博物院에 소장되어 있고, 미국과 프랑스 그리고 캐나다의 박물관과 개인이 분산 소장하고 있다.

출발하여 남순 행렬이 지나
는 연도의 산천과 명승고적
을 그렸고, 각 권마다 강희
제가 등장한다. 북경을 출
발하여 산동성으로 통과하
여 강소성(江蘇省)으로 당
도한 뒤, 강을 따라 소주·
남경·항주을 지나 가장 멀
리 전당강(錢塘江)과 소흥
(紹興)에 이르는 여정이다.

제1차 남순의 제3년 차에
강희제는 어사 송준업(宋駿
業)과 자신의 스승 왕시민

그림 5 현재의 소주 반문

(王時敏)의 제8째 아들, 그리고 왕시민의 손자 왕원기(王原祁) 등의 추천
으로 양진(楊晉)을 북경으로 불러 시조(侍詔)로 임명하여 <강희남순도>
의 집단 창작 일을 주관하도록 하였다. 이 그림 제작에 가장 깊이 관여한
사람은 강남 소주의 상숙(常熟) 출신 왕훈(王翬 1632~1717, 字 石谷,
號 耕烟散人·烏自由人·劍門樵客)이다. 그는 왕시민·왕감(王鑑)의
화풍과 직접적인 관련성이 있으며, 동원(董源)·거연(巨然)·범관(范寬)·
왕몽(王蒙)·황공망(黃公望) 등의 원대 산수화 기법을 차용하였고, 심
주·문징명·동기창 등 오문파 산수화에서 화의를 취하였다.

당시 남순은 만주족과 한족 간의 모순을 해결하고, 통치계급과 피통치
자간의 모순을 완화하면서 강남 사대부를 통괄할 목적을 가지고 있었지
만, <강희남순도>는 강남의 번성한 모습을 통하여 태평성대를 구가하
고 있다. 강희제가 일찍이 두 번 남순한 중요한 목적은 황하와 운하 수리
시설을 순시하고, 강남의 전량(錢糧)과 세금 징수 상황을 파악하는 것[26]

그림 6 康熙南巡圖(소주 호서관滸墅關)

인만큼 이 지역의 수리 관리는 국가 경제의 중요한 관건이었다. 특히 건륭 10년 변방 지역의 분쟁이 계속되어 국가 군비가 해마다 증가하였기 때문에 강남 지역의 안정된 발전은 국가의 흥망성쇠와 직결되었다.

그림4의 소주 반문(盤門) 부분을 보자. 반문은 소주 서남쪽으로 진입하는 성으로, 교통의 요지이며 군사 요새이다. 성 밖으로 대운하가 지나가고, 오문교(吳門橋)가 물 위에 걸려 있다. 반문은 수로과 육지를 가르는 두 개의 문으로 구성되어 있다. 그림 속의 물길에는 수많은 선박들이 정박해 있고, 각종 물건을 실은 배들이 연락부절 움직이고 있다. 육로와 다리, 그리고 저자 거리에는 사람들이 운집하여 있다. 배에서 물건을 싣고 부리는 장면이 매우 분주하면서도 활기가 넘친다.

다시 그림6의 소주 서북쪽 호서관(滸墅關)으로 가보자. 호서관은 소주성 서북쪽 남양산(南陽山) 동북쪽 산기슭에 있는데 경항운하의 양쪽 언덕에 있다. 명나라 선덕(宣德) 4년(1429)에 호부에서 초관(鈔關)을 설

---

26) 同治,『蘇州府志』首卷之一『巡幸上』"康熙二十有三年歲次甲子秋九月, 皇帝軫念河工及江南錢糧重地, 非躬行相度, 無以鼓勵百職, 子惠黎元" <解構『姑蘇繁華』, 還原『盛世滋生』>, 鄧民亮,『繁華都市(The Prosperous Cities), 遼寧省博物館藏畵展』, 香港美術館, 2009 재인용

그림 7 〈無款南游圖道里圖卷〉(蘇州府) 청, 78.5×1783.6

치하여 '오중제일대진(吳中第一大鎭)'으로 불린다. 호서관은 운하에 인
접한 위치에 있기 때문에 장강과 통하고 바다로 쉽게 들어갈 수 있는 이
점이 있다.[27] 그래서 북쪽에서 오는 면화, 소맥 등과 남쪽 민남(閩南)과
광동에서 들어오는 해산물, 그리고 항주 방향에서 오는 비단과 면직물
및 수공업품이 모두 여기를 지나게 되었다. 그래서 상인이 운집하고 무
역이 번성하였던 것이다.[28] 정덕 당시 호서관은 관세를 징수하던 곳으
로, 명나라의 가장 중요한 세관이었다. 청대에는 이곳이 전국에서 가장
번화가 시진(市鎭)이 되었다.[29]

  이처럼 소주 출신 화가들은 강희제의 태평성대를 찬양하는 한편 자신

27) (嘉靖 『滸墅關志』 卷16 『藝文』 : "上接瓜埠,中通大江,下匯吳會巨浸,
    以入于海" http://baike.baidu.com/view/984819.htm 재인용
28) 道光 『滸墅關志』 卷11 『物產』 : "每日千百成群,凡四方商賈皆販于此,
    而賓旅過關者, 亦必買焉" http://baike.baidu.com/view/984819.htm 재인용
29) 道光 『滸墅關志』 文祥序: "商旅之淵藪, 澤梁之雄鉅" http://baike.baidu.com/
    view/984819.htm 재인용

들이 살고 있는 수려한 자연경관과 우아한 인문경관을 그림에 담았다.

이어서 그림 7 <無款南游道里圖卷>(蘇州府)를 보자. 이 그림 역시 물길이 도시를 둥글게 포위하고 휘감고 돌고 있는 경관을 묘사하였다. 그 물길을 따라 형성된 도시의 경관을 청록과 수묵을 교대로 사용하여 정적이며 그윽한 정취를 표현하였다. 배들은 정박한 채 움직이지 않으며, 사람들은 거의 보이지 않는다. 성 안과 밖의 건축물은 질서 정연하고 밀집되어 있고, 물길과 육로를 연결하는 다리와 거대한 성문이 도시의 '靜中動'을 대변하고 있다.

청 건륭제는 역시 강희제의 남순을 계승한다는 차원에서 6차례에 걸친 남순을 거행하고, 자신의 성전(盛典)을 널리 알리기 위해 건륭41년(1776) <乾隆南巡圖>30)를 그리도록 하였다. 건륭제는 이 그림이 완성되기 전에 왕명을 내려 고소(姑蘇, 소주) 지역의 번화한 모습을 그리도록 하였는데, 이것이 <고소번화도(姑蘇繁華圖)>31)이다. 이 그림의 본래 이름은 『성세자생도(盛世滋生圖)』이다. 건륭제 당시의 소주 지역의 '성세(盛世)'를 마음껏 찬양한 그림이다. 이 그림은 소주 출신 궁정화가 서양(徐揚, 1712~1777)이 청 건륭 황제의 1차 남순(건륭16년, 1751) 이후 왕명을 받고 제작하기 시작하였다. 이 그림은 건륭의 제2차 남순(건륭 22년, 1757) 2년 후인 건륭 24년(1759)에 완성되었다. 서양은 오현(吳縣) 사람으로 일찍이 당시 제작 중이던 『소주부지(蘇州府志)』에 들어갈 그림을 감수하는 작업에 참여한 바 있어 당시 소주의 지리와 풍토의 묘사에 매

---

30) 『乾隆南巡圖』 12권은 건륭41년(1776)에 완성한 것으로, 견본과 지본 두 종류가 있다. 견본은 이미 산일되고 부분만 고궁박물원에 보존되어 있다. 지본은 국가박물관에 소장되어 있다. 북경에서 항주까지 운하를 타고 남행하는 장면을 그린 것으로, 6천리 길에 있는 행궁 30여 곳, 수행하는 후비, 왕공, 문무백관, 호위병, 의장대열, 필마 6천여 필, 수레 수백 량, 차역(差役)이 만 명, 남행하는 천여 척의 배 등 순행의 대열을 그린 것이다.
31) 현재 중국 요녕성박물관에 소장되어 있다. 水墨設色 紙本 手卷, 36.5×1241㎝

우 익숙하였다. 그리는 그는 건륭의 2차 남순에 직접 참여를 하여 현장의
모습을 직접 취재하여 황제의 의도를 세밀하게 파악하고 있었다.[32]

이 그림의 말미에는 서양 자신이 쓴 款識이 쓰여 있다.

삼가 아뢰옵니다.

우리 조정의 밝은 통치가 시작되어 바야흐로 하은주 삼대를 능가하였
사옵니다. 통치 범위가 넓고 백성의 수가 많기로 역사의 유래를 찾을 수
없었사옵니다. 신은 요행히 흥성한 시대를 만나 태평성세를 묘사하여 〈성
세자생도(盛世滋生圖)〉1권을 주관하여 완성하였사옵니다. 이 그림은 영
암산(靈巖山)에서 시작하여, 목독진(木瀆鎭)에서 동쪽으로 횡산(橫山)
을 가로 질러 석호(石湖)를 넘었으며, 상방산(上方山)을 지나고, 태호(太
湖) 북쪽 언덕에서 사산(獅山)·화산(和山) 두산 사이를 끼고 고소성(姑
蘇城)으로 들어갔으며, 봉문(葑門)·반문(盤門)·서문(胥門) 3개의 문에서
창문(閶門)으로 빠져나와, 산당교(山塘橋)를 돌아 호구산(虎邱山)에서
마칩니다. 그 가운데에 있는 성과 연못은 험준하고, 관공서가 즐비하며,
산천은 수려하고, 어부와 나무꾼이 위아래로 오르내립니다. 농사짓고 벼
를 짜느라 분주하며, 장사꾼이 운집해 있고 가게가 비늘처럼 겹쳐져 늘어
져 있는 것이 동남 지역 제일의 도시입니다. 한편 봄에 술을 빚어 장수를
축원하며 노인 존경을 우선하고, 혼기에 맞추어 혼례를 치루며, 세 자루
촛불이 켜진 동자 과거 시험에서 인재를 선발하며, 만권의 책 향기 속에
학생은 스승에게 가르침을 받사옵니다. 농사꾼은 들녘에서 노래하고, 여
행자는 길 위에서 흥얼거리니, 그 화목하고 흐뭇한 풍경을 그림으로 이루
다 묘사할 수 없사옵니다. 우리 조정의 모든 위대한 성군이 서로 계승하
여 내리신 깊고 후덕한 은택이 백여 년 동안 백성들의 뼈 속까지 스며들
었사옵니다. 우리 황상께서 어가를 타고 다시 이곳에 행차하시어 상을 내
리시고 은택을 베푸시길 멈추지 않사오니, 이 땅의 백성은 감격하여 북 치
고 노래하며 행복해 하면서 서로 서로 열심히 일하도록 도우면서 모두 태
평성대의 선량한 백성이 되었으니, 어찌 우연이리오! 옛날 공자(孔子)가
위(衛)나라에 가서, 백성을 부유하게 한 뒤 교육을 시키려는 뜻이 간절하
였으나 미처 시행되지 못했지만, 오늘에 이르러 온전히 이룩되었으니, 위
대한 계획의 결과이옵니다. 황상께서는 백성을 위해 분주히 일하고 근심걱

---

32) 馬雅貞, 中介於地方與中央之間:『盛世滋生圖』的雙重性格, 國立臺灣
大學美術史研究集刊, 24집, 2008.3

정을 하시며, 게다가 백성을 자신의 상처처럼 보살피는 마음을 잠시라도
놓지 않는 것이, 안전과 풍요를 유지하고 영원히 태평하고 복된 은혜를 누
리는 원인이 되었사옵니다. 신 집사내정(執事內庭)이 보고 느낀 것을 가지
고 어찌 폐하의 빛나는 통치의 만분의 일이나 묘사할 수 있었겠사옵니까!
  그림은 건륭 을묘 9월에 완성하였습니다. 신 서양(徐揚) 삼가 기록하
옵니다.33)

  이상의 기록과 같이 서양은 건륭 당시 소주의 산천과 도시, 시진, 저자
거리, 점포, 사람 등이 모두 묘사되었다. 붉은 매화가 산천에 피어 있는
봄날 화가의 걸음걸이에 따라 경치는 바뀌고 있다('移步換景') 화가는
영암산(靈巖山) → 목독진(木瀆鎭) → 횡산(橫山) → 석호(石湖) →
상방산(上方山) → 태호(太湖) → 사산(獅山)·화산(和山) → 고소성
(姑蘇城) → 봉문(葑門) → 반문(盤門) → 서문(胥門) → 창문(閶門)
→ 산당교(山塘橋) → 호구산(虎邱山)으로 발걸음을 옮겼다. 화가는
소주 사람 12,000명, 건축물 2140 여 동, 50개의 교량, 여객과 화물선
400여 척, 점포 간판이 200 개를 묘사하였다.

---

33) 徐揚 <盛世滋生圖><款識>
  欽惟 我國家治化昌明, 超軼三代. 輻員之廣, 生齒之繁, 亘古未有. 臣幸
  遭逢之盛, 圖寫太平爲盛世滋生圖一卷, 臣執藝所有事也. 其圖靈巖山起,
  由木瀆鎭東行, 過橫山, 渡石湖, 歷上方山. 從太湖北岸·介獅·和兩山間
  入姑蘇郡城, 自葑·盤·胥三門出閶門外, 轉山塘橋, 至虎邱山止.其間城池
  之峻險, 廨署之森羅, 山川之秀麗, 以及漁樵上下, 耕織紛紜, 商賈雲屯,
  市廛鱗列, 爲東南一都會. 至若春樽獻壽, 尙齒爲先, 嫁娶朱陳, 及時成
  禮. 三條燭燄, 或掄才於童子之場;萬卷書香,或受業於先生之席. 耕者歌
  於野, 行者咏於塗. 熙皞之風, 丹靑不能盡寫. 要皆自我朝聖聖相承, 深
  仁厚澤, 淪浹於百有餘年之久. 我皇上鑾輿再幸, 行慶施惠, 有加無已. 斯
  地斯民, 故能感激鼓舞, 樂樂利利, 交相勸勉, 共爲盛世之良民, 豈偶然
  哉! 昔孔子適衛, 惓惓於富敎之謨而未之行焉, 至今日而全盛矣, 大備矣.
  皇上霄旰憂勞, 猶且視民如傷, 無時少釋, 所以保泰持盈, 永太平福澤於
  無疆者. 臣執事內庭, 能不益加觀感, 以摹寫帝治光昌於萬一乎! 圖成於
  乾隆乙卯九月, 臣徐揚敬跋. 臣揚(朱文聯珠方印)

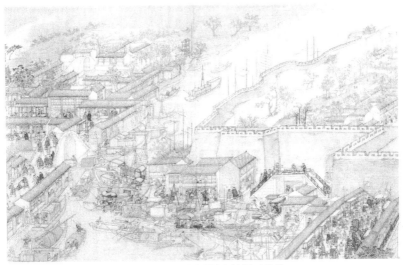

그림 8 盛世滋生圖(山塘橋 부분)

　화가는 山(영암산)에서 출발하여 山(호구산)에서 구경을 마치지만, 그 사이 다리를 건너고 성문을 지난다. 영암산 아래 농부는 초봄의 농사 준비에 여념이 없고, 혼례 준비, 지붕의 기와 교체 작업, 아낙네의 물질로 바쁘다. 서당과 누각에서는 선비들의 고담준론이 한창이다.

　목독진은 소주와 태호(太湖) 운하 수로의 요충지이고, 오현(吳縣)의 제1진(鎭)으로 인구밀도가 매우 높은 곳이다. 길을 따라 잡화·糕點·糧油·綢緞布莊·米行·錢莊·當舖·食肆 등이 호황을 누리고 있다. 건물의 2층에는 대중음식점이 있고, 물가에는 고급 음식점이 있는 것으로 보아 고객의 상업적 차별이 이미 사회 깊이 침투하였음 알 수 있다. '太史餠'·狀元糕·玉露霜·桂花露·乳酪酥 등 전문 糕點店이 영업을 하는 것으로 보아 소비자의 다양한 기호에 따라 업종의 분업화도 상당히 진행되었음을 알 수 있다. 목독은 오현에 설치한 5개의 사창(社倉) 중의 하나가 있는 곳으로, 쌀을 거두어 창고에 저장했다가 기근에 대비하던 지방 재난구조기구이다. 곡식 창고에 붙은 방화(防火)·방도(防盜) 표어로 보아 창고가 가득 찼다는 의미이고 창고가 가득 찼다는 것은 사회의 풍요와 태평을 간접적으로 시사하고 있다.

목독진을 지나 석호(石湖)에 접어들면 횡당고도(橫塘古渡)가 있다. 이 부두에는 드나드는 수많은 어선과 화물선이 운집하고, 물길을 감시하고 통제하는 신방(汛防) 기지가 있다. 이것은 소주의 수리 관리 시스템으로, 명청대 소주 지역의 수리가 얼마나 중요했는지 짐작케 한다. 건륭이 남순을 통해 친히 운하의 공정을 직적 감독하고 민정을 시찰하려는 목적도 여기에 있었다.

화가는 서강(胥江)을 따라 고소성 서남쪽 대추시장(棗市街)에 이르렀다. 이곳은 대운하로 접어드는 교통의 요충지이다. 길을 따라 양쪽으로 船行·米行·客寓·錢莊·食肆·雜坊들이 즐비하며, 회서교(懷胥橋) 옆으로 신발과 모자를 전문으로 파는 '삼진재(三進齋)' 분점이 있고, 다리 좌측 언덕에 즐비한 상점 사이에 '香水浴堂'이라는 간판의 목욕탕이 보인다. 반문에서 서문에 이르는 이곳이 소주의 외성하(外城河)에서 가장 번화한 곳이다. 마두(碼頭)에는 수많은 배가 밀집되어 있고, 가게와 점포가 연결되어 있다. 서문 밖 만년교(萬年橋)에서 창문(閶門)으로 이어지는 시가지를 남호(南濠)라고 하는데, 소주에서 가장 번화한 상업 지대이다. 이 거리에는 전문 직종이 밀집되어 있는데 그림 속의 '半截街'는 소주 상업의 핵심인 방직품 전문 상점이다. 상점에 붙어있는 남색 바탕의 천에 '本號揀選'·'漢府八絲'·'粧蟒大緞'·'宮紬繭綢'·'嗶吱羽毛'라고 쓴 광고가 보인다. 2층의 큰 점포는 방직물을 생산하고 이를 구매·무역하는 '장방(賑房)'이다. 그리고 생산자와 소비자를 중개하는 거간(居間)인 경기(經紀)·아항(牙行)이 방직물·농부산품·잡화 물류를 취급하는 전문점이 있다. 물건을 쌓아놓지 않고 점원만 앉아 있고, '公平交易'이라고 쓴 점포에서는 거간 무역이 성행하였다.[34]

그림 9 盛世滋生圖(호구산 부분)

창문 옆으로 2층 누각 형태의 대점포 옆으로 소점포가 밀집되어 있다. 예를 들면 '顔料'·'紬行'·'崇明大布'·'松江加長扣布'·'毛巾老行'·震澤紬行·金銀首飾·'錢莊'·'麵館'·'酒行'·'藥行'·'船行' 등이 영업을 하고 있으며, 성 옆 길가에는 줄타기 잡기를 구경하는 사람으로 입추의 여지가 없다. 창문의 우측은 북마두(北碼頭)로서 오하(五河)가 교차하는 곳이다. 그 중에서 산당하(山塘河)가 가장 번성하였는데, 산당교 건너편에는 선박이 밀집되어 있고 물가 길 위에는 '銅器'를 파는 가게와 그 모퉁이로 점을 치는 '相神'이 보인다. 산당교 양 옆 언덕에는 건축 자재와 잡화 산동(山東) 면직을 파는 점포가 연이어 있고, 그 뒤쪽으로 마을의 노인들이 '尙齒會' 잔치를 개최하고 있다.

사람들의 얼굴 표정은 평화롭고 즐거움으로 가득 차 있다. 분주하게 움직이는 상인의 모습, 닻을 올리고 배로 젖거나 물건을 나르는 사람, 물

---

34) 『姑蘇繁華圖』: 淸代蘇州城市文化繁榮的寫照, 范金民, 江海學刊 제5기, 2003.

건을 사기 위해 저자 거리로 나온 사람, 관상을 보거나 줄타기 구경하는
사람, 책을 읽거나 경관을 감상하는 사람, 손님을 맞이하는 관리, 잔치음
식을 나르는 사람, 주점에 앉아 음주를 즐기는 사람, 분재를 바라보며 바
깥 경치를 구경하는 사람, 난전에서 물건을 사고파는 사람, 무희를 불러
평탄(評彈)을 즐기는 사람, 혼례 행렬을 가득 메운 사람 등 그림 속의 소
주 사람들은 분망한 속에 한가롭고, 움직임 속에 고요하다.

　이상에서 오문화파, 그리고 궁정화가와 민간화가가 묘사한 소주 지역
물길에 대하여 알아보았다. 모두 18세기 물길을 따라 이루어진 소주의
경제적 번영과 풍요로움을 유감없이 묘사되어 있다. 당시 소주 지역의
물길 따라 이어진 시진과 도시, 풍속과 농상업의 정황이 여실히 반영되
었다. 그림 속에는 경제적 번영뿐만 아니라 "노인 존경을 우선"으로 하
고, "혼기에 맞추어 혼례를 치루며", "동자 과거 시험에서 인재를 선발하
며, 만권의 책 향기 속에 학생은 스승에게 가르침을 받는" 선량(善良)들
의 고매한 문화에 대한 自豪心도 담겨있다.
　이처럼 소주 물길의 표현은, 바로 명청 시대 강남 문예부흥의 재현임
을 알 수 있다.

Ⅳ. 마무리

　이상에서 명청대 소주 지역의 문예부흥의 표상으로 소주 지역의 수장
가들의 문화 후원 활동, 그리고 물길에 대한 시각적 재현으로 나누어 설
명하였다.
　소주 지역은 16세기 중엽 이후부터 사회 계층의 근본적인 변화에 따
라 상인이 부상하고, 사대부와의 계층간의 구별이 모호해졌다. 지주출신

사대부는 수장가이면서 문화향유자로서 예술가를 후원하였고, 물길에
의해 형성된 시진을 통해 상업 자본이 축적되었고, 상인들은 축적한 부
를 문화 활동에 투자하여 문예부흥을 촉진시켰다.

   명청대 소주 지역의 오문화파 및 궁정화가와 민간화들은 자신들의 삶
의 공간을 직접 밟으며 경제적으로 번성한 도시 경관을 사실적으로 화폭
에 담았고 새로운 실경의 세계를 열었다. 그들은 소주의 '繁華'함을 통
해 황제의 '盛世'를 찬양하면서도 자신의 공간에서 이룩한 높은 문화적
자의식을 교묘하게 묘사하였다.

參考文獻

李華, 從徐揚盛世滋生圖看淸代前期蘇州工商業繁榮, 『文物』 제1기, 1960.

王宏鈞, 蘇州的歷史和乾隆盛世滋生圖卷, 『中國歷史博物館館刊』 제9기, 1986.

彭一剛, 『古典園林分析』, 中國建築工業出版社, 1986

秉琨, 淸徐揚姑蘇繁華圖介紹與欣賞, 『姑蘇繁華圖』, 香港商務印書館, 1988.

張繼馨等著, 『吳門畵派的繪畵藝術』, 北京燕山出版社, 2000.

권석환 등 저, 『중국문화답사기:오월지역의 수향을 찾아서』 1, 다락원, 2002.

范金民, 『姑蘇繁華圖』: 淸代蘇州城市文化繁榮的寫照, 江海學刊 제5기, 2003.

李琰, 蘇州古運河景觀文化探微, 蘇州大學碩士學位論文, 2007.

馬雅貞, 中介於地方與中央之間:『盛世滋生圖』的雙重性格, 國立臺灣大學 美術史研究集刊, 24집, 2008.3.

尹光華, 仇英<赤壁圖>卷簡考, 美術之友, 2008.1기.

常德强, <沈周『沈莊圖』的審美意蘊>, 南通大學學報 第24卷 第3期, 2008.5.

權錫煥, 『중국의 강남예술가와 그 페트론들』, 이담, 2009.

蘇州市地方志編纂委員會, 『蘇州市志』, 江蘇人民出版社.

鄧民亮, 解構 『姑蘇繁華』, 還原 『盛世滋生』, 『繁華都市(The Prosperous Cities),遼寧省博物館藏畵展』 香港美術館, 2009.

張錯, 吳門畵派與園林畵册－沈周 『東莊圖册』 與文徵明的 『拙政園圖册』 國立故宮博物第二十八卷/第三期, 2010.

고대 동아시아의 칠석문학에 나타난 漢水의 수용과 의미*

이 상 준**

I. 중국의 江淮河漢

물이 흐르는 강은 인간을 비롯한 모든 생명체의 젖줄이다. 물이 없으면, 생명이 생존할 수 없을 뿐만 아니라, 문명도 존재할 수 없다. 강을 중심으로 고대 인류의 문명이 발상했기 때문에, 인류의 문명과 역사는 물과 함께 시작되었다고 할 수 있을 것이다. 중국의 수많은 강 중에 독류입해(獨流入海)하는 4대강을 가리키는 말로 양쯔강(揚子江)·지수이강(濟水)·황허강(黃河)·화이허강(淮水)을 사독(四瀆)이라고 한다. 5악(五岳: 쑹산·타이산·첸산·화산·헝산)과 함께 신앙의 대상이 되었다. 瀆이란, 수원에서 직접 바다에 흘러드는 독립된 하천을 말한다[1]. 국가에서 해마

---

 * 이 논문은 제42회 동아시아 고대학회 학술발표대회(2010. 12. 3. 인하대학교 5호관 남 025호 강당)에서 발표한 논문을 보완 수정한 것임.
** 인천대학교 일어일문학과 교수. 일본고전문학전공.
 1) 瀆은 중국의 구탁(垢濁:더러운 것들)을 씻어 내린다 해서, 溝라고도 한다.

다 제사를 지냈다.

하(夏)나라의 우왕(禹王)은 4대강을 다스렸다고 하며, 이들 강을 신으로 모시고 5악과 함께 제사지낸 것은 BC 61년부터이다. 강마다 특정장소에 묘(廟)를 짓고, 해마다 정기적으로 제사를 지냈는데, 특히 동군 임읍현(東郡臨邑縣:지금의 山東省 聊城縣 동쪽)의 제묘(濟廟)는 지수이강이 황허강·화이허강·양쯔강에 두루 통하는 데서 사독사(四瀆祠)라 일컬어진다.

당(唐)나라 때는 다화이[大淮]를 동독(東瀆)이라 불렀고 다장[大江]은 남독(南瀆), 다허[大河]는 서독(西瀆), 다지[大濟]는 북독(北瀆)이라 불렀다. 사독의 제사는 역대 관부(官府)에 의해 계승되었으며, 청(淸)나라 때까지 계속되었다. 또 공영달(孔穎達)의 『오경정의(五經正義)』의 우공(禹貢)에 관한 부분에서는 지수이강 대신에 한수이강(漢水)을 넣어 사독이라고 하여, 江淮河漢이라는 용어를 사용하게 되었다.

우리나라에도 영향을 받아서, 사독은 시대에 따라 달라졌는데, 조선시대의 경우는 동독(東瀆)인 낙동강(洛東江), 남독(南瀆)인 한강(漢江), 서독(西瀆)인 대동강(大同江), 북독(北瀆)인 용흥강(龍興江)의 네 강에서 제사를 지냈다.

Ⅱ. 漢水와 銀河水

본 논문에서는 중국의 江淮河漢 중에서 유독 「漢水」가 동북아의 고대칠석문화에서 공유되고 있는 배경과 그 시대적 변천과정 그리고 고대 중국·한국·일본의 칠석문화에 나타난 특성 등을 고찰해 보고자 한다.

장강의 최대 지류인 漢水는 어떠한 강인가? 한수는 瀧西(甘肅省)의 嶓塚山에서 발원해서, 湖北省 武昌에서 揚子江으로 흘러들어간다.

尙書禹貢「嶓冢道漾, 東流爲漢」을 비롯해, 淮南子에「漢出嶓塚」
으로 되어 있고, 또 水經注에도,「漾水出隴西氐道縣嶓塚山, 東至
武都沮縣, 爲漾水」라고 보인다. 중국의 江淮河漢 등의 저명한 河川
중에, 북에서 남으로 흐르는 하천은 漢水뿐이고, 그것이 하늘의 은하수
의 방향과 거의 일치하고, 그 때문에 은하수(milky way)를 「天漢(天河·
銀漢·星漢·雲漢 등)이라고 하게 되었다.[2] 이러한 인식은 하늘과 땅을
동일시하는 상응의 원리[3]에 기인하는 것이다.

* 南有喬木, 不可休息, <u>漢有游女</u>, 不可求思, 漢之廣矣, 不可泳思, 江之永矣,
　不可方思
- 毛詩 國風周南의 漢廣

* 漢詩曰, <u>漢有游女</u>, 不可求思, 薛君曰, <u>游女漢神也</u>, 言, 漢神時見, 不可求而
　得之, 列女傳曰, 游女漢水神, <u>鄭大夫交甫於漢皐見之</u>, 聘之橘柚, 張衛南都
　賦曰, 游女弄珠於漢皐之曲
- 文選琴賦 李善注

　상기의 毛詩 國風周南의 漢廣와 文選琴賦를 종합해서 고찰해 보
면, 이미 漢水에는 강의 신을 모시는 游女가 있고, 그녀를 흠모하거나
사랑하는 사나이들이 모여들어, 이 漢水 주변에는 남녀의 情詩랑 傳說
이 있었던[4] 것을 추정할 수 있다.

　또한, 漢水를 중심으로 하는 강남 일대는 직녀들이 견직물을 짜는 견
직물 공장이 많았던 곳이기 때문에, 漢水를 사이에 두고 직녀들과 그녀
들을 사랑하는 사나이들 간의 로맨스가 있었던 것으로 추정할 수 있는

2) 出石城諧,「七夕の由來」『支那上代思想史研究』, 東京, 藤井書店, 1943.
3) 田寬秀,『朱蒙神話의 古代天文學的研究』, 서울, 연세대학교 출판부, 2010,
　40쪽.「하늘과 땅을 동일시하는 相應의 원리가 별자리에만 적용되는 것이 아니
　라 은하수에도 그대로 적용되었다.」
4) 小島憲之,『上代日本文學と中國文學(中)』, 東京, 塙書房 1988, 1123쪽.

것이다.

즉, 하늘과 땅을 동일시하는 상응의 원리에 입각하여, 은하수를 「하늘 (天)의 漢水」라는 의미로, 「天漢」라고 쓰게 되었다. 또한, 하늘에서 별 (星)이 빛나는 강의 의미를 지닌 「星漢」과 구름(雲)처럼 흰 하늘의 강 이라는 의미를 지닌 「雲漢」 등으로도 사용기도 하였다. 지상의 漢水를 사이에 두고 만나기 어려운 남녀의 사랑 이야기를 천상의 「天漢」에 있 는 직녀성을 중심으로 별들의 사랑 이야기로 승화한 것이 칠석전설이라 고 할 수 있을 것이다. 이것은 환언하면, 지상에 있는 漢水라고 하는 이 름이 천상으로 운반되어, 은하수가 「天에 있는 漢(水)」 즉 「天漢」이 된 것은, 「天漢」에 있어서의 男女星의 사랑 전설로 태어나게 된 것을 의미한다.

Ⅲ. 중국의 칠석문학에서의 한수

칠석과 관련된 最古의 자료는 다음의 『詩經』 小雅에 전하는 「大東」 라는 노래다.

維天有漢 監亦有光	하늘에는 은하수 밝게 빛나고
跂彼織女 終日七襄	삼각형으로 늘어선 저 직녀성 하루에도 일곱 번 베틀에 오른다
雖則七襄 不成報章	일곱 번 베틀에 올라도 비단 천 한 조각 짜지 못하고
睆彼牽牛 不以服箱	반짝이는 저 견우성, 수레 한 번 못 끈다

이 노래에서 天漢은 은하수를, 직녀와 견우는 하늘의 별자리를 가리 킨다. 즉, 직녀는 은하수 동쪽 주변에 있는 직녀성으로 거문고자리(Lyra) 가운데 하나인 베가성(Wega星)이고, 견우도 견우성으로 은하수 서쪽 있

는 독수리자리(Aquila) 가운데 하나인 알테르성(Altair星)을 말한다. 그러
므로, 이 노래는 당시 東人의 착취에 시달리는 西人을 하늘의 직녀와
견우도 외면한다고 하는 것을 노래하고 있다.

이 노래에는 직녀성과 견우성이 등장한다. 즉 직녀는 직녀성을 의미하
고, 길쌈을 하는 인간의 모습으로 의인화되어 있다. 하지만, 견우는 견우
성을 의미하지만, 아직 수레를 끄는 소에 불과하다. 은하수를 하늘에 있
는 漢水라 하여 「維天有漢」이라 하고 있지만, 지상에 있는 직녀와 견
우의 사랑 이야기가 천상의 직녀성과 견우성의 사랑 이야기로 승화하였
다고는 아직 이야기할 수 있는 단계가 아니다. 그러므로, 견우성과 직녀
성의 사랑이 이야기보다는 은하수를 하늘에 있는 한수라고 하는 인식이
선행되고 있음을 알 수 있다.

중국 湖北省 雲夢 睡虎地에서 출토된『日書』에 의하면, 견우가 직
녀를 부인으로 맞이하는[5] 기록이 있다. 이『日書』는 秦代의 사료이기
때문에, 秦代에는 이미 견우가 인간화되어, 견우와 직녀가 부부가 되는[6]
이야기가 있었던 것을 알 수 있다.

『文選』卷 二十九에 전하는 「古詩 19首」중 第十首에서는 다음
과 같이 노래하고 있다.

迢迢牽牛星 皎皎河漢女	저 멀리 견우성이 있고, 이쪽에는 직녀가 빛난다
纖纖擢素手 札札弄機杼	하얀 섬섬옥수로 베를 짜지만
終日不成章 泣涕零如雨	온 종일 베는 완성 못한 채 눈물만 비 오듯 내린다
河漢淸且淺 相云詎幾許	은하수 맑고 얕으며, 거리인들

---

5) 吳小强,『秦簡日書集釋』, 岳麓書社, 2000, 113쪽.「戊申 乙酉 牽牛以取
　 織女 不果, 戊申 乙酉 牽牛以取織女而不果 不出三年」
6) 서영대, 「중국의 칠석 문화」『인문연구』제35집 인하대학교 인문과학 연구소
　 2005, 125쪽.

盈盈一水間 脈脈不得語
　　　　　　　　얼마나 되랴
　　　　　　　　허나 한줄기 강물이 넘실대어
　　　　　　　　말조차 나누지 못하네

　상기의 古詩에서는 직녀와 견우는 만나고 싶어도 만날 수 없고, 강폭도 그리 크지 않은 맑고 얕은 은하수를 사이에 두고 말없이 서로 바라만 보는 이별의 고통을 겪고 있다고 노래하고 있다. 은하수인 「河漢」은 강폭이 커지도 깊지도 않은, 물이 넘실대는 맑고 얕은 강이다. 하지만, 견우와 직녀는 은하수를 충분히 渡河할 수 있는데도, 도하하지 못하고 서로 바라만 보고 있는 고통을 겪고 있다. 그 연유는 노동에 시달려서일까, 아니면 天帝의 금지령 때문일까? 이 古詩로만은 알 수 없다. 이야기는 점점 확대 재생산되어 비련의 이야기로 발전하고 있지만, 아직 견우와 직녀가 만나는 상봉의 이야기로까지는 나아가지 못하고 있다. 이 古詩는 後漢 末의 자료기 때문에, 이때까지는 상봉의 칠석이야기가 형성되지 않은 것을 알 수 있다.

　陸士衡의 擬古詩「擬迢迢牽牛星」(『文選』)에서는 다음과 같이 노래하고 있다.

昭昭淸漢暉 粲粲光天步 牽牛西北廻 織女南東顧
華容一何冶 揮手如振素 怨彼河無梁 悲此年歲暮
跂彼無良緣 晥焉不得度 引領望大川 雙涕如霑露[7]

　상기의 擬古詩에서는 은하수를 「漢」이라 하지만, 古詩에서처럼 은하수는 맑고 얕은 강이 아니라, 넓고 큰 강(大川)으로 변해 있고, 그 강에 건너갈 다리가 없어 서로 바라만 보고 있다고 하는 비련의 이야기로

---

7) 陸士衡의 擬古詩「擬迢迢牽牛星」(『文選』)「청명한 은하수는 밝게 빛나고 하늘을 거니는 별은 찬란하네 견우성은 서북으로 돌고, 직녀성은 동남에서 견우를 바라보네 화려한 직녀는 아름답기 그지없고 손 흔드는 모습은 비단옷자락 흔드는 것 같네 … (후략) …」

발전되고, 두별의 만남의 모티브인 다리를 제공하고 있는[8] 것이다.

삼국시대의 자료인 曹植(AD 192~232)의 「九詠注」에 「견우는 남편이고, 직녀는 아내다. 견우성과 직녀성은 河鼓星 옆에 있는데, 7월 7일에 한 차례 만날 수 있다[9].」라고 하는 기록을 보면, 견우와 직녀는 결혼해서 부부고, 어떠한 연유로 헤어져서 7월 7일에 한 번 만나는 이야기로 발전하고 있다.

이러한 것을 노래한 것이 왕감(王鑒: AD 277~322)의 「七夕觀 織女一首」(『玉臺新詠』)다. 「牽牛悲殊館 織女悼離家 一稔期一宵 此期良可嘉 … 隱隱驅千乘 闐闐越星河 六龍奮瑤絆 …」에서는 견우와 직녀성이 일 년에 단 한 번 칠석에 만나고, 서로 만나기 위해 직녀가 은하수인 「星河」를 「千乘」이라고 하는 화려한 마차를 타고 은하수를 건너가서 邂逅한다고 하는 會合의 이야기로 발전하고 있는 것이다. 謝惠連(AD397~433)의 「七月七日夜, 詠牛女」(『文選』)인 「… 雲漢有靈匹 彌年闕相從 … 沃若靈駕旋 …」는 넓은 은하수를 직녀가 「靈駕」를 몰고 화려하게 건너가 만나는 會合의 이야기이지만, 은하수를 「雲漢」이라고 노래하고 있다.

중국의 칠석시가에서는 은하수를 漢水와 직접 관련시켜서, 「天漢과河漢」이라고 하지만, 이외에도 「星漢, 銀漢, 雲漢」이라고 표현이 있다. 이 역시 漢水와 관련 있는 표현이다. 하지만, 漢水와는 연계할 수 없는

---

8) 李相俊, 「고대 동아시아의 칠석문화연구 – 칠석전설의 생성과 변천 그리고 향유를 중심으로 – 」, 『日語日文學硏究』 第65輯 2卷 日本文學·日本學篇 2008년. 296쪽 『白氏六帖』에서 淮南子(BC122)의 「烏鵲塡河成橋 度織女以會牽牛(까마귀 무리가 은하수를 메워 다리처럼 늘어 앉아 직녀를 맞은 편 해안으로 건너게 해서 견우를 만난다)」라고 전하고 있기 때문에, 前漢時代에 직녀가 은하수에 다리를 놓아 건너가서 견우를 만난다고 하는 전설이 성립된다고 할 수 있지만, 현존하는 淮南子에는 이 문구가 없기 때문에 신뢰성이 의문이다.
9) 『文選』 卷十九 『洛神賦』에 대한 李善注 899쪽. 「曹植九詠註曰, 牽牛爲夫, 織女爲婦, 織女牽牛之星各處河鼓之傍, 七月七日乃得一會.」

「天河」라고 하는 표현도 있다. 이것은 하늘에 있는 黃河라고 하는 의미이기 때문에, 黃河와 연계해서 은하수를 「天河」로 한 것이기 때문에, 은하수는 漢水에서 黃河로 확대 재생산된 것으로 여길 수 있는 것이다.

칠석전설을 전하는 最古의 서책인 6세기의 『荊楚歲時記』(梁나라, 宗懍, 502-556)에도 「天河[10]」로 되어 있다. 이것은 칠석전설의 배경을 이미 漢水에서 黃河로, 悲戀의 이야기가 會合의 이야기로 확대 재생산한 것을 의미하는 것이다.

중국의 칠석시가에서는 견우와 직녀가 만나기 위해서, 은하수에 다리(橋)를 놓아 도하하는 것이 특징이다. 즉 신뢰성은 의문이지만, 前漢時代에 이미 직녀가 은하수의 烏鵲橋를 건너서 직녀를 만나고, 後漢時代에 접어들어서는 은하수의 다리를 이용하여 「千乘, 靈駕, 龍馬」 등으로 화려하게 도하하는 모습을 노래하고 있다.

Ⅳ. 한국의 칠석문학에서의 한수

고대 우리나라에서 칠석을 알 수 있는 자료로서는 고구려의 고분벽화 중에서 영락 八(408)年에 축조된 덕흥리 고분벽화와 5세기 중엽으로 비정되는 대안리 1호 고분벽화를 들 수 있다. 전자는 좁다란 은하수를 사이에 두고 견우와 직녀가 헤어지는 장면의 그림이고, 직녀는 개와 함께 은하수 동안에서 견우를 배웅하고, 견우는 소를 몰고 은하수를 떠나가고 있는 장면이다. 후자는 직녀가 물결이 넘실되는 은하수 가에 설치된 직기에 올라가 직조하는 장면이다. 이들 벽화는 6세기의 『형초세시기』가

---

10) 天河之東有織女 天帝之子也 年年機峻勞役 織成雲錦天衣 天帝哀其
   獨處 許配河西牽牛郎 牽牛之婦 婿嫁後竟廢女工 天帝怒責 命歸河東
   惟每年七月七日夜渡河一會

고구려에 수입되기 전의 그림이고, 좁다란 은하수를 사이에 두고 이별하
는 장면이기 때문에, 은하수를 사이에 두고 바라보다가 서로 헤어지는
비련의 칠석 이야기를 모티브로 그린 벽화로 추정할 수 있는 것이다. 그
림이기 때문에 이때 은하수를 어떻게 표현한 것인지는 알 수 없지만, 「天
漢과 河漢」와 유사하지 않을까 하는 것이다.

  5세기 벽두에 칠석전설이 전해 졌음에도 불구하고, 고시가에서는 칠석
에 관한 작품은 차아보기 힘들고, 고려 중기 이후의 칠석관련의 작품에
는 한시11)와 조선의 시조 작품12)이 있다. 이들 작품 중에서 은하수를 대
다수 「銀漢」으로 표기하고 있는 것을 발견할 수 있으며, 시조에서는 「烏
鵲橋」를 소재한 칠석관련 시조가 많다. 중국에서는 지상의 까막까치가
은하수로 날아가 만든 「烏鵲橋」를 이용하여 직녀가 은하수를 도하하지
만, 한국의 시조에서는 견우가 오작교를 도하하는 것으로 노래하고 있다.

V. 일본의 칠석문화에서의 한수

  고대 일본에서는 일본의 현실과는 맞지 않은 중국 칠석시의 詩語와
내용까지 그대로 모방한 칠석시 6수가 『懷風藻』에 전하고 있다. 그러나,
白鳳時代와 奈良時代를 거치면서 일본화(和風화)된 칠석가가 『萬葉
集』에 130여 수 전하고 있다. 이러한 사실에 의하며, 칠석전설이 외래의
이국적인 전설이기는 하지만, 그 시대에 이미 칠석서정이 그들에게 수용
되어 일반화된 것으로 이해할 수 있는 것이다. 그럼, 그들은 한수의 천상
화인 은하수를 어떻게 인식하며 노래로 형상화하였을까 하는 것이다.

---

11) 이인로의 七夕雨, 이제현의 칠석, 李穀의 七夕小酌, 松江鄭澈의 次廣寒樓
    韻, 이옥봉의 칠석, 김삼선당의 칠월칠석, 정일헌의 칠석 등이 전한다.
12)『海東歌謠』『甁窩歌曲集』『槿花樂譜』『靑丘歌謠』의 칠석관련 시조작품.

1. 인과적인 이야기에서 숙명적인 이야기로

七夕

10/1996 天漢水さへに照る舟泊てて舟なる人は妹と見えきや
　　　　은하수의 물도 비칠 만큼 아름다운 배를 정박한 뱃사람은 직
　　　　녀 눈에 띄었을까?

10/1997 久方の天漢原にぬえ鳥のうら歎げましつすべなきまでに
　　　　(히사카타노) 은하수 강바닥에 호랑지빠귀처럼 남몰래 탄식
　　　　하고 계셨다 딱할 만큼

10/2000 天漢安の渡りに舟浮けて秋立つ待つと妹に告げこそ
　　　　은하수인 야스노 나루터에 배를 띄우고 가을이 오길 기다리고
　　　　있다고 아내에게 고해 주면 좋겠다

10/2002 八千鉾の神の御代よりともし妻人知りにけり継ぎてし思へば
　　　　야치호코 神代부터 자주 만날 수 없는 아내를 남들이 알아버
　　　　렸다 그리워 계속 생각하니

10/2005 天地と別れし時ゆ己が妻しかぞ年にある秋待つ我れは
　　　　하늘과 땅이 갈라진 태초부터 내 아내는 1년에 한번 만날 뿐
　　　　이다.
　　　　가을이 오길 기다리는 나는

10/2007 ひさかたの天つしると水無し川隔てて置きし神代し恨めし
　　　　(히사카타노) 하늘의 (도하금지) 표식인 복류천을 사이에 둔
　　　　신대가 원망스럽다

10/2033 天漢安の川原定而神競者磨待無
　　　　은하수인 야스노 강의 바닥이 드러난 강변[13]에 …
　　　　此歌一首庚辰年作之, 右柿本朝臣人麻呂之歌集出

　상기의 대부분의 七夕歌에서는 은하수를 「天漢[14]」이라고 쓰고 「아

---

13) 『日本書紀』神代上 第七段의 「天照大神이 놀라 북에 몸을 다쳤다. 이 때
　　문에 노하여, 天石窟에 가서 돌문을 닫고 숨어 버렸다. 그래서 세상이 항상 어
　　둡고, 밤낮이 바뀌는 것을 몰랐다. 이때 여러 神이 天安河邊에 모여 빌 바법을
　　논의했다.」
14) 고대일본의 칠석가에서는 은하수를 대부분 「天漢」으로 표기하고 있지만, 이 외

마노 가와」로 읽고 있다. 10/2007歌에서는 견우성과 직녀성이 은하수를 함부로 도하하는 것을 금지하는 標識이라는 의미로 「天印(아마노 시루시)」라고 노래하고 있다. 이러한 인식은 어제부터 형성된 것으로 노래하고 있는 것인가?

10/2000歌와 10/2007歌, 그리고 10/2033歌 등에서는 외래전설인 칠석전설이 일본의 고대신화와 융합하고 있는 것이다. 즉, 10/2007歌의 「신대가 원망스럽다(神代し 恨めし)」라고 하는 시적서정은 칠석전설이 중국의 전설과 같이 天帝의 노여움에 의해 은하수를 마음대로 도하할 수 없는 것이 아니라, 일본의 神代인 태초부터 존재했던 숙명적인 것으로 인식하고 있는 것을 엿볼 수 있는 것이다. 이러한 인식을 계승·발전하여 마노 우에노 오쿠라(山上憶良)는 「하늘과 땅이 갈라졌을 때부터」라고, 오토모노 야카모치(大半家持)도 「아마테라스 오미카미의 신대부터」라고, 다음과 같이 노래하고 있다.

08/1520 彥星は 織女と 天地の 別れし時ゆ いなうしろ 川に向き立ち 思ふそら 安けなくに 嘆くそら 安けなくに 青波に 望みは絶えぬ 白雲に 涙は盡きぬ かくのみや 息づき居らむ かくのみや 戀ひつつあらむ さ丹塗りの 小舟もがも 玉卷きの 眞櫂もがも [一云][小棹もがも]

朝なぎに い搔き渡り 夕潮に [一云][夕にも] い漕ぎ渡り 久方の 天の川原に 天飛ぶや 領巾片敷き 眞玉手の 玉手さし交へ あまた夜も 寐ねてしかも [一云][寐もさ寐てしか] 秋にあらずとも [一云][秋待たずとも]

견우는 직녀와 하늘과 땅이 갈라졌을 때부터 (이나무시로) 은하수에 마주보고 서서 사모하는 가슴 속도 편치 않고 탄식하는 가슴 속도 괴로워 어쩔 수 없는데 푸른 파도에 아무것도 보이지 않게 되었다 희 구름에 가리어 눈물도 말랐다 이렇게 탄식만 하고 있을소냐 이렇게 사모하고만 있을소냐 붉게 칠한 배가 없는 것인가 옥을 아로새긴 노가 없는 것인가 (또

에도 「漢(8/1519歌), 天河(8/1518歌), 10/2019歌, 10/2058歌, 10/2059歌, 天川(10/2030歌), 一字一音 표기식의 安麻能我波(18/4127歌)」라고 표기한 칠석가도 있다.

는 삿대가 없는 것인가) 아침 뜸에 물을 휘저어 건너고 저녁 마노에 (또
는 저녁에도) 노 hdh 건너고 (히사카타노) 은하수 가에 (하늘에 펄럭이
는) 領巾을 갈고 포근한 팔베개를 하고 며 밤이나 자고 싶은 것이다 (또
는 함께 동침하고 싶은 것이다) 칠석의 가을이 아니라도 (또는 가을 기다
리지 않고도)

　　　　七夕歌一首幷短歌
　18/4125 天照らす 神の御代より 安の川 中に隔てて 向ひ立ち 袖振り交
し 息の緒に 嘆かす子ら 渡り守 舟も設けず 橋だにも 渡してあらば その
上ゆも い行き渡らし 携はり うながけり居て 思ほしき 言も語らひ 慰む
る 心はあらむを 何しかも 秋にしあらねば 言どひの 乏しき子ら うつせ
みの 世の人我れも ここをしも あやにくすしみ 行きかはる 年のはごとに
天の原 振り放け見つつ 言ひ継ぎにすれ

　아마테라스 오미카미의 신대부터 야스노 강을 사이에 두고 서로 마주
보고 서서 서로 소매를 흔들어 열심히 그리움을 탄식하는 두 사람이여 뱃
사공은 배도 준비해 두지 않고 다리만이라도 놓여 있다면 그 위를 건너가
서 손을 잡고 서로 포옹하며 이야기하고 싶은 것도 서로 나누고 기부넌환
하는 일도 있을텐데 어지 가을이 아니면 만나는 것도 드문 두 사람인가
덧없는 세상 사람인 우리들도 이 점이 참으로 이상하여 새로운 그 해마다
하늘을 우러러보고 이야깃거리로 삼도다

　　　　反歌二首
　18/4126 天の川橋渡せらばその上ゆもい渡らさむを秋にあらずとも
　은하수에 다리가 놓여 있으면 그 위를 건너가시듯이 가을이 아니라도
　18/4127 安の川こ向ひ立ちて年の戀日長き子らが妻どひの夜ぞ
　은하수를 서로 바라보며 서서 일 년 내내 서로 그리워한 두 사람이 만나
는 밤이다 오늘 밤은
右七月七日仰見天漢大伴宿祢家持作

　상기에서 보듯이, 만엽시대는 칠석전설을 일본의 고대신화와 융합하
여, 두 별의 이별은 인과에 의한 것이 아니라, 태초부터 있었다고 하는
숙명적인 것으로 받아들이고 있었던 것이다.

2. 밤하늘의 은하수에서 신화 상의 야스노 강으로

10/2000歌와 10/2033歌에서는 은하수를 「야스노 나루터(安の渡り)」 「야스노 강(安の川)」등으로 노래하고 있는 것에 의하면, 은하수는 일본 의 고대 신화에 등장하는 「천상의 다카마가하라(高天原)에 흐르고 있는 강으로 인식하고, 이것을 두별의 사랑과 이별의 무대로 설정하고 있는 것이다. 이러한 인식을 「오토모노 야카모치」도 계승·발전하여, 18/4125 歌와 18/4127歌에서 은하수를 「야스노 강(安の川)」으로 노래하고 있는 것으로 보아, 이질적인 외래전설을 고대신화와 융합함으로서 거부감 없 이 수용할 수 있었던 것으로 보인다. 또한, 이와 같은 신화적인 요소를 칠석가에 넣어서 불려야만 했다고 하는 상황은 칠석가의 場이 私的인 것으로 생각하기 힘들다고 하겠다.[15] 이러한 것은 작자미상의 칠석가에 서 볼 수 없는 특성의 하나라고 할 수 있는 것이다.

3. 도하주체의 변질

10/1996歌에서는 은하수는 배를 정박할 만큼의 물이 흐르는 강으로 노래하기도 하고, 10/1997歌와 0/2007歌, 10/2033歌에서는 물이 흐르지 않아 강바닥을 들어낸 복류천(伏流川)과 같은 강이라고 노래하고 있다. 이러한 시적서정에 의하면, 은하수에 대한 다양한 인식을 엿볼 수 있다.

물이 강바닥 위로 흐르는 것이 아니라, 강바닥 밑으로 보이지 않게 흐 르는 복류천과 같은 이미지는, 남의 눈을 피해 아내의 집으로 찾아가는 「妻訪婚」 풍습과 같은 것으로 수용하게 되어 중국과는 다른 칠석서정 을 낳게 되는 것이다. 즉, 직녀가 은하수를 도하해서 견우를 만나는 중국

---

15) 村山出, 『山上億良の研究』, 櫻楓社, 1976, 39쪽.

칠석서정과 달리, 견우가 은하수를 도하해서 직녀를 만난다고 하는 칠석
가로 변질되는 것이다.

야마노 우에노 오쿠라(山上憶良)는 『柿本人麻呂歌集』의 견우의
도하를 그대로 수용하지만, 8/1527歌와 같은 七夕歌도 노래하고 있다.

　　08/1527 彦星の妻迎へ舟漕ぎ出らし天の川原に霧の立てるは
　　　　　　견우가 아내를 맞이하는 배를 저어 나간 것 같다
　　　　　　은하수 가에 안개가 인 것을 보면

아내를 맞이하는 배(妻迎へ舟)는, 직녀성을 자기 쪽으로 맞이하기 위
한 배로, 만엽집의 칠석가는 일본의 妻問婚 습관에 맞추어서, 대부분이
견우가 직녀 쪽으로 만나러 가는 것처럼 노래하고 있지만, 이것은 그 절
충형을 취하고 있다16). 즉, 견우와 직녀는 서로 나아가서 만난다고 하는
것이다. 이것은 한국의 칠석가에서 견우와 직녀가 서로 나아와 오작교에
서 만난다고 하는 것과 같은 시적발상인 것이다.「오토모노 야카모치(大
半家持)」는 만엽집의 일반적인 시적서정과는 달리, 중국의 칠석전설과
같이 織女의 은하수 도하를 다음과 같이 노래하고 있다.

　　　　十年七月七日之夜獨仰天漢聊述懷一首
　　17/3900 織女し舟乘りすらしまそ鏡淸き月夜に雲立ちわたる
　　　　　　직녀가 배를 저어 출발하구나 (마소카가미) 맑은 달밤에 구름
　　　　　　이 자욱 끼었다
　　　　　　右一首大伴宿祢家持作

상기의 칠석가와 같이 직녀의 도하라고 하는 시적서정은 작자미상의
다음과 같은 칠석가에서도 엿볼 수 있다.

　　10/2081 天の川棚橋渡せ織女のい渡らさむに棚橋渡せ

---

16) 小島憲之,『萬葉集2』, 小學館, 1994, 332쪽. 卷第 八 1527歌의 頭註

은하수에 널다리(棚橋)를 놓아라 직녀가 건너갈 수 있도록
널다리를 놓아라

상기의 작자미상의 칠석가에서는 직녀가 널다리를 밟고 은하수를 건너는 것이다. 직녀가 은하수를 도하하는 것은 중국의 칠석서정과 같지만, 중국처럼 화려하지는 않고 아주 서민적인 민요풍의 노래인 것이다.

4. 도하수단의 변질

10/2000歌의 「은하수인 야스노 나루터에 배를 띄우고(天漢安の渡りに舟浮けて)」라고 하는 서정은 칠석에 견우가 직녀를 만나러 가기 위하여 야스노 나루터에 배를 띄운다고 하는 것이다. 이것은 중국이나 한국에서 도하하는 수단으로 다리(橋)를 가설하는데 비해 배(船·舟)[17]를 이용하는 것은 일본인들 특유의 칠석서정인 것이다. 0/2029歌「天漢楫の音聞こゆ彦星と織女と今夜逢ふらしも(은하수에서 노 젓는 소리가 들린다 견우성과 직녀성이 오늘밤 분명 만나리)에서는 배를 직접 노래하지 않아도 노 젓는 소리로 도하의 수단인 배인 것을 알 수 있는 것이다.

『柿本人麻呂歌集』의 이러한 시적 서정은 야마노 우에노 오쿠라(山上憶良)와 오토모노 야카모치(大半家持)에게도 다음과 같이 계승·발전되고 있다.

　　　山上臣憶良七夕歌十二首
　　08/1518 天漢相向き立ちて我が戀ひし君來ますなり紐解き設けな[一云]
　　　　　[川に向ひて]
　　　　　은하수를 서로 마주보고 서서 내 그리던 임이 오시는 소리가

---

17) 10/1996歌 에서는 船人인 견우인지 다른 사람인지 아직 논란이 있다.

들려오는 것 같다

허리띠를 품고 (함께 할) 채비를 하겠다

右養老八[18]年七月七日応令

08/1519 久方の天漢瀬に舟浮けて今夜か君が我がり來まさむ

(히사카타노) 은하수 여울에 배를 띄우고 오늘밤 정말로 그
임은 내 곁으로 오시는 것일까

右神龜元年七月七日夜左大臣宅

상기의 두 노래는 「야마노 우에노 오쿠라」의 七夕歌다. 이 노래에서
도 견우가 직녀에게 찾아 은하수를 건너오는 수단은 배다. 즉, 08/1518
歌에서는 임이 배를 저어오시는 소리가 들린다고 노래하고 있으며,
08/1519歌에서는 「배를 띄우고(舟浮けて)」라고 형상화하여 배를 직접
적으로 노래하고 있다.

十年七月七日之夜獨仰天漢聊述懷一首

17/3900 織女し舟乘りすらしまそ鏡淸き月夜に雲立ちわたる

직녀가 배를 저어 출발하구나 (마소카가미) 맑은 달밤에 구름
이 자욱 끼었다

右一首大伴宿祢家持作

七夕歌八首

20/4313 靑波に袖さへ濡れて漕ぐ舟のかし振るほとにさ夜更けなむか

푸른 파도에 소매까지 적시며 노 젖으며 온 배 닻을 세우는 사
이에도 밤이 깊어가는 것은 아닌가

右大伴宿祢家持獨仰天海作之

상기의 두 칠석가는 「오토모노 야카모치」의 칠석가다. 두 수 모두 은

---

18) 『萬葉代匠記』에서는 八은 六字 위의 두 획을 잃은 것이다. 『日本古典文學
全集 7 (萬葉集2)』(小學館)08/518歌의 頭註에서, 724년. 이해 二月에 聖
武天皇이 즉위하고, 神龜로 改元되었다. 「令」이라고 語의 사용을 생각해서,
이 「八年」은, 「六年」이나 「七年」의 잘못으로 여기는 설이 있다. 원자료에 최
초부터 있었던 잘못의 하나로 생각된다.

하수를 도하하는 수단은 배(舟)다. 하지만, 전자는 天平 十(738)년 칠석 밤에 홀로 은하수를 쳐다보며 잠시 술회한 一首로, 배로 은하수를 도하하는 칠석가로, 도하하는 주체는 견우가 은하수를 도하하는 다른 칠석가와 다르게, 중국의 칠석시처럼 직녀가 은하수를 도하하지만, 중국처럼 다리를 이용하지 않고, 배를 타고 도하한다고 노래하고 있다. 이것은 도하의 수단은 배라고 하는 일본적 서정이지만, 도하의 주체는 중국의 영향으로 중국의 칠석전설을 그대로 수용하여 노래하고 있는 것이다.

작자미상의 칠석가인 10/2081歌에서는 은하수의 도하수단이 배가 아니고, 널다리로 놓은 다리다. 다리라고 하는 것은 중국과 같지만, 오룡거(五龍車)를 타고 달릴 수 있는 다리가 아니라, 널다리로 놓은 초라한 다리다. 이러한 시적서정은 다음과 같은 작자미상의 칠석가의 서정과도 통하는 것이다.

> 10/2056 天の川打橋渡せ妹が家道やまず通はむ時待たずとも
> 은하수에 打橋를 설치해 주라 당신 집으로 가는 길을 끊임없이 다니겠다
> 일 년에 한 번인 때를 기다리지 않고도
> 10/2062 機物のまね木持ち行きて天の川打橋渡す君が來むため
> 베틀의 발판을 가고 가서 은하수에 타교를 설치하겠습니다
> 당신이 오시기 때문에

상기와 같은 칠석가는 천상의 두 별의 로맨스를 노래하기보다는 지상에서의 직녀들을 둘려싼 서민들의 로맨스를 노래하고 있어, 칠석전설의 지상화로 외래전설인 칠석전설이 만엽시대의 생활에 이미 익숙해진 것을 알 수 있는 것이다.

VI. 결론

본 논문에서는 중국의 江淮河漢 중에서 유독 「漢水」가 동북아의 고대칠석문화에서 공유되고 있는 배경과 그 시대적 변천과정 그리고 고대 중국·한국·일본의 칠석문화에 나타난 특성 등을 고찰해 보았다.

하늘과 땅을 동일시하는 상응의 원리에 입각하여, 은하수를 「하늘의 漢水」라는 의미로, 「天漢」라고 쓰게 되었다. 漢水 주변의 만나기 어려운 남녀의 사랑 이야기가 「은하수」의 직녀성을 중심으로 하는 별들의 사랑 이야기로 승화한 것이 칠석전설이라고 할 수 있을 것이다.

칠석전설을 전하는 最古의 서책인 6세기의 『荊楚歲時記』(梁나라, 宗懍, 502-556)에는 「天河」로 되어 있다. 이것은 칠석전설의 배경을 이미 漢水에서 黃河로, 悲戀의 이야기가 會合의 이야기로 확대 재생산한 것을 의미하는 것이다.

중국의 칠석시가에서는 견우와 직녀가 만나기 위해서, 織女가 은하수에 놓인 다리(橋)를 이용하여 화려하게 도하하는 것이 특징이다.

「古詩」에서는 직녀와 견우는 만나고 싶어도 만날 수 없고, 강폭도 그리 크지 않은 맑고 얕은 은하수를 사이에 두고 말없이 서로 바라만 보는 이별의 고통을 겪고 있다. 이와 같은 이야기는 점점 확대 재생산되어 비련의 이야기로 발전하고 있지만, 아직 견우와 직녀가 만나는 상봉의 이야기로까지는 나아가지 못하고 있다.

「擬古詩」에서는 은하수를 「漢」이라 하지만, 古詩에서처럼 은하수는 맑고 얕은 강이 아니라, 넓고 큰 강(大川)으로 변해 있고, 그 강에 건너갈 다리가 없어 서로 바라만 보고 있다고 하는 비련의 이야기로 발전되고, 두별의 만남의 모티브인 다리(橋)를 제공하고 있는 것이다.

중국의 칠석시가에서는 견우와 직녀가 만나기 위해서, 은하수에 다리

(橋)를 놓아 도하하는 것이 특징이다. 즉 신뢰성은 의문이지만, 前漢時代에 이미 직녀가 은하수의 烏鵲橋를 건너서 직녀를 만나고, 後漢時代에 접어들어서는 은하수의 다리를 이용하여 「千乘, 靈駕, 龍馬」 등으로 화려하게 도하하는 모습을 노래하고 있다.

고구려의 덕흥리 고분벽화와 대안리 1호 고분벽화는 6세기의 『형초세시기』가 고구려에 수입되기 전의 그림이고, 좁다란 은하수를 사이에 두고 이별하는 장면이기 때문에, 은하수를 사이에 두고 바라보다가 서로 헤어지는 비련의 칠석 이야기를 모티브로 그린 벽화로 추정할 수 있는 것이다.

5세기 벽두에 칠석전설이 전해 졌음에도 불구하고, 고려 중기 이후의 작품에 칠석을 노래한 한시와 조선의 시조 작품이 있다. 이들 작품 중에서 은하수를 대다수 「銀漢」으로 표기하고 있는 것을 발견할 수 있으며, 시조에서는 「烏鵲橋」를 소재한 칠석관련 시조가 많다. 중국에서는 지상의 까막까치가 은하수로 날아가 「烏鵲橋」를 만들어 직녀가 은하수를 도하하지만, 한국의 시조에서는 견우가 오작교를 건너는 것으로 변질되어 있다.

고대일본의 七夕歌에서도 은하수를 「天漢」이라고 표기한다. 이것을 「아마노 가와」라고 하였다. 견우성과 직녀성이 은하수를 함부로 도하하는 것을 금지하는 標識이라는 의미로 「天印(아마노 시루시)」라고도 노래하고 있다.

외래전설인 칠석전설이 일본의 고대신화와 융합하여, 일본의 神代인 태초부터 존재했던 숙명적인 것으로 인식하고 있는 것이다.

「妻訪婚」 풍습과도 융합하여, 직녀가 은하수를 도하해서 견우를 만나는 중국 칠석서정과 달리, 견우가 은하수를 도하해서 직녀를 만난다고 하는 칠석서정으로 변질되는 것이다.

일본의 칠석가에서는 은하수를 도하할 때, 중국처럼 다리를 이용하지

않고, 배를 타고 도하하는 것이 일반적이지만, 작자미상의 칠석가에서는
도하수단이 배가 아니고, 널다리로 놓은 다리인 경우도 있다.

　고대 동아시아의 문학에서는 漢水, 즉 한수의 시적변용인 은하수에
대한 인식의 변화에 따라, 칠석전설의 내용도 변하고, 이것을 향유하는
방법도 시대와 나라에 따라 변천해 온 것으로 이해할 수 있는 것이다.

參 考 文 獻

『文選』卷十九「洛神賦」

『萬葉 代匠記』

『日本古典文學全集2 (日本書紀1)』小學館 1994.

『日本古典文學全集6 (萬葉集1)』小學館 1995.

『日本古典文學全集7 (萬葉集2)』小學館 1995.

『日本古典文學全集8 (萬葉集3)』小學館 1995.

『日本古典文學全集9 (萬葉集4)』小學館 1994.

出石城諺,「七夕の由來」,『支那上代思想史研究』東京 藤井書店, 1943.

小島憲之,『上代日本文學と中國文學(中)』, 東京, 塙書房, 1988.

村山出,『山上億良の研究』, 櫻楓社, 1976.

田寬秀,『朱蒙神話의 古代天文學的研究』, 서울, 연세대학교 출판부, 2010.

서영대,「중국의 칠석 문화」,『인문연구』제35집, 인하대학교 인문과학
      연구소, 2005.

吳小强,『秦簡日書集釋』, 岳麓書社, 2000.

李相俊,「고대 동아시아의 칠석문화연구–칠석전설의 생성과 변천 그
      리고 향유를 중심으로–」,『日語日文學研究』第65輯 2卷, 日本
      文學·日本學篇, 2008.

윤영수,「한중일 칠석시가의 비교연구」,『동아시아고대학』제14집, 동
      아시아고대학회, 2006.

〈吉野讚歌〉에 나타난 강(河·川)의 이미지*

尹 永 水**

I. 序 論

일본의 奈良(나라)縣 남부에 있는 吉野(요시노)라는 곳은 오늘날 일본에서 벚꽃의 名所로 널리 알려져 있지만, 실은 일본의 역사와 문학에 있어서 대단히 중요한 의미를 갖는 지역이라고 볼 수 있다. 그것은 첫째, 역사적인 면에서 吉野가 672년 6월 고대일본에 있어서 최대의 정치적 쿠데타 사건이라고 할 수 있는 壬申의 난이 일어난 혁명의 聖地라는 점이고, 이어서 天武(텐무)천황 이후, 持統(지토)朝(686~696년)에 내려와서도 持統女帝가 많은 궁정인을 거느리고 무려 31회나 吉野로 행차 갔다는 사실, 그리고 南北朝시대 때 南朝의 조정이 다름아닌 吉野에 있었다는 사실만으로도 吉野라는 지역이 얼마나 일본인의 역사와 밀접한 관련이 있다는 것을 알 수 있다.

한편, 문학사적으로 보더라도 일본의 고대가집 『萬葉集』에는 <吉野

---

* 본 연구는 2010학년도 경기대학교 학술연구비(일반연구과제) 지원에 의하여 수행되었음.
** 경기대학교 일어일문학과 교수, 일본고대문학 전공.

讚歌>라고 불리는 일련의 歌群이 존재하고, 이 歌群이 吉野의 산과 강을 비롯한 자연과 吉野行宮을 배경으로 형성되어 있음을 확인할 수 있다. 이 <吉野讚歌>는 『萬葉集』 제2기의 歌人인 柿本人麻呂를 위시하여, 제3기 가인 山部赤人(야마베노 아카히토)·笠金村(가사노 카나무라)·大伴旅人(오 토모노 다비토)·車持千年(구루마모치노 치토세), 제4기 가인 大伴家持(오 토모노 야카모치)로 이어지는 『萬葉集』의 대표가인들에 의해 전통적으로 제작되고 있다.

따라서 본고는 <강과 동아시아문명>이라는 연구의 일환으로서, 일본 고대문학 속에 투영되어 묘사되고 있는 강의 이미지를 파악해 보고자 한다. 구체적으로는 『萬葉集』의 柿本人麻呂의 <吉野讚歌>(卷一, 36~39)를 비롯한 후대 가인들의 작품 속에서 吉野강이 당시의 사람들 즉, 萬葉人들에게 어떤 모습으로 나타나고, 어떤 이미지를 띠고 있는지를 살펴보고자 한다. 다만, 본 작품의 성격 상, 吉野의 강과 산을 완전히 따로 분리하여 논할 수 없는 점도 있고 해서, 작품 속에 나타난 강과 산의 이미지를 함께 고찰해 보고자 한다.

먼저 <吉野讚歌>에 나타난 강의 이미지를 살펴보기 전에, <吉野讚歌>에 관한 선행연구를 조사해 보니, 일본학계에서는 淸水克彦(시미즈 가츠히코)의 「人麻呂に於ける傳統と創造－吉野の歌をめぐって－」(『日本文學』Vol.5, No.1, 日本文學協會編集, 1956)·金井淸一(가네이 세이이치)의 「柿本人麻呂の吉野讚歌」(『萬葉集を學ぶ』第一集, 有斐閣, 1977)·服部喜美子의 「山部赤人の吉野自然詠再考」(『美夫君志』第21号, 1977. 2) 瀧口泰行(다키구치 야스유키)의 「万葉集卷一吉野讚歌の系譜」(『古代文學』第19号, 1980. 3)·岩下武彦(이와시타 다케히코)의 「人麻呂の吉野讚歌試論」(『國語と國文學』1982年 11月号)·辰巳正明(다츠미 마사아키)의 「柿本人麻呂の吉野讚歌と中國遊覽詩」(『上代文學』제47·48号) 등을 비롯하

여 많은 선행연구논문이 발표되어 궁정찬가로서의 본 작품을 다각도로
고찰하고 있음을 알 수 있다. 본 연구에서는 이러한 先學의 연구성과를
충분히 시야에 넣고 면밀히 검토하면서 본고의 주제에 맞는 필자 나름대
로의 결론을 도출해 보고자 한다.

그러면, 柿本人麻呂의 <吉野讚歌>에 있어서의 산과 강의 이미지
부터 살펴보기로 한다.

II. 柿本人麻呂의 〈吉野讚歌〉

幸于吉野宮之時, 柿本朝臣人麻呂作歌
(吉野宮에 행차 가셨을 때, 柿本朝臣人麻呂가 지은 노래)

* やすみしし わご大君の 聞し食す 天の下に 國はしも 多にあれども 山川
の 清き河内と 御心を 吉野の國の 花散らふ 秋津の野邊に 宮柱 太敷き
ませば 百磯城の 大宮人は 船並めて 朝川渡り 舟競ひ 夕河渡る この川
の 絶ゆることなく この山の いや高知らす 水激つ 瀧の都は 見れど飽か
ぬかも   (卷一, 36)

나의 대왕이 다스리시는 온 세상에 나라는 많이 있지만, 그 중에서도
산과 강이 깨끗하고 아름다운 가와치(河內)라 하여, 마음을 기울이
시던 요시노(吉野)지방의 꽃이 흩날리며 지는 아키츠(秋津)들녘에
궁궐기둥을 단단히 세워 궁전을 지으시니, 大宮人은 배를 줄지어 아
침 강을 건너고 배를 다투어 저녁 강을 건너는구나! 이 강처럼 영원
히 끊어지는 일없이, 이 산처럼 점점 드높이 다스리시는 폭포가 있는
궁전은 아무리 보아도 싫증나지 않는구나!

反 歌

* 見れど飽かぬ 吉野の河の 常滑の 絶ゆることなく また還り見む
                                                      (卷一, 37)

아무리 봐도 싫증나지 않는 吉野강의 물이끼처럼 끊임없이 다시 돌
아와 보겠노라!

* やすみしし わご大君 神ながら 神さびせすと 吉野川 激つ河内に 高殿
を 高知りまして 登り立ち 國見をせせば 疊づく 靑垣山 山神の 奉る御
調と 春べは 花かざし持ち 秋立てば 黃葉かざせり 逝き副ふ 川の神も
大御食に 仕へ奉ると 上つ瀬に 鵜川を立ち 下つ瀬に 小網さし渡す 山
川も 依りて仕ふる 神の御代かも   (卷一, 38)

나의 대왕은 신이시기에 신으로서 행동하신다고 하여, 吉野강의 물
살이 거센 강변에 높게 궁전을 지으시고, 그 위에 올라서서 온 나라
를 굽어보시니, 푸른 울타리처럼 겹겹이 연이은 산들은 山神이 바치
는 貢物이라 하여, 봄에는 꽃을 머리에 꽂고, 가을이 되면 울긋불긋
물든 단풍잎으로 장식하네. 산 따라 흐르는 강의 신들도 대왕이 드시
는 음식으로 바친다 하여 강의 상류에는 그물을 치고, 하류에는 망테
를 치는구나. 산도 강도 다가와 시중드는 신이신 대왕의 盛代로다!

反 歌

* 山川も 依りて仕ふる 神ながら たぎつ河內に 船出せすかも(卷一, 39)

산도 강도 다가와 시중드는 신이신 대왕은 물살이 거센 깊은 강에 배
띄워 떠나시네!

(左注) 右日本紀曰 三年乙丑正月天皇幸吉野宮 八月幸吉野宮 四年庚
寅二月幸吉野宮 五月幸吉野宮 五年辛卯正月幸吉野宮 四月幸吉野宮者
未詳知何月從駕作歌

위의 長短歌 각 한 수씩으로 되어 있는 두 편의 人麻呂(히토마로)의
<吉野讚歌>는 천황찬미·궁정찬미·국토찬미의 미의식과 정신이 흘러
넘치는 작품으로서, 필자가 이전에 살펴본 바와 같이,[1] 人麻呂 문학에
있어서의 전통과 창조성의 문제를 고찰하는 데 있어서도 매우 중요한 작
품이라고 볼 수 있다. 즉, 人麻呂는 본 작품에서 前代의 문학적 전통이
라 할 수 있는『古事記』『日本書紀』내의 가요, 즉 記紀歌謠나 國
見歌 및 宮廷讚美歌의 형식을 모방 또는 계승하면서 祝詞(노리토)의
관용구나 傳承的 詞章 등을 도입하고 있음을 확인할 수 있었다. 그러
므로 人麻呂야말로 일본의 고유한 문학적 전통을 계승한 전통시인이라

---

1) 尹永水,「人麻呂의 詩歌와 傳統性에 관한 一考察」,『日語日文學硏究』
第30輯, 韓國日語日文學會, 1997. 6.

말할 수 있고, 전통과 창조를 서로 조화시키면서 자신의 새로운 문학세계를 추구해간 가인이라 평가할 수 있는데, 본 연구의 주제인 〈吉野讚歌〉에 있어서의 강의 이미지를 파악하기 위해서, 먼저 작품의 구조와 배경부터 자세히 분석해 보기로 한다.

위의 〈吉野讚歌〉는 題詞 및 左注를 참조해 볼 때, 持統(지토)천황 3년(689)에서 5년(671) 사이에 행해진 천황의 吉野행차 때에 수행했던 柿本人麻呂가 지은 작품이라 할 수 있다. 궁정가인이라 일컬어지는 人麻呂가 천황의 명을 받고 그것에 응답하여 제작한 〈応詔歌〉인지 어떤지, 그리고 구체적으로 언제 제작했는지는 정확히 알 수는 없으나, 위와 같은 역사적 사실을 배경으로 하고 있는 것만은 확실하다고 하겠다.

그런데 위의 〈吉野讚歌〉는 누가 보더라도 吉野와 吉野行宮에 대한 찬미와 천황의 太平聖代를 열렬히 노래하고 있음을 쉽게 알 수 있는데, 그 작품의 구조를 자세히 살펴보면 다음과 같다.

먼저, 〈第一長歌와 反歌〉라고 볼 수 있는 卷一의 36~37번가를 보면, 人麻呂는 36번가의 長歌전반(やすみしし ~ 夕河渡る)에서 吉野지방의 산과 강의 깨끗하고 아름다운 자연 속에 자리 잡은 궁정에 大宮人들이 아침저녁으로 出仕하며 봉사하는 모습을 매우 역동적으로 묘사하고 있고, 長歌후반(この川の 絶ゆることなく ~ 見れど飽かぬかも)에서는 장가전반에 제시된 강과 산에 비유하여 吉野行宮을 찬미하고 있음을 알 수 있다. 그리고 37번 反歌에서는 앞의 장가의 주제를 반복하고 보충하는 형식을 취하면서 장가말미의 표현을 그대로 이어받아 '見れど飽かぬ 吉野の河の 常滑の' 라고 하며 吉野의 강을 찬미하고, 結句에서는 '絶ゆることなく また還り見む' 라고 노래함으로써 吉野에 대한 찬미의 서정과 애정이 절실히 나타나 있다. 이와 같은 서정의 표현방식은 필자가 이미 살펴본 바가 있는 人麻呂長歌의 抒情構造,[2] 즉 前提部로서의 장가전반에는 敍事的・呪術的・神話的・

自然景物的인 내용이 서술되어 있고, 確認部로서의 장가후반에는 서정의 구체적 표현과 結句抒情이 강하게 나타나 있으며, 短歌로서의 反歌에는 한층 심화된 서정이 나타난다고 하는 구조와 거의 일치하고 있음을 알 수 있다. 또한 위의 장가는 淸水克彦가 일찍이 주장한 바 있는 人麻呂장가의 일반적인 특색, 즉 "끊어지는 곳이 적고, 전반은 후반의 수식격이 되어 후반에 종속되고, 한 수의 서술부는 결구 부분에 단 한 번 나타난다고 하는, 소위 複文형식을 취하면서 한 수의 主眼点은 결구 부분에 있다."3)고 하는 詩的 形象을 그대로 보여주고 있다. 전체적으로 吉野지방과 궁정에 대한 찬미의 서정이 흘러넘치는 작품이라 하겠다.

한편, <第二長歌와 反歌>(38～39)의 구조를 살펴보면, 38번 장가의 전반부는 'やすみしし わご大君～下つ瀬に 小網さし渡す'까지이고, 후반부는 마지막 세 구인 '山川も 依りて仕ふる 神の御代かも'라고 할 수 있다. 천황이 吉野강의 물살이 거센 강변에 높게 지은 궁전에 올라 온 나라를 굽어 살펴보니, 산과 강의 神도 모두 천황에게 봉사한다는 것이 전반의 내용이고, 후반은 어디까지나 그러한 산과 강도 다가와 시중드는 신이신 천황의 태평성대를 노래하고 있다. 그리고 39번 反歌에서는 <第一長歌와 反歌>에서 보는 바와 같이, 장가 말미의 표현을 그대로 이어받는 <尻取り式>(말잇기식)의 형식을 취하면서 산도 강도 모두 다가와 시중드는 신이신 천황이 뱃놀이 하신다는 내용이다. 吉野의 산과 강 위에 군림하는 살아있는 現人神인 천황에 대한 찬미가 主眼点을 이루고 있다. 특히 <第二長歌와 反歌>에서 주목되는 것은, 작품 속에 '神ながら' '神さびせす' '山神' '川の神' '神の御

---

2) 尹永水,「히토마로(人麻呂)長歌의 抒情構造」,『日本文學研究』 第2集, 韓國日本文學會, 2000. 5.
3) 淸水克彦,「人麿に於ける伝統と創造－吉野の歌をめぐってー」,『日本文學』 VOL.5, NO.1, 日本文學協會編集, 1956, 16쪽 재인용.

代'와 같이 〈神〉의 개념이 들어간 語句가 많이 등장해 온다는 점이
다. 이것은 필자가 이미 자세히 살펴본 바와 같이,[4] 壬申의 亂 이후의
天武朝(672~686년)에서 급속도로 조성된 天皇卽神 思想과 現人神
思想이 持統朝에 와서도 그대로 계승되고 있음을 나타내주고 있다.

이와 같이 人麻呂의 〈吉野讚歌〉는 吉野의 산과 강, 그리고 吉野
行宮을 배경으로 하여 자연(국토)찬미·궁정찬미·천황찬미의 서정이 잘
나타나 있는 작품인 것이다.

그런데, 위의 노래를 통해 또 한 가지 느낄 수 있는 것은 아름다운 산
과 강으로 둘러싸인 吉野가 마치 神仙境과 같은 이미지를 띠면서 작품
의 배경이 되고 있다는 점이다. 특히 '山川の 淸き河內'의 語句 속에
속세를 떠난 맑고 깨끗한 仙境의 이미지가 잘 나타나 있다. 그러므로
'見れど飽かぬ 吉野の河の 常滑の 絕ゆることなく また還り
見む'라는 내용의 反歌가 뒤따르는 것이라고 생각된다. 吉野라는 곳이
일본의 고대인들에게 실제 어떠한 곳으로 여겨졌는지는 정확히 알 수는
없으나, 人麻呂의 노래 속에 나타난 吉野는 깨끗하고 맑은 강과 산과
더불어 신선하고 거룩한 이미지를 가진 神仙境의 이미지를 띠고 있는
것만은 분명하다고 하겠다. 이러한 점에서 天武朝에 천황에 의해

> * よき人の よしとよく見て よしと言ひし 芳野よく見よ よき人よく見
> (卷一, 27)
> 좋은 사람이 좋다고 잘 보고 좋다고 말한 요시노를 잘 보소. 좋은 사
> 람 잘 보소

라고 노래 불려지고 있는 사실까지 감안해 볼 때, 이미 人麻呂 이전부
터 吉野라는 곳은 당시의 사람들에게 경치가 아름답고 좋은 곳으로 정

---

4) 尹永水, 「天武朝의 文學과 政治」, 『日本文化學報』 第27輯, 韓國日本
   文化學會, 2005.11, 272~273쪽.

평이 나 있었다고 판단할 수 있고, 이러한 것이 후대에 내려와 人麻呂
등의 대시인들에 의해 찬가로서 吉野가 더욱 열렬히 노래 불려짐으로써
神仙境의 이미지까지 더욱 띄게 되는 것이라고 생각된다.

그러면, 다음으로 人麻呂의 영향을 받은 후대가인들의 <吉野讚
歌>를 살펴보기로 한다.

Ⅲ. 後代歌人들의 〈吉野讚歌〉

1. 山部赤人의 〈吉野讚歌〉

山部宿祢赤人作歌二首 幷短歌
(山部宿祢赤人가 지은 노래 두 수 및 단가)

* やすみしし わご大君の 高知らす 吉野の宮は 疊づく 青垣隱り 川波
  の 清き河内ぞ 春べは 花咲きををり 秋されば 霧立ち渡る その山の
  いやますますに この川の 絶ゆること無く ももしきの 大宮人は 常
  に通はむ   (卷六, 923)
  나의 대왕이 훌륭하게 지으신 吉野行宮은 몇 겹이나 겹겹이 푸른 산
  들로 둘러싸이고, 강 물결이 맑고 깨끗한 곳으로, 봄에는 꽃이 만발
  하고 가을이 되면 안개가 자욱하다. 그 산처럼 점점 겹치고, 이 강처
  럼 멈추는 일 없이, 대궁인은 항상 드나들겠노라!

                    反歌二首
* み吉野の 象山の際の 木末には ここだもさわく 鳥の聲かも
  (卷六, 924)
  吉野의 가사(象)산의 산골짜기 나뭇가지에는 아아 많은 새들이 지
  저귀고 있구나!
* ぬばたまの 夜の更けゆけば 久木生ふる 清き川原に 千鳥しば鳴く
                                                      (卷六, 925)
  밤 깊어가니 고목들이 자란 맑은 강가에는 물새 떼가 요란히 지저귀
  는구나!

* やすみしし わご大君は み吉野の 蜻蛉の小野の 野の上には 跡見す
え置きて み山には 射目立て渡し 朝狩に 鹿猪履み起し 夕狩に 鳥踏
み立て 馬並めて 御狩そ立たす 春の茂野に   (卷六, 926)
나의 대왕은 吉野의 蜻蛉(아키즈) 小野(오노) 들녘에 도미(짐승 발
자국 쫓는 사람)를 배치하고 산에는 이메(사수가 몸숨기는 시설)를
설치하여 아침 사냥에는 사슴 멧돼지를 뒤쫓고 저녁 사냥에는 새를
뒤쫓아서 말을 나란히 하여 사냥을 하신다. 봄이 무성한 들녘에서.

　　　　反歌一首
* あしひきの 山にも野にも 御狩人 得物矢手挾み 散動きたり見ゆ
　　　　　　　　　　　　　　　　　　　　　　　　(卷六, 927)
산에도 들에도 사냥꾼이 화살을 허리에 차고 떠들썩하고 있는 것이
보이네!

(左注) 右不審先後 但以便故載於此次

　먼저, 위의 山部赤人의 〈吉野讚歌〉 중에서 923번가는 언뜻 보기만
해도, 전체적으로 人麻呂의 〈吉野讚歌〉를 모방하거나 계승하여 제작
했다는 느낌이 든다. 그것은 赤人(아카히토)의 923번가의 冒頭에 나오는
'やすみしし わご大君'는 人麻呂의 36・38번가와 같고, '疊づく 靑
垣隱り'는 人麻呂歌(38)의 '疊づく 靑垣山'를, '川波の 淸き河內
ぞ'는 36번가의 '山川の 淸き河內と'를, '春べは 花咲きををり'는
38번가의 '春べは 花かざし持ち'를, '秋されば 霧立ち渡る'는 38번
가의 '秋立てば 黃葉かざせり'를, 'その山の いやますますに こ
の川の 絶ゆること無く'는 人麻呂歌(36)의 'この川の 絶ゆるこ
となく この山の いや高知らす'를, 또한 'ももしきの 大宮人は
常に通はむ'는 人麻呂歌(36)의 '百磯城の 大宮人は 船並めて 朝
川渡り 舟競ひ 夕河渡る'의 詩句를 모방 또는 변형시키거나 도치시켰
다는 사실만으로도 충분히 짐작할 수 있다. 다시 말하면, 923번가는 人麻
呂의 36번가의 구성을 따르고, 시구는 36・38번가에서 알맞은 것을 취하
여 응용했거나 모방계승 했다고 생각된다. 이와 같이 赤人의 〈吉野讚

歌>(923)는 人麻呂의 <吉野讚歌>(36·38)를 거의 모방했다고 해도 과언이 아니다. 다만, 923번가의 <反歌二首>(924·925)와 <第二長歌와 反歌>(926·927)의 경우는, 人麻呂의 작품을 모방했다고는 볼 수 없고, 赤人가 자기 나름대로의 독창성을 발휘하여 제작했을 것으로 추정된다.

그런데, 923번가를 제외한 赤人의 <吉野讚歌>는 人麻呂의 그것과는 작품의 분위기나 내용적인 면에서 상당한 차이를 보이고 있다. 그것은 人麻呂의 작품에는 吉野의 자연(국토)찬미와 궁정찬미, 당대의 천황찬미의 정신이 열렬하면서도 절실히 나타나 있는 반면에, 赤人의 작품에는 그러한 서정적인 내용보다는 吉野지방의 자연묘사와 풍경서술, 천황과 궁정인의 사냥하는 모습이 두드러지게 나타나 있다는 점이다. 언어의 사용면에 있어서도 人麻呂는 '聞し食す' '天の下に' '御心を' '宮柱 太敷きませば' '見れど飽かぬかも' '또 還り見む' '神ながら' '神さびせす' '山神' '川の神' '仕へ奉ると' '依りて仕ふる' '神の御代'와 같은 무겁고 사상성이 짙은 시구를 사용한 반면에, 赤人의 작품에는 가볍고 밝은 이미지의 시구를 채택하고 있음을 알 수 있다. 그러므로 人麻呂의 작품은 서정적이고 주관적인 성격이 강한 반면에, 赤人의 작품은 서경적이고 객관적인 성격이 강하다고 말할 수 있다.

赤人의 <吉野讚歌>에는 위의 노래 외에도 다음의 작품도 있다.

八年丙子夏六月幸于芳野離宮之時山邊宿祢赤人應 詔作歌一首幷短歌
(八年丙子夏六月, 吉野離宮에 행차가셨을 때, 山部宿祢赤人가 천황의 명에 응답하여 지은 노래 한 수 및 단가)

* やすみしし わご大君の 見し給ふ 吉野の宮は 山高み 雲そ棚引く 川速み 瀬の音そ清き 神さびて 見れば貴く 宜しなべ 見れば清けし この山の 盡きばのみこそ この川の 絶えばのみこそ ももしきの 大宮所 止む時もあらめ   (卷六, 1005)
나의 대왕이 다스리시는 吉野宮은 산이 높기 때문에 구름이 걸려 있

다. 강물이 빠르기 때문에 물소리가 맑다. 신성하여 바라보니 존귀하게 생각되고, 그 모습이 좋아 바라보니 청명하구나. 이 산이 만일 없어지기라도 한다면, 이 강이 끊겨져 없어지기라도 한다면, 이 훌륭한 御殿이 없어질 때도 있으련만.

反歌一首
* 神代より 吉野の宮に 在り通ひ 高知らせるは 山川をよみ

(卷六, 1006)

神代부터 吉野宮에 늘 다니며 훌륭한 御殿을 짓고 계신 것은 산과 강이 아름답기 때문이라네!

위의 작품도 확실한 근거는 없을지라도, 궁정가인인 赤人가 前代의 궁정가인이었던 人麻呂의 <吉野讚歌>를 의식하면서 제작했으리라 생각된다. 吉野의 아름다운 산과 강의 경치와, 그 아름다운 자연 속에 세워져 있는 훌륭한 御殿을 찬미하고 노래하고 있다.

그런데, 이 赤人의 <吉野讚歌>에서도 吉野가 어디까지나 神仙境의 이미지를 짙게 띠고 있다고 말할 수 있다. 아니, 人麻呂의 <吉野讚歌> 보다도 神聖하고 깨끗하고 존귀한 이미지를 더욱 띠고 있다고 느껴진다. 그것은 작품 속에 '川波の 淸き河內' '淸き川原'와 같은 시구뿐만 아니라, 吉野를 경어체의 접두어를 붙여 'み吉野'로 묘사하고 있는 점이라든가, '神さびて 見れば貴く' '見れば淸けし' '神代より'와 같은 神聖하고 맑고 깨끗한 이미지를 지닌 어구를 많이 사용하는 점을 보더라도 仙境의 이미지가 뚜렷이 나타나 있다고 볼 수 있다.

2. 笠金村의 〈吉野讚歌〉

養老七年癸亥夏五月幸于芳野離宮時笠朝臣金村作歌一首幷短歌
(養老七年癸亥夏五月, 吉野離宮에 행차 가셨을 때, 笠朝臣金村가 지은 노래 한 수 및 단가)
* 瀧の上の 御舟の山に 瑞枝さし 繁に生ひたる 栂の樹の いやつぎつぎに 萬

代に かくし知らさむ み吉野の 蜻蛉の宮は 神柄か 貴くあるらむ 國柄か 見
が欲しからむ 山川を 淸み淸けみ うべし神代ゆ 定めけらしも (卷六, 907)

吉野강의 거센 물결 위의 御舟(미후네)산에 싱싱한 가지가 울창하게
뻗어있는 솔송나무처럼 차례차례 만대까지 이렇게 다스리실 吉野의
蜻蛉(아키즈)궁은 신의 품격 때문에 존엄한 것일까. 국토의 품격 때
문에 보고 싶은 것일까. 산과 강이 맑고 깨끗하기에 神代이래로 이곳
을 천황의 御殿으로 정했을 것이로다!

反歌二首

* 每年に かくも見てしか み吉野の 淸き河內の 激つ白波   (卷六, 908)

해마다 이렇게 吉野의 맑은 강물에 소용돌이치며 세차게 떨어지는
흰 물결을 보고 싶구나!

* 山高み 白木綿花に 落ち激つ 瀧の河內は 見れど飽かぬかも

(卷六, 909)

산이 높기에 하얀 닥나무 꽃처럼 떨어지는 거센 물결을 보니 아무리
봐도 싫증나지 않네!

或本反歌曰

* 神柄か 見が浴しからむ み吉野の 瀧の河內は 見れど飽かぬかも

(卷六, 910)

신의 품격 때문에 보고 싶은 것이리라. 吉野의 거센 물결은 아무리
봐도 싫증나지 않네!

* み吉野の 秋津の川の 萬代に 絶ゆることなく また還り見む

(卷六, 911)

吉野의 秋津(아키즈) 강이 만대까지 영원히 그치지 않듯이 다시 돌
아와 보겠노라!

* 泊瀨女の 造る木綿花 み吉野の 瀧の水沫に 咲きにけらずや

(卷六, 912)

泊瀨(하츠세)의 여인이 만드는 닥나무 꽃이 吉野 강물의 물거품으
로 핀 것은 아닐까!

위의 작품은 題詞에서 보는 바와 같이, 元正(겐쇼)천황의 養老七年
(723)에 있었던 吉野행차에 수행했던 笠金村의 노래이다. 작자 笠金村
는 山部赤人와 함께 聖武朝(724~749년)에 활약한 궁정가인으로서,
위 노래도 역시 山部赤人의 <吉野讚歌>와 더불어 人麻呂의 <吉

野讚歌>의 전통을 계승하고 있는 작품이라 할 수 있다. 吉野의 강과 산의 맑고 깨끗함을 찬미하면서 御殿이 세워졌을 神代라고 하는 아득한 옛날을 상상하고 있는데, 이는 赤人의 1006번 反歌에서 볼 수 있는 '神代より'와 같은 관념의 표현이라 하겠다.

그런데, 여기서 한 가지 주목되는 것은 上野 誠(우에노 마코토)도 지적한 바와 같이,[5] 人麻呂의 경우는 자신이 살았던 당시를 <神代>라고 노래한 것에 반해, 金村(카나무라)는 어디까지나 과거라고 하는 시간 속에서의 <神代>를 노래하고 있다는 점이다. 따라서 人麻呂의 <吉野讚歌>에서는 天皇卽神 사상과 現人神 사상이 극도로 高揚되어 있었던 持統朝의 歌人으로서 당시의 궁정과 밀착된 모습을 엿볼 수 있는 반면에, 金村의 작품의 경우에는 궁정과 밀착되어 있기는 하지만, 현실과 단절되고 遊離된 <神代>를 느끼게 해 준다. 동일한 계통의 궁정찬가·吉野찬가일지라도 人麻呂의 작품에서는 작자의 열렬하고 절실한 감동이 느껴지지만, 金村나 赤人의 작품에서는 현실감이 부족함을 느낄 수 있는 것이다.

그리고 이미 神代로부터 내려오는 仙境으로서의 이미지화된 吉野의 산과 강, 離宮을 찬미하며 노래할지라도, 吉野를 仙境으로서 이미지화시키는 데는 역시 吉野의 맑고 깨끗한 강과 물이 작품 속에서 주요한 기능을 담당하고 있음을 알 수 있다. 그것은 작품 속에 '山川を 淸み 淸けみ' 'み吉野の 淸き河內の 激つ白波' '白木綿花に 落ち激つ 瀧の河內は' 'み吉野の 瀧の河內は' 'み吉野の 秋津の川の' 'み吉野の 瀧の水沫に'와 같은 어구를 사용하고 있다는 점에서 쉽사리 파악된다. 吉野를 방문하는 궁정인들의 마음을 사로잡은 것은 다름 아닌 吉野의 강과 세찬 물결이었던 것이다.

笠金村에게는 이밖에도 다음과 같은 <吉野讚歌>도 있다.

---

5) 上野 誠, 「万葉歌にみる吉野世界」, 『吉野 仙境の歷史』, 文英堂, 2004, 187쪽.

神龜二年乙丑夏五月幸于芳野離宮時、笠朝臣金村作歌一首幷短歌
(神龜二年乙丑夏五月, 吉野離宮에 행차 가셨을 때, 笠朝臣金村가 지
은 노래 한 수 및 단가)

* あしひきの み山もさやに 落ち激つ 吉野の川の 川の瀬の 淸きを見れ
ば 上邊には 千鳥數鳴き 下邊には 河蝦妻呼ぶ ももしきの 大宮人も
をちこちに しじにしあれば 見るごとに あやにともしみ 玉葛 絶ゆ
ること無く 萬代に 斯くしもがもと 天地の 神をそ祈る 畏かれども
(卷六, 920)

산 전체를 흔들릴 정도로 콸콸 세차게 떨어지는 吉野강의 강 물결의
깨끗함을 보니, 상류에는 많은 새가 자주 지저귀고, 하류에는 개구리
가 아내를 부르며 운다. 大宮人도 여기저기 많이 있기 때문에 볼 때
마다 뭐라 말할 수 없이 좋고, 영원히 끊어지는 일 없이 萬代까지 이
렇게 있으면 좋겠구나 하고 천지신명께 비는 바이로다. 황송하지만.

反歌二首

* 萬代に 見とも飽かめや み吉野の 激つ河內の 大宮所　　(卷六, 921)
萬代까지 보아도 싫증나지 않으리. 吉野강의 거센 물결이 흐르는 大
宮이 있는 곳이로다!
* 皆人の 命もわれも み吉野の 瀧の常磐の 常ならぬかも　　(卷六, 922)
모든 이의 생명도 나의 생명도 吉野강의 거센 물결이 흐르는 바위처
럼 영원했으면 좋으련만!

위의 작품도 笠金村가 神龜二年(725) 五月, 聖武(쇼무)천황의 吉
野행차 때에 제작한 노래이다. 앞에서 고찰한 山部赤人의 <吉野讚
歌>(卷六, 923~927)와 거의 같은 시기에 제작된 것으로 추정된다.
920번가에 나오는 'み山もさやに'는 人麻呂의 <石見相聞歌>(卷
二, 131~139) 중의 反歌(133)에 나오는 것으로 보아, 이 작품 역시 人
麻呂의 영향 하에 성립되었을 것으로 생각된다. 작품 중의 '吉野の川
の 川の瀬の 淸きを見れば' '見とも飽かめや み吉野の 激つ河
內の 大宮所' 'み吉野の 瀧の常磐の 常ならぬかも' 등의 어구를
통해 吉野의 자연찬미·궁정찬미의 정신을 느낄 수 있고, 서경과 서정이
조화를 잘 이루고 있다고 판단된다. 그리고 이 작품에서의 詩的 素材도

어디까지나 吉野강의 맑고 깨끗한 激流가 중심이 되고 있다. 따라서 吉野강은 다른 가인들의 작품과 마찬가지로 吉野를 神仙境으로 만드는 중요한 요소로 작용하고 있음을 알 수 있다.

이 밖에『萬葉集』제3기의 가인 중에서는 大伴旅人의 〈吉野讚歌〉(卷三, 315~316)도 있고, 傳記가 미상인 車持千年의 〈吉野讚歌〉(卷六, 913~916)도 있으나 생략하기로 한다.

그러면『萬葉集』제4기의 가인인 大伴家持의 〈吉野讚歌〉를 고찰해 보기로 한다.

3. 大伴家持의 〈吉野讚歌〉

天平感寶元年五月十二日、於越中國守舘大伴宿祢家持作之。
爲幸行芳野離宮之時、儲作歌一首 幷短歌
(天平感寶元年五月十二日에, 越中의 군수의 官邸에서 大伴宿祢家持가 지었다. 吉野離宮에 행차할 때를 위하여, 미리 준비해 지어놓은 노래 한 수 및 단가)

* 高御座 天の日嗣と 天の下 知らしめしける 皇祖の 神の命の 畏くも 始め給ひて 貴くも 定め給へる み吉野の この大宮に あり通ひ 見し給ふらし 物部の 八十伴の男も 己が負へる 己が名負ひて 大君の 任のまにまに この川の 絶ゆることなく 此の山の 彌つぎつぎに かくしこそ 仕へ奉らめ いや遠永に   (卷十八, 4098)
옥좌 위에서 대왕으로서 천하를 다스려 오신 역대의 천황이 황송하게도 시작하시고 존귀하게도 정하신 吉野의 이 대궁에 언제나 다니며 구경하신 것 같구나. 문무백관도 각자 자기 집의 이름을 걸고 대왕의 명령대로 이 강처럼 끊어지는 일없이, 이 산처럼 오래도록 계속 이어져서 지금 이렇게 영원히 섬기리라.

* 古を 思ほすらしも わご大君 吉野の宮を あり通ひ見す
                                            (卷十八, 4099)

그 옛날을 생각하시는 것 같구나. 나의 대왕은 吉野宮에 늘 다니며 景勝을 구경하시리라!

* 物部の 八十氏人も 吉野川 絶ゆることなく 仕へつつ見む

(卷十八, 4100)

문무백관의 많은 사람들도 궁정에 출사하며 吉野강을 끊임없이 바라보리라!

위에서 題詞 중에 <儲作>이란 말은 '전부터 준비하여 지어놓은 작품'[6]이란 뜻인데, 天平感寶元年(749) 大伴家持가 천황의 吉野離宮으로의 행차에 자신도 수행하여 人麻呂나 赤人처럼 作歌를 명받을 것을 예상하여 지은 것이라고 볼 수 있다. 家持(야카모치)가 생존 중에 단한 번이라도 吉野에 가본 적이 있는지 없는지는 잘 모르겠으나, 위의 노래가 어디까지나 작자의 상상에서 나온 것이라면 일단 작품에서 느껴지는 감동이나 실감은 약하다고 볼 수 있다. 아닌 게 아니라, 위 작품을 자세히 분석해 보더라도 吉野의 아름다운 자연경관과 吉野宮을 직접 보고 감동한 나머지, 제작한 작품이라고는 느껴지지 않는다. 그것은 선배가인들의 작품에서 많이 차지하는 서경적인 묘사도 家持의 작품에는 거의 없을 뿐만 아니라, 吉野를 仙境으로 만드는 데 중추적인 역할을 하는 맑고 깨끗한 吉野강에 대한 구체적인 묘사나 吉野산에 대한 서술도 거의 없는 점을 보더라도 쉽게 알 수 있다. 또한 長歌 중의 'この川の 絶ゆることなく 此の山の 彌つぎつぎに'의 표현도 家持가 吉野의 강과 산을 직접 바라보고 표현한 것이라기보다는 선배가인들의 작품이나 마치 관용구처럼 쓰여 오던 어구를 채용했다고 여겨진다. 따라서 家持의 <吉野讚歌>도 人麻呂를 비롯한 선배가인들의 작품의 영향하에 제작되었다고 볼 수 있고, 이미 仙境으로 널리 알려진 吉野에 대한 追體驗을 바탕으로 하여 쓰여진 작품으로 간주할 수 있다.

---

6) 澤瀉久孝, 『萬葉集註釋 卷第十八』, 中央公論社, 1984, 104쪽.

Ⅳ. 萬葉人과 吉野

人麻呂를 비롯한 萬葉歌人들의 <吉野讚歌>에 나타난 神仙境으로서의 吉野의 이미지를 나타내는 데 주요한 기능을 하는 것은 무엇보다도 吉野의 맑고 깨끗한 激流이다. 물론 겹겹이 이어져 있는 吉野지역의 산들의 秀麗함도 빼놓을 수는 없겠지만, 萬葉人들을 魅了시키고 궁정인들을 감동케 한 것은 吉野의 강이었던 것이다. 즉, 片桐洋一(가타기리 요이치)도 지적한 바와 같이,[7]

> * 見れど飽かぬ 吉野の河の 常滑の 絶ゆることなく また還り見む
>
>   (卷一, 37)
>
> 아무리 봐도 싫증나지 않는 吉野강의 물이끼처럼 끊임없이 다시 돌아와 보겠노라!
> * 吉野川 逝く瀨の早み しましくも 淀むことなく ありこせぬかも
>
>   (卷二, 119)
>
> 吉野강의 여울이 빨라서 잠시도 정체하지 않듯이 우리들도 그랬으면 좋겠네.
> * … 落ち激つ 吉野の川の 川の瀨の 淸きを見れば …   (卷六, 920)
>
> … 콸콸 세차게 떨어지는 吉野강의 강 물결이 깨끗함을 보니 …
> * 苦しくも 暮れぬる日かも 吉野川 淸き河原を 見れど飽かなくに
>
>   (卷九, 1721)
>
> 참으로 아쉽게도 해가 저문 하루였다. 吉野강의 맑은 냇가를 보아도 싫증나지 않는데.

등과 같은 작품을 통해서 짐작할 수 있듯이, 萬葉人들에게 아름답고 신성한 이미지를 가져다 준 것은 끊임없이 쏟아지는 맑고 깨끗한 吉野강 거센 물결이 중심이었던 것이다.

---

7) 片桐洋一, 『歌枕歌ことば辭典』, 角川小辭典, 1983, 433~434쪽.

<詠河>라고 하여 강을 노래한 『萬葉集』 卷七의 1103·1104·1105
번가 등도 어디까지나 吉野강에 대한 萬葉人들의 인상 및 이미지를 엿
볼 수 있는 것이다.

* 今しくも 見めやと思ひし み吉野の 大川淀を 今日見つるかも
(卷七, 1103)
당분간은 볼 수 없으리라고 생각한 吉野의 큰 강을 오늘 볼 수 있어
서 기쁘구나!
* 馬並めて み吉野川を 見まく欲りうち 越え來てそ 瀧に遊びつる
(卷七, 1104)
말을 나란히 하여 吉野강을 보고 싶어서 많은 산고개를 넘어와 폭포
주위에서 놀았네.
* 音に聞き 目にはいまだ見ぬ 吉野川 六田の淀を 今日見つるかも
(卷七, 1105)
소문으로 듣고 아직 보지 못한 吉野강의 六田(무타)의 웅덩이를 오
늘에야 보았구나!

위 노래들의 내용을 보더라도, 보고 싶었던 吉野강을 볼 수 있어서
기쁘다고 하는 萬葉人들의 吉野강에 대한 강한 동경이 잘 나타나 있다
고 볼 수 있다. 이 밖에도

* み吉野の 瀧の白波 知らねども 語りし繼げば 古思ほゆ   (卷三, 313)
吉野강 폭포의 흰 물결이여! 나는 잘 모르지만 계속 전해오는 것을
들으니 그 옛날이 그리워지는구나!
* 隼人の せとの磐も 年魚走しる 吉野の瀧に なほ及かずけり
(卷六, 960)
날센 하야토의 사쓰마의 세토지역의 거암도 은어가 헤엄쳐 달리는
吉野의 宮瀧(미야타키) 격류의 광경에는 역시 미치지 못하구나.
* 皆人の 戀ふるみ吉野 今日見れば うべも戀ひけり 山川淸み
(卷七, 1131)
사람들이 모두 그리워하는 吉野의 경치를 오늘 처음으로 보니 과연 사
람들의 기분을 알 수 있을 것 같구나. 이렇게 산과 강이 깨끗하니까.

* 吉野川 石と柏と 常磐なす われは通はむ 萬代までに   (卷七, 1134)
　吉野강의 바위와 떡갈나무가 영원히 변치 않는 바위처럼, 나는 항상
　변치 않고 이 吉野지역을 다니리. 만대까지라도.

위의 작품들에서 보는 바와 같이, 아름다운 강과 산으로 둘러싸여 있
는 吉野지역은 萬葉人을 비롯한 일본의 고대인들에게 그야말로 山紫
水明한 지역으로서뿐만 아니라, 신성하고 거룩한 仙境의 이미지까지
지니고 있었음을 알 수 있는 것이다.

V. 結 論

四面이 바다로 둘러싸인 일본의 하천은 산이 높고 경사가 급하여 험
한 산지가 해안까지 뻗어 있어서 길이가 짧고 폭포와 같이 흐름이 급하
다. 산지에서 대량의 토사가 강으로 유입되기 때문에 강이 비교적 작은
데 비하여 운반되는 토사량은 많아 지형의 변화가 심한 편이다. 이와 같
은 일본의 자연 속에서 하천은 일본인들의 삶뿐만 아니라, 그들의 역사
와 문학과도 밀접한 관계를 맺어왔던 것이다.

지금까지 살펴본 바와 같이, <吉野讚歌>에 나타난 강은 吉野를 神仙
境으로 이끄는 중요한 역할과 기능을 담당하는 시적 요소이다. 그것은 맑고
깨끗한 이미지와 더불어 仙境의 세계를 형성하는 데 없어서는 안 되는 절
대적인 요소라고 볼 수 있다. 또한 인간과 자연을 이어주고, 속세와 理想鄕
의 세계, 즉 武陵桃源을 이어주고 형성해 주는 중요한 역할을 해주는 이미
지까지도 내포하고 있다고 할 수 있다. 속세의 인간이 무릉도원에 갈 수 있
었던 것도 강을 따라 상류로 올라갔기 때문이고, 桃太郎(모모타로)이야기처
럼 상류로부터 복숭아가 떠내려온 것도 강을 따라서였다. 일본의 고대문학
속에 나타난 吉野강의 모습과 이미지도 바로 이러한 것이었다고 생각된다.

參 考 文 獻

『萬葉集一』(日本古典文學大系4), 東京, 岩波書店, 1985, 1~374쪽.

『萬葉集二』(日本古典文學大系5), 東京, 岩波書店, 1985, 1~478쪽.

『萬葉集三』(日本古典文學大系6), 東京, 岩波書店, 1985, 1~480쪽.

『萬葉集四』(日本古典文學大系7), 東京, 岩波書店, 1985, 1~506쪽.

岩下武彥, 「人麻呂の吉野讚歌試論」, 『國語と國文學』, 1982年 11月号, 42~51쪽.

上野 誠, 「萬葉歌にみる吉野世界」, 『吉野 仙境の歷史』, 文英堂, 2004, 163~192쪽.

澤瀉久孝, 『萬葉集註釋 卷第十八』, 中央公論社, 1984, 1~180쪽.

片桐洋一, 『歌枕歌ことば辭典』, 角川小辭典, 1983, 1~566쪽.

金井淸一, 「柿本人麻呂の吉野讚歌」, 『萬葉集を學ぶ』 第一集, 有斐閣, 1977, 156~172쪽.

淸水克彥, 「人麻呂に於ける傳統と創造」, 『日本文學』 Vol. 5, No.1, 日本文學協會編集, 1956, 15~22쪽.

瀧口泰行, 「万葉集卷一吉野讚歌の系譜」, 『古代文學』 第19号, 古代文學會, 1980, 77~89쪽.

辰巳正明, 「柿本人麻呂の吉野讚歌と中國遊覽詩」, 『上代文學』 第47号, 上代文學會, 66~85쪽.

_____, 「柿本人麻呂の吉野讚歌と中國遊覽詩」, 『上代文學』 第48号, 上代文學會, 61~80쪽.

服部喜美子, 「山部赤人の吉野自然詠再考」, 『美夫君志』 第21号, 美夫君志學會, 1977, 1~14쪽.

尹永水, 「人麻呂의 詩歌와 傳統性에 관한 一考察」, 『日語日文學研究』 第30輯, 韓國日語日文學會, 1997, 363~388쪽.

_____, 「히토마로(人麻呂) 長歌의 抒情構造」, 『日本文學研究』 第2集, 韓國日本文學會, 2000, 179~195쪽.

_____, 「天武朝의 文學과 政治」, 『日本文化學報』 第27輯, 韓國日本文化學會, 2005, 267~282쪽.

한민족 歷史空間의 이해와 江海都市論 모델*

尹 明 喆**

I. 서론

필자는 동아시아 역사상과 체계를 해석하기 위해 몇 개의 모델을 설정하여 활용하고 있다.

동아지중해 모델 속에서 바다 및 육지는 자연환경뿐 만 아니라 역사적인 존재로서 유기적인 관계를 맺고 있으며, 통일적으로 작동하고 있다. 그런데 육지와 해양을 엮어주는 제 3의 존재가 강이다. 海陸的 관점에서는 당연한 현상이지만 한 국가에서 정치 군사 경제 문화적으로 시스템이 집약된 공간인 수도나 대도시는 해륙적 체계와 성격을 갖고 있으며, 해륙적인 기능을 하는 것이 국가발전에 필요하다. 그러므로 바닷가의 항구, 강가, 큰 강의 하구 또는 바다가 조우하는 江海的인 地域에 발달하는 경향이 강했다. 필자는 역사상과 관련해서 海港都市論[1] 河港都市

* 이 논문은 한국학 진흥사업 한국상고문화기원연구의 지원을 받아 연구되었습니다.(AKS-2007-GC-2001)
** 동국대학교 교수
1) 윤명철, 「서산의 해항도시적인 성격 검토」, 『서산문화춘추』, 서산발전연구원, 서

論[2] 그리고 江海都市論[3]등을 발표해왔다.

본고는 강해도시론을 보다 구체화시키기 위해 그 체계와 성격과 역할 등을 분석하여 서술한 후에 江海都市의 전형으로 예상되는 서울지역의 몇 가지 조건들과 연관시켜 가능성을 모색해보고자 한다. 따라서 본고는 동아시아 및 대도시들의 자연환경을 검토하는 일에 비중을 두면서 서울지역의 특성을 예로 들어 틀을 제시하고자 한다. 따라서 구체적인 역사상이나 각론적인 부분, 즉 도시의 위치, 시대 별로 사용한 내부 및 외부 교통로 문제, 정치적군사적인 사건과의 연관성 등은 추후의 연구과제임을 밝혀둔다.

이 글은 다음과 같은 순서로 진행될 것이다. 2장에서는 논리를 전개하기 위한 전제로서 우리 역사공간과 우리역사 발전의 체계에 대하여 약술할 예정이다. 필자가 설정하여 전개해온 '터이론' '東亞地中海 모델' '海陸國家論'을 간략하게 소개하고, 강의 기능을 일반적인 관점에서 기술한다. 3장에서는 한민족 역사상에 존재했던 강의 성격을 '강해도시론'의 논리와 연관시켜 살펴본다. 4장에서는 강해도시의 체계와 성격에 대한 필자의 논리를 전개하면서, 실제 모델로서 서울지역의 자연환경을 예로 들며 보완 서술할 예정이다.

산문화원, 2009.4, 75~106쪽 ; 윤명철, 「경주의 해항도시적인 성격검토」, 『동아시아고대학』 20, 2009, 173~230쪽 ; 윤명철, 「삼척동해지역의 해항도시적 성격과 김이사부 선단의 출항지 검토」, 『이사부 우산국편입과 삼척출항 심포지움』, 한국이사부학회, 2010. 08. 01, 123~148쪽.

2) 윤명철, 「고구려 수도의 해류적 성격」, 『백산학보』 제 80호, 백산학회, 2008.4, 51~96쪽.

3) 윤명철, 「강해도시 김포시의 역사성과 21c가치 효용성」, 『김포 수로도시 국회공청회』, 김포저널, 2006, 97~104쪽 ; 윤명철, 「백제 수도 한성의 해양적 연관성 검토1」, 『위례문화』 11·12합본호, 하남문화원, 2009, 75~92쪽. 필자는 본고를 작성하는 과정에서 「백제 수도 한성의 해양적 연관성 검토1」를 살펴보다가 오류를 범했음을 발견하였다. 평소의 지론이며 다른 글에서도 간간히 언급했던 한성의 江海都市論 주장을 河港都市로 표현했음을 발견하였다. 전적인 오류임을 다시 한번 밝혀둔다.

II. 역사공간의 이해와 강의 성격

1. 역사에서 空間이란?

본고의 주제와 관계가 깊은 강은 다른 종류의 자연환경 및 역사활동과 무관하게 독자적으로 존재하는 단순한 물의 흐름이 아니다. 강을 역사발전의 동력으로 충분하게 이해하려면 강 자체의 체계 성격 기능 등은 물론이지만, 그 전제로서 촌락 도시 국가 등으로 구성된 역사공간에 대한 이해와 자기관점이 필요하다.

역사에서 공간이란 지리 지형 기후 동식물의 분포도 등의 自然生態的인 공간만을 뜻하지는 않는다. 또한 幾何學的인 공간, 물리적인 차원의 平面만을 의미하지는 않는다.[4] 地理政治的(geo-politic)으로는 영토 또는 영역이며, 地理經濟的(geo-economy)으로 생산, 교환 및 소비장소이며, 地理文化的(geo-culture)으로는 주민들의 세계와 사물을 바라보는 관점, 인간과 집단이 지닌 가치관, 생활양식 등의 결정체로서 복합적이

---

4) 공간은 실제적인 측면 외에도 명분으로도 인간에게 근원적으로 중요한 의미를 지니고 있다. 세포의 형성과정부터 시작하여 존재의 원근거를 모색하는 행위, 나아가 집단의 탄생과 발전과도 직결되어 있다. 인간 개체와 마찬가지로 집단도 존재의 정당성과 우월성을 입증 받고 싶어 한다. 앞으로 역사학에서 공간문제는 새로운 각도에서 접근해야 한다. 인간이 자연공간을 이용하는 능력과 방식에 대해서 통념을 깨고 전향적인 인식을 할 필요성이 있다. 특히 지리학, 풍토론, 생물학, 물리학, 생리학, 뇌과학 동물행동학 생태학 유전학 등은 인간의 활동범위와 성격 등을 심층적으로 이해하는데 유익한 시각을 제공한다. 이러한 예는 그레이엄 크랄크 지음 정기문 옮김 『공간과 시간의 역사』, 푸른길, 1999, 5~262쪽 참조. 공간을 바라보는 관점은 실로 다양하다. 특히 역사학에서 활용할 만한 책은 문화의 관점에서 바라보는 에드워드 홀 지음, 최효선 옮김, 『숨겨진 차원 - 공간의 인류학을 위하여 - 』, 한길사, 2005, 29~326쪽 참조.

다. 그러므로 역사공간의 체계와 운행방식, 기능, 의미 등의 성격을 이해
하려면 생태와 풍토 등 자연지리의 개념과 틀을 포함하면서 歷史와 文
化 또는 文明의 개념 등으로 접근할 필요가 있다.

필자는 동아시아의 역사공간이 운행되는 방식 등을 을 이해할 목적으
로 '터와 多核 (field & multi core) 이론'5)을 해석 틀로서 제기하여왔다.
역사 공간에는 전체이면서 부분인 터(場, field)가 있다,터의 중심은 部分
들의 合인 全體로서 다른 부분 및 전체와 비교되는, 독특하면서도 완벽
한 基本核(中核, core)구조이고, 주변에는 몇몇 行星들과 衛星들이 돌
고 있고(multi-core), 이 모든 핵들을 중첩적으로 연결하는 線(line)들로
이루어졌다. 뿐만 아니라 내부를 밀도 깊게 채우고 있는 무한의 點(dot)
들로 구성되었다고 이해한다. 평면형태가 아니고 입체적 형태이다. 즉
체계상으로서 '多核多重 放射狀 형태'를 띄우고 있다.6) 이러한 체계

---

5) '터이론'의 정식명칭은 '터와 다핵(field & multi core)이론'이다. 줄인다는 의미에
   서 또 터는 다핵을 포함한 개념이므로 약칭 '터이론'이라고 한다. 아래 문장에서
   는 '터이론'이라고 줄여서 사용한다. 필자가 개념화한 '터'는 지리 기후 생태계
   등으로 채워지고 표현되는 단순한 자연공간은 아니고, 인간의 거주형태, 국가 등
   의 정치체제, 경제활동, 문화 등 인간의 관계망이 포함된 총체적인 환경이다. 역
   사학자의 입장에서는 터이론 등이 현대 물리학, 생물학,생리학, 동물행동학, 생
   태학, 도시생태학 등에서 전개하는 논리 및 내용과도 유사한 점이 있다고 보여
   진다. 그렇지만 필자가 설정한 몇 가지 모델의 본질과 표현 방식 등은 우리 및
   동아시아 문화와 사상의 기반을 이루었던 것들을 지적으로 계승한 산물임을 밝
   힌다. 다만 현대적인 용어로 표현하고, 관찰과 분석과 실험 등의 결과물들을 차
   용하여 설득력을 높이는 수단으로 삼았음은 분명하다. 이 부분에 대해서는 「한
   국사를 이해하는 몇 가지 틀을 모색하면서 - 터(field&multi-core) 이론의 제기」,
   한국사학사학회, 2008에서 발표하였고, 그 외 몇 편의 논문에서 언급한 바 있다.
   추후 소주제별로 독자적인 논문을 통해서 더욱 상세하게 전개할 예정이다. 이
   모델을 적용하여 발표했던 내용들은 졸고, 「동아시아의 해양공간에 관한 재인식
   과 활용 - 동아지중해 모델을 중심으로 - 」,『동아시아 고대학』 14, 동아시아 고
   대학회, 경인문화사, 2006.12, 1~38쪽 ; 「동해문화권의 설정 검토」,『동아시아
   역사상과 우리문화의 형성』, 한국학중앙연구원, 2005, 1~44쪽 등 참조.
6) 이러한 이론을 바탕으로 필자는 고구려 전성기의 외교형태를 '多核多重 放射

속에서는 운행상으로 전체인 터(field)가 부분들인 中核 小核들 線, 點들로 되고, 역으로 부분들이 전체인 터로 還元하는 有機的인 관계이다. 이것은 단순한 교환이나 상호작용이 아닌 일종의 '環流시스템'을 이루고 있다.

공간과 상황을 이러한 방식으로 해석하는 터이론의 관점과 논리는 우주구성물인 천체에서부터 세포를 거쳐 극미의 계인 원소에 이르기까지 다양한 분야에 적용이 가능하다.[7] 인문지리학이나 자연생태학 또는 환경사의 관점에서 본다면 동아시아 전통적인 자연관과 유사하며,[8]『山經表』나 풍수사상에서 지향하는 자연에 대한 해석과 부분적으로는 맥이 통한다. 역사공간에도 적용할 경우에는 다양한 국가 민족 문화 영토 등도 하나의 '統一體' 또는 '歷史有機體',[9] '文明共同體'를 이룰 수 있다.[10]

狀外交'라고 규정하면서 논리를 전개했다. 필자의 박사학위 논문 및 졸저『고구려 해양사연구』, 사계절, 2003. 또한 실용적으로 분석한 몇몇 연구가 있다. 졸저,『고구려는 우리의 미래다』, 고래실, 2004 ;『장수왕 장보고 그들에게 길을 묻다』, 포름, 2006 ; 졸고, 「장보고를 통해서 본 경제특구의 역사적 교훈과 가능성」, 남덕우 편, 『경제특구』, 삼성경제연구소, 2003, 등.

7) 多核 등 용어와 개념의 유사성으로 인하여 인문지리학에서 사용하고 있는 중핵 등의 용어 및 개념과 혼동 될 수 있다. 본고는 지리와 철학 등을 포함한 역사개념으로 사용했음을 밝혀둔다.

8) 근래에 최덕경, 『중국고대 산림보호와 환경생태사 연구』, 신서원, 2009, 5~526쪽에서 중국의 각종 지역의 환경을 소개하면서 중국학자들의 생태이론을 역사과정 속에서 언급하고 있다.

9) 有機體라는 용어는 단순하게 기계적인 것에 대응하는 개념으로 이해할 수 있으나, 이는 필자의 의도는 다르다. 구조상으로는 일종의 네트워크시스템이며, 내용은 생명현상을 함유한 개념이다. 몇 몇 논문에서는 대안으로 초유기체, 또는 생명체라는 용어를 사용하기도 했으나 가설상태이다. 필자는 이러한 이론을 바탕으로 국가의 정체성, 선생국가의 계승성, 분열된 국가들의 통일성 등을 역사상과 연관하여 분석해왔다.

10) 윤명철, 「동해문화권의 설정 검토」, 『동아시아 역사상과 우리문화의 형성』, 한국학중앙연구원, 2005, 9~44쪽.

동아시아의 지리적인 범주는 아시아 대륙의 동쪽 하단부에 위치해 있으면서 중국이 있는 대륙, 그리고 북방으로 연결되는 대륙의 일부와 한반도, 일본열도로 구성된다. 한반도를 중심축으로 일본열도 사이에는 동해와 남해가 있고, 중국 사이에는 황해라는 內海(inland-sea)가 있다. 한반도의 남부와 일본열도의 서부, 그리고 중국의 남부지역(양자강 이남을 통상 남부지역으로 한다)은 이른바 동중국해를 매개로 연결된다. 그리고 현재 沿海洲 및 북방, 캄챠카 등도 동해연안을 통해서 우리와 연결되며, 타타르해협을 통해서 두만강 유역 및 북부지역과 사할린 홋카이도 또한 연결된다. 한반도와 남만주를 지리적인 중핵으로 삼고 한반도의 삼면을 바다로 둘러싸여 있으며, 다시 그 바다를 북만주와 중국대륙 사할린 일본열도가 環狀形으로 감싸고 있다. 비록 완벽하거나 전형적인 형태는 아니지만 비교적 지중해적 형태를 띠우고 있다. 이른바 多國間地中海 (multinational-mediterranean-sea)에 해당한다. 필자는 동아시아의 이러한 지리적이고 문화적인 특성을 설명할 목적으로 동아시아의 내부 터로서 東亞地中海(EastAsian-mediterranean-sea)라는 모델을 설정하고 학문적으로 제시하였다.[11]

동아지중해는 지구상에서 가장 다양한 자연환경을 함께 갖추고 있는

윤명철, 「東아시아의 海洋空間에 관한 再認識과 活用 – 동아지중해 모델을 중심으로 – 」, 『동아시아 고대학』 14, 동아시아 고대학회, 경인문화사, 2006 ; 윤명철, 「고구려 문화형성에 작용한 자연환경의 검토 – 터이론을 통해서 – 」, 『한민족 연구』 4, 한민족학회, 2007, 161~198쪽 등.

11) 윤명철, 『동아지중해와 고대일본』, 청노루, 1996, 1~309쪽 ; 『장보고 시대의 해양활동과 동아지중해』, 학연문화사, 2002, 13~319쪽 ; 『한민족의 해양활동과 동아지중해』, 학연문화사, 2002 ; 『고구려 해양사 연구』, 사계절, 2003 ; 『바닷길은 문화의 고속도로였다』, 사계절, 2003, 1~415쪽 ; 『한국 해양사』, 학연문화사, 2003 ; 「장보고를 통해서 본 經濟特區의 역사적 교훈과 가능성」, 『경제특구』, 삼성경제연구소, 2003, 75~120쪽 ; 「동아시아의 相生과 동아지중해모델」, 『21세기 문명의 전환과 생명문화』, 세계생명문화포럼, 2003.12, 411~432쪽.

지역이다. 지리적으로는 산맥과 평원 초원, 길고 수량이 풍부한 강들로 구성되었고, 육지와 비슷한 넓이인 3,400,000평방km의 바다가 있다. 黑龍江 松花江 嫩江 遼河 大凌河 灤河 牧丹江 우수리강 黃河 淮河, 그리고 鴨綠江 豆滿江 大同江 漢江 洛東江 등 크고 길며 수심이 깊은 많은 강들이 바다로 흘러들고 있다. 기후라는 면에서는 온대와 아열대 아한대가 지역별로 공존하고 있으며, 문화적으로도 농경의 定着性 (stability)문화, 遊牧文化, 狩獵森林문화, 그리고 海洋문화가 적합한 환경에서 발전하면서 공존하고 상호보완되면서 독특한 성격을 탄생시켰다. 또한 지정학적으로는 북방과 중국에서 뻗쳐오는 대륙적 질서와 남방에서 치고 올라가는 해양적 질서가 만나고 생활양식과 종족들의 분포 정치체제는 복합적이다.[12] 동아지중해는 한반도를 가운데 두고 수천 년 동안 지정학적으로 협력과 경쟁, 갈등과 정복 등의 상호작용을 통해 공동의 역사활동권을 이루어왔으며, 바다 주변의 주민과 문화는 상호간에 영향을 주고받는 일종의 '環流시스템'을 이루고 있었다.

이러한 환경 속에서 동아시아의 역사 및 문화의 체계와 성격을 파악하려면 大陸的 성격과 海洋的 특성을 동시에 갖고 있으며, 유기적인 관계를 맺고 있음을 인식해야 한다. 또한 우리 고대사의 기본성격을 대륙과 반도 해양이 유기적으로 연결된 '海陸的 시스템'으로 파악하며, 동시에 역사 인식에서 소외되었던 해양의 위치와 역할을 재인식하는 '海陸史觀'을 적용할 필요가 있다.[13]

---

12) 윤명철, 「渤海 유역의 역사문화와 동아시아 세계의 이해 – '터(場, field) 이론'의 적용을 통해서 – 」, 『동아시아 고대학』 17, 2007, 3~48쪽.
   윤명철, 「고구려 문화형성에 작용한 자연환경의 검토 – 터이론을 통해서 – 」, 『한민족 연구』 4, 2007, 161~198쪽 등 참고.
13) 윤명철, 「한국사 이해를 위한 몇 가지 제언」, 『한국사학사학회보』 9, 한국사학사학회, 2004, 5~36쪽 ; 윤명철, 「東아시아의 海洋空間에 관한 再認識과 活用 – 동아지중해 모델을 중심으로 – 」, 『동아시아 고대학』 14, 동아시아 고대학

2. 강의 성격과 體系

동아지중해에서 해류적인 성격이 효율적으로 구현될 수 있는 지역은 정치 경제 군사 문화 등의 영역에서 각각 중핵역할을 담당할 가능성이 높다. 즉 수도로 선정될 가능성이 비교적 높다. 이러한 관점에서 강의 체계와 의미, 성격을 살펴볼 필요가 있다. 강은 육지에 부속된 단순한 부분이 아니다. 내륙 깊숙하게 있는 넓은 부분과 규모가 크고 작은 線(支川)들을 매개로 사방으로 연결된 굵은 동맥같은 線이다. 자체의 동력과 활동범위를 갖고 있는 독립된 존재이면서 다른 요소들과 유기적으로 관계를 맺으면서 전체적인 시스템을 유지한다. 이러한 전제하에서 강의 위상 의미 등을 살펴보는 작업은 추후의 과제로 넘기고, 본고에서는 강해도시와 연관하여 체계와 기능을 살펴보고자 한다.

첫 째는 交通網[14]의 역할이다. 강은 산 평야와 더불어 육지를 구성하면서 유기적인 상호보완관계를 이루고 있다. 뿐만 아니라 산과 호수 초원 평원 등으로 분리되고 막혀있는 내륙의 내부지역들을 자연과 역사적인 측면에서 연결하고 있다. 특히 산악지형인 한반도 내부에서는 육로보다 수로가 매개체의 역할을 더 많이 할 뿐 아니라 효율적이다.

강 주변에는 충적평야가 형성되고, 주거지가 만들어지므로 강을 통해서 평야지대는 물론 주거지 즉 마을 간에도 연결된다.

강은 육지와 해양을 연결하는 매개체 역할도 담당한다. 육지와 해양은 '面 對 面'으로 직접 접촉하면서 관계를 맺기도 한다. 그러나 강은 길고 깊숙하게 뻗은 線(line)을 이용하여 육지의 안쪽 깊숙히와 해양을 직접 연결한다. 형태는 線이지만 실재는 面의 기능을 하며 더욱 많고 다양한 면과

회, 경인문화사, 2006, 1~38쪽 ; 윤명철, 「고구려 문화형성에 작용한 자연환경의 검토-터이론을 통해서-」, 『한민족 연구』 4, 한민족학회, 2007, 161~198쪽 ; 기타.
14) 路와 網은 체계와 역할 의미가 다르다.

마주치는 것이다. 동시에 강은 육지와 해양의 직접 마주치지 않은 각각 다른 공간들도 이어줄 수 있다. 예를 들면 경기만의 북쪽인 海州灣의 내륙지역과 남쪽인 南陽灣의 내륙지역을 이어주며 한강 河系網을 통해서 간접적으로 이어진다. 또한 해주만과 한강 중류지역을 연결시켜준다. 일종의 '連水陸路 시스템'으로서 동해와 서해, 남해와 서해도 연결이 가능해진다.

이처럼 전근대 사회에서 내륙과 강하구의 연결, 내륙과 해안을 연결하는 교통망으로서 강의 역할은 절대적이었다.

강은 농경과 상업, 어업, 수렵채취가 발달한 경제공간이었다. 농경지는 강 주변이나 하류에 집중분포하고 있고, 특히 水田농업인 경우에 강의 존재는 절대적이다. 강은 상업활동과 직결되어 있다. 물자가 이동하는 물류의 매개체는 강이고, 수단은 배이다. 무역일 경우에는 航路 港口선정 정치체제(국경검문소, 관세징수 등)의 메카니즘으로 인하여 외국에서 들어오는 물자들은 강하구에서 1차적으로 집산된 다음에 강을 역류하여 내륙으로 들어왔다. 이러한 수로 교통망은 곧 물류망의 기능을 했으므로, 강 주변에는 항구와 시장, 창고 그리고 촌락과 도시들이 형성되었다. 따라서 항해업과 造船業에 종사하는 집단들도 있었다.[15]

한편 큰 강들은 어업이 발달하는 최적의 장소였다. 강에서 서식하는 물고기도 있었지만 많은 강들은 하구에서 내륙 깊숙한 지역까지 조수의 영향을 받아서 하구에는 바다를 오고가는 생선들도 서식하였고, 각종 어패류 등이 풍부했다. 만주지역의 강들은 생태계의 특성상 본격적인 어업을 하는 어렵경제지역도 있었다. 한반도 내부의 강들도 인간의 식생활에 매우 필요한 어업행위를 할 수 있었다. 한강변인 岩沙洞 유적의 제 5층에 살았던 주민들은 강변에 살며 어업을 했음이 밝혀졌다. 경기해역 어

---

15) "물이 있어야 사람이 살고 정기도 모인다. 큰 물가에 부유한 집과 큰 마을이 많은 것도 물이 재화를 상징하기 때문"이라고 적었다. 이형석 저, 『한국의 강』, 홍익재, 1997, 16쪽.

종에 관한 최초의 본격적인 기록은 『世宗實錄地理志』 및 『新增東國輿地勝覽』, 『輿地圖書』 등을 통하여 잘 살펴볼 수 있다. 近現代에 이르기까지 가장 많이 잡혔던 어종은 조기·갈치·청어·민어·홍어·숭어·뱅어·낙지·굴·해삼·홍합·새우·게·가사리·미역 등이었다.16)

뿐만 아니라 강 주변에는 식생대가 다양하게 발전하여 임산물을 비롯하여 각종 식료품들이 많이 생산됐다. 그 외에도 생산과 유통에도 중요한 역할을 담당하였다. 강은 거주에 최적인 환경일 뿐 아니라 경제력을 집중시키면서 주민들을 세력화시키기에 유리한 점이 많았다. 또한 정치적으로는 자연경계를 따라서 분열되어있는 내륙의 정치지형을 하나의 시스템으로 통합하는 계기를 마련하는데 유리하다. 더욱이 큰 강의 하구를 장악하면 그와 연결되어있는 해상권을 장악하는데 유리함은 물론이지만 역으로 그 주변, 즉 부채살처럼 활짝 펼쳐진 다양한 하계망과 소위 '내륙수로'를 통해서 전체에 대한 영향력을 행사할 수 있다. 그래서 큰 강의 하구에는 정치세력들이 형성되었다. 고대국가 이전의 小國들은 주변의 소국이나 외국과 교섭하고, 바다를 통해서 들어온 물품들을 수로를 이용하여 내륙지방으로 공급해야 한다. 때문에 공급지와 수요지, 집결지를 연결시켜 주는 큰 강의 나루나 바다의 灣 내부, 浦口 등에서 성장하는 소국들은 일종의 '나루국가'17)이다. 당연한 현상이지만 군사적으로 비중이 커져 군사활동과 연관된 각종 시스템이 구축되었다. 강은 중요한 문화공간이었다. 강의 주변지역에 거주하면서 생활을 의지하는 주민들은 신앙 민속 생활양식 등에서 강과 불가분의 관계를 맺었다. 북만주의 일부지역과 동만주 일대에서는 생태계의 특성상 생활과 신앙 예술 설화 등 문화면에서 강의 비중이 절대적이었다. 강은 이러한 현실적인 기능 외에

---

16) 『한국의 해양문화』(서해해역 上), 해양수산부, 2002, 74쪽.
17) 윤명철, 「서남해양의 해양역사적 환경 검토」, 『한민족 해양활동과 동아지중해』, 학연문화사, 2004, 174~208쪽.

도 또 다른 특성을 지녔는데, 일종의 의미적 기능이다. 강은 구조와 역할 자체가 만남과 소통과 창조를 낳는다.

강은 이러한 몇 가지 특성들 때문에 인류 문명이 발생한 장소라는 다소 과장된 측면이 있다. 지리적, 지형적, 역사적으로 보면 큰 강 하구에서 중요한 도시들이 형성되고 문명이 발생하거나 발전한 사실은 분명하다. 특히나 우리처럼 지중해적 형태와 성격을 지닌 터의 중핵에 있으면서 모든 지역 및 해역과 접촉할 밖에 없는 운명을 지닌 한반도에서는 강하구야 말로 모든 힘과 역할, 의미가 집약된 공간이었다. 필자는 강의 중요성, 특히 강과 해양이 마주치는 하구의 중요성을 주목하면서, 이러한 역사공간에서 형성된 도시를 合成名詞를 차용하여 '江海도시'라고 부르고 있다. 이러한 강해도시 가운데에서 해류적인 성격이 정치 경제 문화적으로 잘 구현될 수 있는 中核은 수도로 선정될 가능성이 높은 곳이다.

III. 우리 역사터의 江

1. 만주지역 강의 이해

그렇다면 이러한 체계와 역할을 하는 강은 우리 역사터에서 어떤 모습으로 존재하고 작동하고 있을까?

강의 중요성을 언급한 사람들은 많다. 申景濬이 제작한 『山經表經』[18]나 다산 정약용이 집필한 『大東水經』은 조선조뿐만 아니라 우리민족이 산과 물을 어떻게 인식하고 있는가를 잘 보여준다.[19] 정약용은 『大東水經』

---

18) 신경준(1712~1781) 제작. '여지편람'은 2권 2책으로 구성되어 있는데 乾 책이 바로 '山經表'이며 坤책은 '거경정리표(서울과 각지역간에 거리 표기)이다.

19) 이존희, 『서울의 자연과 입지조건』, 『서울역사강좌』, 서울특별시사편찬위원회,

에서 하천의 중요성을 강조하면서 사람들이 하천을 따라 생활권이 형성되고 있으니, 하천을 단위로 자연을 인식하는 자세가 필요하다고 역설하고 있다. 강의 발원지로부터 入海處(하구)에 이르기까지와 또 그 강의 원류와 지류들 및 그에 합류되는 다른 강들에 대하여 흐름을 따라 내려가면서 그의 명칭과 강이 경유하는 지역을 설명하고 있다. 『新增東國輿地勝覽』에서는 한강 낙동강 금강물이 나뉘어지는 三分水에 대하여 기술하고 있다.[20] 물이 산봉우리에 떨어져 갈라지면 二分水 또는 二派水라 하며 분수령에서 세 갈래로 나누어지면 三分水 또는 三派水라고 하는데, 이는 산과 물을 하나에서 생성됐으며, 유기적인 관계임을 알려준다.

한민족이 지닌 국토지리에 관한 총체적인 인식은 金正浩가 지은 『大東輿地全圖』의 발문에서 잘 표현되고 있다. 그는 백두산을 조산으로 삼고, 모든 산맥들은 거기에서 뻗어 나온 것으로 이해하고 있다.[21]김정호는 비록 역사지리적인 인식이 현재의 한반도인 당시 조선영토에 머무르고 있지만, 기본적으로는 우리역사의 활동터전을 강을 포함한 해류적인 관점에서 보고 있음을 알려준다. 그래서 『대동여지전도』를 살펴보면 일반적으로 접하는 등고선지도가 아니라 '山系水系圖'인 것이다.[22]필자가 제기하는 '터이론'과 만주와 한반도와 바다를 유기적으로 작동하는

2004. 2쪽.

20) 이형석 저, 『한국의 강』, 홍익재, 1997, 15쪽. 동국여지승람에는 한강 낙동강 금강물이 나뉘어지는 三分水대하여 기술하고 있다. 필자는 이 부분을 보면서 유기적인 체계로 인식했음을 인식했다.

21) 이존희, 위 논문, 28쪽 ; '16세기부터는 백두산을 중시하여 국토의 '조종·뿌리'로 생각하기 시작하였고, 한양을 우리 민족의 '수도'로 보는 이원적(二元的)사고체계가 형성되어 갔다. 그리하여 이 시기에 편찬되는 모든 지도에 백두산을 크게 그려 강조하였고, 한양으로 뻗은 산줄기를 뚜렷하게 표시하여 백두산과 한양이 조선 산천체계의 중심으로 자리잡게 되었다.'

22) 이형석 위의 책, 4쪽. 이존희도 위의 글에서 조선 후기, 자연에 대한 인식체계는 '산'과 '강'을 중심으로 이루어졌다.고 말하고 있다.

통일된 역사터로 보는 '해류사관'은 이러한 인식과 맥락이 닿고 있다.[23]

이 글에서는 개괄적인 수준을 근거로 논리를 전개하고 있지만 동아시아전체의 자연환경은 변화해왔다.[24] 동방문명권[25]의 중요한 터인 만주지역[26]은 동쪽으로는 백두산에서 연해주로 이어지는 대삼림지대가 있고, 타타르해협을 넘어 사할린과 홋카이도, 동해 너머로 일본열도까지 확장된다. 서쪽으로는 요동평원을 넘어, 요서 황하유역에 펼쳐진 화북평원과 그 너머로 이어지는 사막지대, 산동반도의 구릉과 평원들을 비롯한 남으로 이어지는 남쪽 일부지역의 논농사지대가 있다. 서북쪽으로는 내몽골을 지나 몽골초원에 이르는 대초원지대가 이어지고, 북으로는 松遼평원을 지나 大興安嶺과 홀론보이르 초원지대(呼倫湖 貝尒湖지역)를 지나 바이칼호 주변까지, 동북쪽으로는 남만주 일대의 소위 東北平原[27]

---

23) 윤명철, 「고구려 문화형성에 작용한 자연환경의 검토 – '터와 多核(field&multi-core) 이론'을 통해서」, 『한민족』, 4호, 2008, 161~198쪽 ; 「渤海 유역의 역사문화와 동아시아 세계의 이해 – '터(場, field) 이론'의 적용을 통해서」, 『동아시아 고대학』 17집, 2008, 3~48쪽 ; 「한민족 형성의 질적 비약단계로서의 고구려 역사」, 『한민족연구』 제5호, 2008, 87~116쪽.

24) 와쓰지 데스로오 저, 박건주역, 『풍토와 인간』, 장승, 1993, 1~279쪽. 고대 사회에서는 환경이나 기후가 역사발전에 강력한 영향을 끼쳤다. 이러한 예는 이시 히로유끼, 야스다요시노리, 유아사 다케오 지음, 이하준 옮김, 『환경은 세계사를 어떻게 바꾸었는가』, 경당, 2003, 1~286쪽 ; H.H 램 지음, 김종규 옮김, 『기후와 역사』, 한울 아카데미, 2004, 5~467쪽 참고. 바람이 항해나 조선술, 그리고 유럽의 제국주의적인 팽창과 깊은 관련이 있는가와 구체적인 실례들은 앨프리드 W 크로스비 저, 안효상·정범지 역, 『생태제국주의』, 지식의 풍경, 2002.3, 1~154쪽 참고.

25) 필자는 여러 편의 글에서 '東方文明' '東夷文明' '朝鮮 韓共同體' 등의 용어를 부여하면서 동아시아 내지 우리문화에 대한 유형화작업을 해왔는데, 동방문명권으로 설정한 바 있다.

26) 만주 일대와 한반도 포함 – 약 420만㎢ 동북 지역은 대략 동경 116°~135°, 북위 39°~53° 사이에 있다. 북쪽에는 이륵호리산(伊勒呼里山과) 소홍안령(小興安嶺)이 있고, 동쪽에는 장광재령(張廣才嶺), 노부령(老斧嶺)과 장백산(長白山)이 있다.

27) 동북평원은 동서의 길이가 약 400km이고, 남북 길이는 약 1,000km이다.

을 넘어 소흥안령과 흑룡강 상류 중류유역의 대삼림지대까지 확장된
다.[28] 이러한 환경을 지닌 만주일대에서 강은 정치 경제 군사 문화적으
로 역할이 크다. 필자가 여러 글에서 언급한바 있지만 본고의 주제인 강
해도시론의 설정을 위한 간략한 범위 내에서 약술하고자 한다.

만주지역에는 60개의 크고 작은 강들이 흐르고 있다. 그 가운데에서
우리 역사와 연관 깊은 몇 개의 강이 있다. 松花江은 백두산 달문(天池)
에서 발원하여 북쪽으로 흐르다가 남만주 일대의 산간계곡에서 발원한
柳河 輝發河 등과 만나면서 흘러 현재의 吉林市에 오면 큰 물줄기를
형성한다. 부여의 南城子城과 고구려의 龍潭산성 및 동단산성 등이 있
는 內陸 河港都市이다.[29] 계속해서 북으로 흘러들다가(북류 송화강, 제
2 송화강) 넓은 평원과 호수들이 있는 大安에 이르러 대흥안령의 산속인
伊勒呼里 산맥에서 발원하여 남으로 흘러 내려온 嫩江과 대안에서 만
난다. 충적평야이고, 수량이 풍부하며 해발 120m~250m 로서 지세가 낮
은 지역이다.[30] 이른바 松嫩평원의 일부이다.[31] 눈강 하구 지역은 부여
와 관련이 깊은 白金寶문화 肇東문화[32] 漢西문화 등의 유적이 있다.

송화강은 이곳에서 방향을 틀어서 동류(東流 松花江, 제 1 송화강)하
다가(통항거리가 1890km 물론 겨울에는 운항할 수 없다.) 중간에서 현재

---

28) 만주일대의 자연환경은 윤명철, 「고구려 문화형성에 작용한 자연환경의 검토 -
   '터와 多核(field & multi-core)이론' - 을 통해서」, 『한민족』 4호, 2008. 참조. 이
   하의 글들은 이 논문의 내용을 많이 인용하였다.
29) 여진어로 河岸 이라는 뜻이다.
30) 王承禮 저, 송기호 역, 『발해의 역사』, 한림대학 아시아문화연구소, 1988, 106쪽.
31) 池內宏, 「扶餘考」, 『滿鮮史研究』 上世篇, 吉川弘文館, 1944, 446~454
   쪽. 동부여가 초기에 발원한 지역은 동류 송화강인 하얼빈 아래의 현 阿城지역
   이란 견해.
32) 황기덕 등은 백금보 문화가 동명의 출자로 알려진 槀離國을 조동 조원지방으로
   비정하고 있다. 황기덕, 「료서지방의 비파형단검문화와 그 주민」, 『비파형단검문
   화에 대한 연구』, 과학·백과사전출판사, 1987, 146~147쪽.

의 하얼빈시내를 통과한다.[33]한편 동남쪽에서는 백두산 주변의 산골 여러 지역에서 발원하여 모인 물들이 牧丹江을 이룬다. 동북쪽으로 完達산맥, 張廣才嶺이 있는데, 해발 600~1000m이다. 목단강은 張廣才嶺과 老爺嶺 사이를 뚫고 지나 발해의 중심부였던 鏡泊湖를 거쳐 북상하다가 혹 강성의 衣蘭에서 송화강과 만난다.[34]확장된 송화강은 길림성 동쪽 일대와 흑룡강성 남부지역을 거치면서 동북상하다가 同江시에서 흑룡강과 합수한다. 이때까지 길이가 1927km이다.

黑龍江은 퉁구스어로 '검은 강'이라는 의미를 지닌 '아무르강'으로 불리운다. 지류가 무려 200여개이다. 시베리아 남동쪽과 중국 동북쪽의 국경 부근을 흘러 오호츠크해로 빠져나가는 강으로 전체 길이가 4,730km이다.[35] 발원지는 크게 두 지역으로 본다. 본류는 몽골고원 북부에서 발원한 오논강으로 흘러 오다가, 북쪽 발원지인 러시아쪽의 야블로노비산맥에서 발원한 실카강과 제야강 등과 만나고 중국 쪽에서는 동몽골의 초원과 대흥안령 이서인 훌룬호(呼倫湖) 보이르호(貝尒湖)주변인 훌론보이르 초원을 통과한 아루군강과 大興安嶺 小興安嶺의 골짜기와 초원을 거쳐 온 강물들이 모여 莫河 부근에서 黑龍江(1892km)의 본류를 이룬다. 산이 완만하여 구릉모양의 대지를 이루고 있다. 현재는 서쪽은 초원이 발달하면서 말들을 키우고 있고, 동쪽은 수렵삼림지대이다.[36] 이 지역은 기후와 마찬가지로 종족 언어 풍습 등이 서로 섞인 지역이다. 네르친스크시,[37] 하이라얼시, 根河시, 鄂倫春旗, 加格達奇의

---

33) 6세기 무렵 북부여의 후예인 두막루가 있었던 지역이다.
34) 忽汗河라고 하는데, 신당서에는 奧婁河라고 하였다.
    王承禮 저, 송기호 역,『발해의 역사』, 한림대학 아시아문화연구소, 1988, 105쪽.
35) 흑룡강의 길이는 약간씩의 차이가 있다. 김추윤 장산환 공저『中國의 國土環境』, 대륙연구소, 1995, 1~331쪽.
36) 필자는 이 지역들을 답사했으나 현재의 상황이 과거의 사료 또는 유물 생활습속 등과 꼭 일치하지 않음을 여러 곳에서 발견하였다.
37) 강의 도시라는 뜻이다.

도시들과 阿里河, 甘河, 黑河 등은 내륙하항도시이다.

흑룡강은 黑河市 주변을 지나 동남으로 흐르다가 남만주에서 북상한 송화강과 同江에서 합류한다. 이어 동북쪽으로 흐르다가 러시아의 연해주에 있는 興凱湖에서 발원하여 연해주 남부를 훑으며 북상한 우수리강과 하바로프스크에서 합류한다. 이렇게 해서 만주일대와 시베리아 지역의 물길을 모은 아무르강(흑룡강)은 계속해서 동북상하다가 타타르해와 오호츠크해가 만나는 해역에서 바다와 만난다. 총 4730km[38)]에 달하는 동안 주변의 지류 등을 포함하면서 실로 다양한 자연환경과 만나고 만들어내면서 몽골계와 퉁구스계 고아시아계의 주민들을 비롯하여 초기의 부여가 성장하는데 매우 유익한 생태를 만들었다. 하바로프스크시 부근에 있는 우수리Ussuri 강과 합쳐지는 지점에서부터는 아주 다른 지역이 시작된다. 이 바다에 접한 지역, 즉 沿海 지역(러시아어로 프로모리예 Primorye라고 부름)은 여름에 더 따뜻한 날씨를 보이며, 몬순풍의 영향으로 태평양에서 많은 비가 올라온다. 그래서 이곳은 전형적인 시베리아의 식생과는 다른 양상을 보인다.[39)]

아무르강 유역(흑룡강 하구) 사할린 등의 지역은 기원전 1000년 기에는 잡곡재배의 적지였다. 토양은 반습지적인 초지의 흑색토양으로서, 비옥도는 높고, 봄용 작물에 적합하였다. 북위 50도 이남은 졸참나무 혼합림대가 넓게 퍼져있었는데,[40)] 어업자원이 풍부해서 연어, 송어 등등의 어류들이 살고, 아무르천 유역도 많은 종류의 어류들이 있었다.[41)] 연해

---

38) 20,860km로 말하는 경우도 있다.
39) 제임스 포사이스 지음, 정재겸 옮김,『시베리아 원주민의 역사』, 솔출판사, 2009.03, 25쪽.
40) 동아시아 삼림대에서 특징적인 농경문화 유형을 인지해서 'ナラ林文化'로 명명한 사람은 中尾佐助이다. 이 문화는 기원전 3000년경부터 500년 정도까지 있었다. 이 문화는 대륙동부에서 도래하여 순무나 W형 대맥등으로 대표되는 북방계의 주용한 작물군을 받아들인 농경문화라고 생각된다. 松山利夫,「ナラ林の文化」,『季刊考古學』15號, 1986년, 雄山閣出版社, 43쪽.
41) 加藤晋平,「東北アジアの自然と人類史」,『東北アジアの民族と歷史』

주 남부지역은 우수리강 상류, 綏芬河, 얀치하, 두만강이 흐르고 있다.
老爺嶺 동쪽의 연변산지는 산이 줄줄이 이어지고 높고 낮은 산봉우리가
솟아있다. 해발 500m~800m인데도 곳곳에는 충적의 산간분지들이 있
다. 우수리강 유역에는 산간곡지가 조금 있으며, 綏芬河도 농경지가 발
달하였다. 이들 산간분지들은 토지가 비옥하고 동해 때문에 기후가 습하
며, 숲과 물에 가까워 농경에 편리하고, 어업과 수렵에도 유리하다.[42] 두
만강 하구와 연결되는 琿春은 고구려의 책성이 있었던 곳인데, 분지가
발달하여 농경이 이루어졌다.

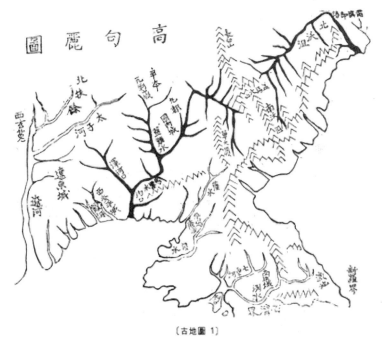

〔古地圖 1〕

〈그림 1〉 이형석 선생 자료에서 재인용

(三上次男 神田信夫 編), 山川出版社, 1992, 9~10쪽.

42) 王承禮 저, 송기호 역, 『앞의 책』, 105~106쪽 인용.

요동반도는 遼河를 사이에 두고 요동, 요서라고 나누고 있다. 북에서 남으로 뻗어오면서 千山산맥과 동북평원 지역의 일부가 있다. 요동반도는 水系가 발달하였고, 대부분의 수계는 遼河로 연결된다. 요서지방은 燕山산맥의 양대 지맥이 서남과 동남방향으로 뻗고 努魯兒虎山 醫巫閭山이 있다.[43] 내몽골지역에서 발원한 시라무렌하(西拉木倫河)와 老哈河가 합수한 서요하와 동요하가 각각 흘러오다 만나 다시 요하라는 이름으로 盤山에서 발해로 들어간다. 그 외에도 대릉하 난하 등 크고 작은 강이 錦州灣 連山灣 등의 작은 만을 거쳐 발해로 흘러 들어간다.[44] 요동지방은 太子河가 本溪에서 백암성을 거쳐 요양 앞을 통과한 다음에 해성을 거쳐 온 물길과 만나 다시 남쪽으로 내려오다 막바로 혼하를 거쳐 내려온 대요하와 만나 최종적으로 營口에 모인 다음에 발해의 요동만으로 들어간다. 325km인데 瀋陽 遼陽(遼東城) 海城(安市城) 盖州(建安城) 등은 內陸港口都市이다. 일부 강들은 復州灣 普蘭店灣 金州灣 등으로 흘러들어간다. 요하와 발해가 만나는 하구인 營口는 지형의 변화[45]로 인하여 현재는 해항도시이지만 고대에는 섬이었을 가능성이 크고 요하의 하구는 더 안쪽이었을 것이다. 대련의 金州(고구려 비사성)는 해항도시였으며, 王險(儉)城은 위치는 정확하게 알 수 없으나 '朝漢 戰爭'[46] 당시의 상황을 고려한다면 강해도시일 가능성이 크다.

43) 이 지역의 지리적 특성에 대해서는 주로 양태진의 『한국邊境史 연구』, 법경출판사, 1990, 94~100쪽.
44) 남북이 550km이고, 동서는 330km로서 면적은 7.7만 평방km에 달한다.
45) 유재헌, 『중국역사지리』, 문학과 지성사, 1999, 92쪽. 요하의 하구인 營口는 원래 명대 말기~청대 초기에 요하의 하구 밖에 있는 하나의 모래섬에 불과하였다. 현재의 지형을 토대로 고대의 역사와 문화를 이해하는데 얼마나 오류가 있을 수 있는 가를 알려주는 예이다.
46) 윤명철, 「黃海文化圈의 形成과 海洋活動에 대한 연구」, 『先史와 古代』, 한국고대학회, 1998, 137~162쪽. 이후 여러 편의 글에서 이 전쟁을 동아지중해의 황해북부지역을 둘러싼 국제전쟁임으로 규정하였다.

지형상으로 陸地와 江과 海洋이 연결된 지역이다. 요동반도의 동쪽에는 大洋河, 碧流河 贊子河, 沙河 등이 황해북부로 흘러 들어가며 壯河 등의 해항도시들을 형성한다. 요동반도는 內陸水路와 陸路를 연결한 후 海路와 통합하면 유기적인 시스템을 갖춘 河港 및 海港을 활용하여 동아지중해의 대부분 지역과 이어지는 對外航路를 사용할 수 있다.

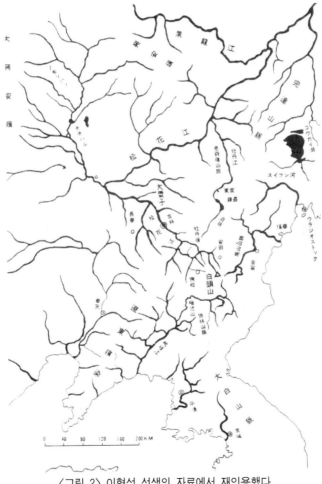

〈그림 2〉 이형석 선생의 자료에서 재인용했다.

살펴본바와 같이 전체적으로 만주 일대는 이처럼 크고 작은 강들과 하천 등을 통해서 몽골고원 대흥안령 소흥안령, 백두산 지구, 연해주 일대가 연결되고 있다. 일종의 連水陸路로서 만주일대를 '水陸的 시스템'으로 만들고 있다.

2. 한반도 지역 강의 이해

강은 한반도 내부로 들어오면 특별한 의미를 지닌다. 한반도는 육지의 70%가 노년기의 산악지형이다. 백두대간에서 비롯한 산맥들은 동쪽에 치우치면서 바다와 붙어있어 동해가에는 사람들이 모여 살만한 터가 부족했다. 반면에 서쪽은 지형이 낮기 때문에 멸악산맥, 마식령산맥, 차령산맥, 노령산맥 등이 뻗어 내리면서[47] 자락이 넓고 물길 또한 서해안으로 흘러 들어가며 河系網을 만들고 있다. 鴨綠江(淥水), 豆滿江(滿水) 淸川江(薩水) 大同江(浿水) 한강 임진강 (帶水)을 필두로 하여 錦江, 萬頃江, 東津江 榮山江 등 비교적 커다란 배들이 항행할 수 있는 강들이 18개나 된다. 이들 하천의 하구는 대체로 나팔모양을 유지하

---

47) 1769년에 편찬된『輿地便覽』의『山經表』에 따르면 대간 정간 정맥 등으로 구분하고 있다. 또한『山經表』에서는 한반도내의 모든 산줄기에 位階性을 부여하여 大幹(백두대간 1개)·正幹(장백정간 1개)·正脈 (13개)등 15개의 산줄기로 나누고, 백두산을 국토의 중심으로 생각하여 한반도 내 모든 산줄기의 출발점으로 인식하였다. 이존희,『서울의 자연과 입지조건』,『서울역사강좌』, 서울특별시사편찬위원회, 2004. 28쪽. 이는 필자의 터이론과 마찬가지로 산과 물을 하나의 유기적인 시스템으로 보는 관점이다. 현재 알려져 있는 분류법인 산맥구조론은 동경제국대학의 이학박사인 고토 분지로가 1900년부터 1902년 사이에 2회에 걸쳐 우리나라를 방문, 14개월간 전국을 답사·연구한 이론(산맥의 명칭과 개요)을 아무런 검토없이 그대로 따르고 있는 실정이다. 우리나라 산맥은 1900년대 초, 일본의 지리학자들이 연구한 결과로, 주로 밑의 지질구조에 따라 산맥을 분류하여 실제로 지표면의 산세와 맞지 않는다. 이형석 저,『한국의 강』, 홍익재, 1997, 18쪽.

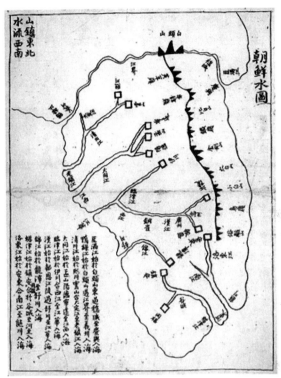

〈그림 3〉 조선수도(朝鮮水圖)(1903년, 27×17.6㎝,
필사본, 개인소장)

면서 바다쪽으로 개방되어 있기 때문에 해안선이 더욱 복잡하다. 또한
沿岸에는 크고 작은 灣과 섬이 많다.[48]

　鴨綠江[49]은 백두산에 출발하여 내려오면서 크고 작은 강들과 만나
황해로 접어든다. 중류에서는 북쪽의 渾江이 남쪽으로 흘러오면서 합류
하고, 이어 하구인 단동시 외곽에서 靉河 등과 만난다. 한편 남쪽에서는

---

48) 權赫在,「韓國의 海岸地形과 海岸分類의 諸問題」,『高大敎育大學院』3,
　　1975, 80쪽 참조.
49) '대동수경'은 압록강을 大總江으로 부른다. 菉水, 靉河, 古津江이 총합하여
　　흐르기 때문이라고 한다.

禿魯江과 만난다. [50]이렇게 해서 수심이 깊어지고 배들이 다닐 수 있는 水路인 通航거리가 길다(750km). 강 하류에는 河上島嶼가 많이 있고[51] 끝나는 곳에는 灣이 발달되어 황해로 접어든다.[52] 압록강과 두만강 두 강의 연안은 총 3,673리인데, 鴨綠江의 상류인 惠山江에서 동쪽으로 豆滿江 상류까지의 거리는 120리이다.

두만강은 길이 610,75km의 강이다. 명칭이 高麗江을 비롯해서 圖門江, 徒們江, 토문강,土們江, 統們江 등으로[53]다양하다. 백두산 산록인 함경북도에서 발원하였는데 수량이 부족하여 얕을 뿐 아니라 수심이 불규칙한데다가 수로가 험악하여 해양과의 접근성이 좋지 않다. 하구에는 琿春, 防川,[54] 핫산[55] 등이 있다. 훈춘은 분지가 발달하여 농경이 이루어졌고, 강 하구 안쪽으로 들어와 있지만 해양으로 진출하는 전진기지로서 발해의 동경성이었으며, 일종의 강해도시였다. 두만강 하구 유역은 19세기 말까지만 해도 연해주로 이어지면서 대규모의 삼림지대였으며[56], 남쪽인 개마고원 일대 또한 삼림지대로서 낙엽송이 밀생하였다.

淸川江은 길이 207km이다. 평안남도 雄魚水山에서 발원하여 중간

---

50) 『고려사』 지리지 ; 『신증동국여지승람』 義州牧.에서 압록강은 "馬訾 또는 靑河 또는 龍灣이라고도 한다. 서쪽으로 遼東都司와 거리가 5백 60리며, 그 근원은 滿洲 땅의 백두산에서 나오고, 수백 리를 남으로 흘러서 江界와 渭源의 지경에 이르러 禿魯江과 합치고, - " 라고 되어 있다.

51) 『신증동국여지승람』, 義州牧. 於赤島 蘭子島 黔同島 威化島 蘭子島 등이 있다.

52) 『漢書地理志』 卷 28, 地理志 第8下 1에는 황해북부로 흘러들어가는 강들에 대해서 본문과 주를 통해서 상세하게 설명하고 있다. 특히 玄兎郡 西盖馬縣 註에 "馬訾水 西北入監難水 西南至西安平 入海 過郡二 行二千一白里" 라 하여 압록강에 대하여 상세하게 설명하고 있다.

53) 이형석, 앞의 책, 73쪽.

54) 지금은 준설하여 항구도시가 되었다.

55) 우리 초기 개척자들이 부른 下山에서 유래했다는 설이 있다.

56) 제임스 포사이스 지음, 정재겸 옮김, 『시베리아 원주민의 역사』, 솔출판사, 2009.03, 1~538쪽 참조. 시베리아 전 지역의 생태환경을 묘사하고 있다. 기타.

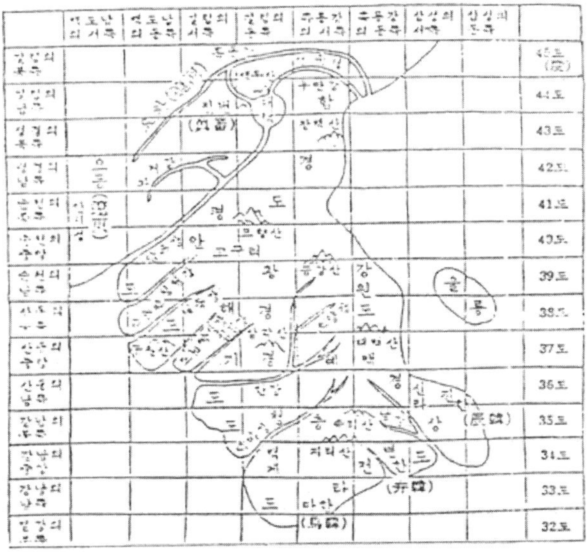

〈그림 4〉東史綱目의 經緯線 분야도

에 태천이 있는 대령강 등과 합류하면서 영변 개천 안주 등의 강변도시
들을 형성한다. 安州는 고구려시기 식성으로 불리워졌다. 동쪽은 동해
로, 서쪽은 서해 남쪽은 평양으로 이어지는 길목이다. 청천강은 평안북
도 내륙지방을 하나로 연결하면서 서해로 연결되는 강해도시이다. 大同
江은 길이가 441,5㎞에 달하는 결코 짧지 않은 강이다. 상류에는 비류
강이 흘러 성천시를 이루고 순천을 거쳐 평양주변지역으로 오면 합장강,
장수천 등이 대동강과 합류한다. 普通江과 만나 평양지역을 에워싸며
돈 다음에 하류로 흐른다. 이어 황해도의 黃州川, 재령지역에서 북상한
載寧江을 만나 남포를 경유하여 서해로 흘러들어 간다. 남포57)는 평양
시에서 약 44km 떨어진 지역이다. 이 대동강 水界는 평안남도 내륙은

---

57) 고구려의 황룡산성이 있었던 군사적인 요충지이다. 강변방어체제의 핵심으로서
평양성 방어체제의 일환이다.

물론이고 황해도의 일부 내륙도 곳곳을 이어준다. 비교적 지대가 낮아 수량이 풍부하여 수로교통에도 편리하고 평야가 발달하여 농사에도 적합하다. 이러한 환경 덕분에 대동강 유역은 기원 전 1000년~2000년을 전후하는 시대의 고인돌들이 집중적으로 분포되어 있다. 그밖에도 문화의 흔적이 깊고 뚜렷하여 북한에서는 소위 '대동강 문화론'을 주장할 정도이다.[58] 평양은 일종의 강해도시이며, 외항은 南浦이다.

禮成江은 水路가 187km이다. 황해도 수안군 대각산에서 발원하여 산성 신계 남천 금천 등을 경유하여 개성에서 30리 떨어진 예성항인 碧瀾渡에 닿는다. 可航거리가 하구에서 약 64km이고, 수로의 종점(可航종점)은 금천 북쪽의 한포였다. 이어 강화도 해역과 만나 서해로 빠져 나간다. 태백산 장수 해주만까지도 연결할 수 있는 환경을 갖추고 있다.

한강은 수로가 481km이고, 유역면적이 압록강 다음으로 넓다. 한강은 사서에서 '帶水' '漢水' '阿利水(광개토대왕릉비)' '郁里河[59]' 등으로 불리워졌는데, 모두 큰 강이라는 뜻을 담고 있다. 백두대간 중간부분의 산과 골짜기에서 발원하여 천으로 내려온 물들은 강을 이루고, 중간에 북한강의 인제 춘천 가평 등의 도시들, 그리고 영월 단양 제천 여주 이천 등의 도시들을 경유하여 각각 흘러오다가 경기도의 양수리에서 합쳐져 본류를 이룬다. 이어 북서방향으로 틀어 도중에 王宿川·漢川·炭川·良才川·安養川·昌陵川등의 지류와 합류한다.[60] 한강하류는 남·북한강이 양수리 부근에서 서로 합류하여 팔당을 지나 龍山의 남쪽을 흘러

---

58) 리순진, 「<대동강 문화>의 기본내용과 우수성에 대하여」, 『조선고고연구』 1999-1호(110호), 6쪽. 대동강문화론과 관련해서 『조선고고연구』 1999-1호(110호)에는 각종 논문들이 실려 있다. 특히 3~8쪽.

59) 『삼국사기』, 개로왕조.

60) 서울特別市史編纂委員會, 『漢江史』, 1985, 28~29쪽. 이긍익 『練藜室記述』지리전고편에는 '남강과 북강이 합해서 서쪽으로 흐르다가 도미천진이 되고, 광진이 되고 …'라는 구절이 있다.

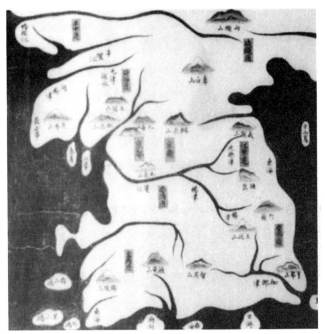

〈그림 5〉 조선국지리도 팔도총도

서해로 들어가는 부분을 말한다.61) 파주 교하면에서 한탄강과 합류한 임
진강과 만나 하구로 빠져 나간다. 다산 정약용은 특히 한반도를 흐르는
여러 강 가운데에서 한강이 가장 으뜸이라고 강조하고 그 가치의 중요성
을 들고 있다.

錦江은 수로가 401km로서 전라북도 장수군의 신무산에서 발원하여
중간에 南大川과 합류하고 충청북도의 천들을 만난다. 이어 충청남도
부강에서 美湖川과 합류한다. 공주 부여 강경 등을 거쳐 군산 앞 서해
로 들어간다. 노년기 지형에다가 충적 평야가 발달하였으므로 물길이 느
린 탓에 수로교통이 발달하였고, 조수의 영향이 부조군 규암면 규암리까

---

61) 盧道陽, 『서울의 自然環境』, 서울六百年史 第1卷, 1977, 53～54쪽.

지 미친다. 밀물 때 큰 배가 부여까지 운항되고 작은 배는 부강까지 운항
되는 등 활발하였었다. 더구나 하구에서 萬頃江이 합세하고 있으며, 현
재의 군산지역은 상당한 부분이 바다였을 것으로 추정된다.[62] 『大東輿
地圖』를 보면 하구가 내륙 깊숙하게 들어왔음을 알 수 있다. 금강하구
로 연결된 수로를 통해서 全北일대 및 忠南일대 전체까지 깊숙히 교통
이 가능하고, 물자의 교역 및 운송에 적합하다.[63]

萬頃江은 수로가 81,75km이다. 전라북도 완주군 동상면의 산록에서
발원한 후에 삼례를 경유한 후에 전주를 지나온 추천과 만나고 익산에서
益山川을 합류한다. 다시 탑천강과 만난 후에 만경 등을 거쳐 서해로
들어간다. 익산지역은 항로상의 중계지 역할뿐 만아니라 水路를 통해서
내륙으로 연결되는 교통의 요지였다. 조선 중기에 삼례 부근의 갯벌을
간척하였다는 기록이 있다. 밀물 때 배가 익산시 춘포면 대장촌리까지
올라갔으며, 보다 하류에도 선착장들이 발달하였다. 海倉은 동진강과 만
경강이 만나면서 서해와 직접 연결되는 포구이다. 구전에 따르면 일본과
당나라에 이르는 교역항로로써 반드시 통과해야 했다고 한다.[64]

榮山江은 길이가 115.8km이다. 전라남도 담양군 월산면 병풍산에서
발원하여 고막원천 함평천 시종천 영암천 등과 합류하여 나주를 거쳐 서
해로 들어간다. 조수의 영향은 영산포 부근까지 미쳤었다. 밀물 때에 40여
km에 달하는 영산포까지 큰 배가 올라갈 수 있었다. 영산강 하구댐이 만
들어지기 전에는 삼포천 영암천 등이 독립된 강이었다. 평야가 발달하지
못했으나 대신 수로교통이 발달하였다. 영산만은 『大東輿地圖』『靑邱

---

62) 이 부분에 대한 지리지질적 조사와 유적은 김중규 『잊혀진 百濟, 사라진 江』,
    신아출판사, 1998, 74~80쪽.
63) 羅壽承, 「錦江水運의 變遷에 關한 地理學的 硏究」, 『公州敎大論文集』
    16, 1980, 74~80쪽.
64) 『청해진 이주민의 벽골군 정착과정 및 김제시 개발 기본계획』, 군산대학교지역
    개발연구소, 2000, 17~18쪽.

圖』 등을 보면 매우 넓은 해역이었음을 알 수 있다. 리아스식 해안을 이루고 크고 작은 만과 반도가 잘 형성된 전남해안과 직접 연결되었다.

蟾津江은 수로가 212.3km이다. 전라북도의 진안군 팔공산에서 발원하여 보성강 등과 합류하다 광양만을 통해 남해로 흘러간다. 중간에 하동·송정리·화개 등이 있었는데 가항종점은 구례이다.[65] 섬진강 하구 해역은 순천만 광양만 일대를 포괄적으로 말한다.[66] 순천은 순천만 보성만 광양만, 사

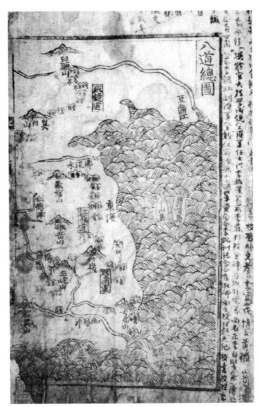

〈그림 6〉 新增東國輿地勝覽 소재 팔도총도

천만과 직접 간접으로 연결되고, 섬진강 보성강 나아가 금강과도 연결될 수 있는 내륙 하계망이 발달한 해항도시이다. 洛東江은 길이가 525.15km이다. 백두대간의 중심부인 강원도 태백산록인 黃池에서 발원하여 중류에서 금호강 황강 등과 합류하고, 하류에서 밀양강 양산천 등과 합류하여

---

65) 충청남도역사문화연구원, 『백제의 기원과 건국』, 충청남도역사문화연구원, 2007, 26～37쪽.
66) 『신증동국여지승람』 권40 순천도호부에 따르면 광양군과 15리 서쪽은 樂安郡과 31리 남은 바닷가까지 35리이다.

남해로 들어간다. 고대부터 수운이 발달하였다. 太和江은 길이가 41.5 km로 비교적 짧다. 경상남도 高獻山에서 발원하여 중간에 언양 등을 지나고 울산을 통과해 곧장 동해로 흘러 들어간다.

이렇게 살펴본 바와 같이 만주와 한반도는 내륙의 곳곳을 수 없이 많은 大小 江과 川들이 흘러가면서 산악과 초원 숲과 평원 등을 유기적으로 연결시켜 주었다. 이러한 강들은 서해 남해 동해 타타르해까지 흘러 들어가 동아지중해의 모든 육지 지역들을 직접 간접으로 연결 시켰으며, 바다 건너 일본열도와 중국지역과 교류할 수 있는 조건을 조성하였다. 동아지중해 역사공간은 육지영역과 삼면의 해양영역, 실핏줄처럼 이어진 강들이 유기적으로 엮어져 한 단위의 역사공간을 운영해왔다. 그리고 정치 경제 문화 등의 중심핵인 수도와 대도시들은 강 및 바다와 밀접하게 연관성을 맺을 수밖에 없었다. 필자가 주장하는 '江海都市論'은 이러한 강을 비롯한 자연환경을 고려한 결과물이다.

Ⅳ. 강해도시의 體系(system)와 특성

1. 도시의 체계와 성립 조건

동아지중해라는 역사공간에서 해륙국가를 완성하고, 해륙적 성격을 충분하게 구현하려면 그와 연관된 국토개편계획이나 국가발전정책 등은 물론이고, 수도 및 중요도시 또한 해륙적 성격을 지닌 江海都市를 조성하는 것이 바람직하다. 특히 수도의 경우는 강해도시일 가능성이 높다. 강해도시 또한 도시의 한부분이며 종류이므로 우선 도시의 일반적인 체계와 특성을 살펴보는 순서를 취하고자 한다.

都市에 관해서는 위치, 일반적인 기능,[67] 구조, 성격, 사상성, 미학,

정치권력, 심지어는 기술적인 문제에 이르기까지 다양한 부분이 규명의
대상이었다.[68] 그러므로 도시에 대한 보편적인 정의는 불가능하다는 것
이 일반적인 견해이다. 이 장은 고대 역사상을 찾고 재구성하는 과정으
로서 수도 및 도시의 해륙적 성격을 살펴보고자 한다. 도시의 위치와 체
계는 정치 군사 경제 문화 등의 요구에 부응해서 형성된다.[69] 물론 이러
한 요인들도 전략적인 가치, 시대적인 상황, 役割의 比率과 놓여진 位
置에 따라서 달라진다.

첫째, 政治·外交의 中心地(中核地)이어야 한다.[70]특히 정치적인 역
할을 하는 도시는 명령이 신속하게 전달되고, 그 조치결과가 집결된다.
交通·通信網이 발달하여 정보를 쉽게 입수해야 한다. 그리이스의 폴리
스(polis)나 로마의 키비타스(civitās)도 농업중심지가 아니라 항구에서 하
루면 오갈 수 있는 곳에 있었다. 고대에도 중요한 도시들은 가능한 한 일
정한 單位의 지리적인 중앙 뿐 만 아니라, 교통의 잇점 등을 포함한 역

---

67) 姜大玄, 『도시지리학』, 교학사, 1980 12쪽. 初期의 都市地理學은 Kohl, J.G.,
Richithofen, G., Hettner, A. 등 독일의 地理學者들에 의해서 시작되었다. 이들
은 도시의 교통적 위치나 기능에 관한 연구가 주류를 이루었으며, 도시를 하나의
點으로 보고 그 分布나 역할에 대하여 논하였다.

68) 董鑒泓 等 편, 成周鐸 역주, 『中國 都城 發達史』, 학연문화사, 1993. 7쪽.
'중국도성발달사는 도성을 여러 종류의 물질적 요소로 구성된 하나의 종합체로
보고 이를 연구하는 것이다. 말하자면 도성의 총체적 배치의 변천(도로망, 주거
지역, 상가분포, 녹지 및 수로 등을 포함), 도성 계획의 이론과 중심사상, 도시
공간 배치의 예술성, 도성의 유형 및 그 분포 등등을 종합적으로 연구하는 것이
다.' 이 외에 동양사학회 편, 「中國歷代 수도의 유형과 사회변화」, 『역사와 도
시』, 서울대학교출판부, 2000, 39~91쪽 참고.

69) 도시를 건설하는 위치에 대해서는 에머리 존스 저, 이찬 권혁재 역, 『人文地理
學 原理』 법문사, 1985. 207쪽 참조.

70) 수도는 中核地가 된다. 한 장소가 中核地가 되려면 많은 인구와 풍부한 자원,
집중된 정치권력, 교통상의 結節點(nodal point) 및 비농민을 부양할 수 있는 토
지 등을 갖추어야 한다. 中核地의 개념에 대해서는 任德淳, 『政治地理學原
論』, 일지사. 1988, 249쪽 참조.

할과 기능의 핵심에 있었다.

둘째, 도시는 군사활동의 중심지이며, 방어공간이어야 한다. 고대사회는 모든 권력과 기능이 수도 및 대도시로 집중되었으므로 적의 공격으로부터 안전해야 한다. 실제로 도시의 위치는 방어를 위한 절대적(局地的) 입지71)였다. 고구려는『舊唐書』에 따르면 60여개의 성에 州와 縣을 두어 정치를 했다. 그런 의미에서 고구려에서 城이란 도시에 해당하는 중요한 역할을 했다.72)도시 가운데에는 방어적 목적에 충실한 산정도시 (hiltop town)가 있다.73) 그리이스의 아크로폴리스는 '高地의 도시'라는 의미이다.

셋째, 도시는 경제의 중심지 역할을 담당해야 한다. 일반적으로 고대에는 내부에서 다양한 형태의 생산이 이루어지고 物資의 集結이 용이한 곳이 도시이다. 외부와 교역이 이루어지는 곳도 도시와 수도이다. 전통적으로, 도시의 입지를 선정하는 데에는 '방어와 교역'에 대한 욕구가 가장 많이 반영되었다. 고대 그리스의 도시는 '아크로폴리스(acropolis)'와 '아고라(agora)'라는 두 개의 기능지대로 선명하게 분화되어 있었다. 교역을 위한 도시들은 대부분 특정한 입지 조건을 갖춘 곳에 발달하였다.74)

---

71) 도시의 입지는 고정적인 자연환경을 중심으로 평가되는 절대적 입지(site)와 가변적인 인문환경을 중심으로 평가되는 상대적 입지(situation)로 분류된다. 류제현 편역, 테리 조든 비치코프. 모나 도모시 지음『세계문화지리』살림, 2008, 254쪽.
72)『강좌 한국고대사』7 - 촌락과 도시 - , 가락국 사적개발연구원, 2002, 216쪽. 중국고대에서는 都邑을 원래 '城'이라고 불렀다. 城은 정치적 권위(王)를 保衛하기 위한 高墻壁壘라는 뜻이었다. 거기에 市의 의미가 덧붙여지면서 도시의 기능을 하게 되었다.
73) SIBIL MOHOLY-NAGY 著(崔宗鉉·陳景敦 譯),『都市 建築의 歷史』 1990, 22쪽. Ionia인이나 Achaean인 더 나아가 후세의 Dorian인들은, 정복할 민족에 대한 지배를 유지하기 위해 성채를 구축하였으며, 그 성채가 후의 도시의 발전으로 이어졌던 것이다. 고구려의 첫수도가 현재 桓仁의 오녀산성이라면 전형적인 山頂수도가 된다.
74) 테리 조든 비치코프·모나 도모시 지음(류제현 편역),『세계문화지리』, 살림,

중국 東晋의 建康(남경), 北 宋의 開封,[75] 南宋의 臨安(항주. 吳越國의 수도이기도 하였다.) 등은 수로와 연결된 경제수도의 역할을 한 대표적인 도시이다.[76] 넷째, 도시는 문화의 공간역할을 수행해야 한다. 지배계급이 다수 거주하는 도시는 중요한 문화의 集結地와 開化地이며, 생산지(공급)이고, 소비지(수요)이다. 전 근대 사회에서 외국문화를 처음 받아들이는 곳은 국경지역의 도시들이다. 내륙 도시 외에 해항도시들과 하항도시들이 그러한 역할을 담당했다. 다섯째, 도시는 신앙공간의 역할을 담당해야 한다. 지배계급이 거주하는 공간에는 신앙공간이 있다. 인도의 하라파, 메소포타미아의 도시, 그리이스의 폴리스, 중세 도시, 고구려의 대성들이 그러한 공간을 갖추었다. 우리도 마찬가지였다. 수도와 대도시에는 신앙 및 제사유적지가 있어야 한다. 고구려는 졸본 국내성 평양성 지역에 시조묘 및 기타 신앙대상지가 있었으며, 요동성 안시성 등에도 주몽사등이 있었음이 기록되어있다. 물론 백제도 마찬가지였고,[77]신라도 동일했다. 이처럼 수도 또는 대도시는 종합적인 목적을 갖고 형성되었으며, 종합적인 기능을 수행했다. 때문에 정치시설물, 방어용의 군사시설, 神殿 같은 종교시설물, 지배계급의 古墳群, 그 외에 대외교류와 연관된 시설물들을 갖추고 있어야 한다.[78]

2008, 253~257쪽. 참조.

75) 황하와 4개의 운하가 교차하는 교통의 요지이다.

76) 隋 王朝가 통일을 이룩한 후 만든 大運河는 국내 상업의 유통을 촉진시켰으며, 당시 대제국의 경제적 동맥 역할을 하였다. 董鑒泓 等 편, 成周鐸 역주, 『앞의 책』, 1993. 65쪽.

77)『三國史記』32, 잡지, 제사조.『周書』49, 列傳 백제조.

78) 테리 조든 비치코프. 모나 도모시 지음, 류제헌 편역, 위의 책, 192~197쪽에는 선사시대 고대 중세에 이르기까지 중요한 도시들을 열거하면서 특성을 설명하고 있다.

2. 江海도시의 체계와 성격

일반적인 도시의 체계와 생성 조건 등을 살펴보았다. 위에서 열거한 도시의 조건들은 강해도시에서도 상당한 부분이 일치된다. 다만 해양 및 강의 메카니즘으로 인하여 몇 가지 다른 점이 있다. 지리적으로 위치가 강과 바다가 만나는 접점이라는 사실과 이로 인해서 생성되고 운행되는 측면에서 차이가 나타난다. 앞에서 서술한 강의 체계와 특성 그리고 일반적인 도시의 체계 등을 고려해서 필자의 '강해도시론'을 전개시키고자 한다.

첫째, 가장 기본적인 것은 위치 등 자연환경이다.

江海都市라는 합성명사에서 나타나듯 수량이 풍부하고 수로가 긴 강의 하구로서 효율성이 높은 바다가 직접 이어지는 접점에 있어야 한다. 강은 넓은 면적과 규모가 크고 작은 線(支川)들을 매개로 사방으로 연결된 매개망이다. 즉 내륙의 중간에서 항구도시가 형성된다. 유럽의 라인강, 북만주의 흑룡강, 중국 내부의 양자강 등에서 형성된 대도시들이나 首都들이 그러한 河港都市의 전형이다. 우리 역사상에서 하항도시는 고구려의 국내성[79], 백제의 웅진성, 후백제의 전주,[80] 고구려의 안시성과 요동성을 비롯해서 많이 있다.[81]또한 해항도시는 육지와 해양이 직접 만나는 곳에 형성된, 면을 매개로 접촉하는 나루나 포구에서 형성된 도시다. 海港을 활용하여 동아지중해의 대부분 지역과 이어지는 對外航路를 사용하면서 주변 소국이나 외국과 교섭을 하면서 무역상의 이익

---

79) 윤명철, 「고구려 수도의 해류적 성격」, 『백산학보』 80호, 2008, 51~96쪽.
80) 윤명철, 「후백제 시기 전주의 국제도시적 성격 검토」, 『후백제의 대외교류』, 후백제 문화사업회, 2004, 119~146쪽.
81) 윤명철, 「고구려의 요동 장산군도의 해양전략적 가치 연구」, 『고구려연구』 15, 학연문화사, 2003, 189~208쪽 ; 윤명철, 「국내성의 압록강 방어체제연구」, 『고구려 연구』 15, 고구려연구회, 2003, 57~78쪽.

을 얻을 수 있다. 三韓 78개국의 상당수는 해항도시인 일종의 '나루국
가'였다.[82] 또한 기원을 전후한 시대에 성립한 일본의 奴國·末盧國·
伊都國 등은 그러한 海港都市國家였을 것이다.[83] 그 외에 고구려의
비사성(大連, 요동반도 남단), 건안성(개주), 남포항, 백제의 彌鄒忽(인
천) 關彌城(강화도), 신라의 金城(慶州) 등도 해항도시이다.

강해도시는 이러한 하항도시와 해항도시의 성격을 동시에 갖고 효율
적으로 운영할 수 있다. 서해안과 남해안의 도시나 촌락들은 지형상으로
陸地와 江과 海洋이 연결된 지역에 있다. 內陸水路와 陸路를 연결한
후 海路와 통합되어 공급지와 수요지, 그리고 집결지를 연결시켜 주기
에 적합한 곳으로서 강해도시들이 생성되었다. 또한 서울 지역은 한강과
경기만을 연결하는 전형적인 강해도시이다. 하류에서 예성강·임진강·한
강이 河溪網을 구성하면서 서해 중부로 흘러 들어가 경기만을 구성한
다.[84] 그런데 해양의 영향을 받는 만치 조류나 해류, 만입구의 지리적 환
경 바람 등의 조건을 고려해야 한다. 특히 바다에서 하구 또는 하구에서
상류로 거슬러 올라갈 때 밀물 외에도 바람의 방향을 최대한 활용할 수
있어야 한다. 서해안의 하구나 강해도시들은 편서풍지대여서 바람이 늘
상류방향으로 불기 때문에 조건이 매우 좋다.

둘째, 강해도시는 복합적인 교통망을 갖추어야 한다. 고유의 기능인
내륙수운을 발전시키고, 이를 토대로 내륙으로 뻗은 陸運과 바다로 확
장된 海運을 유기적으로 활용할 수 있어야 한다. 지구상에 존재하는 대
부분의 강은 바다로 흘러가고, 일부는 호수로 들어간다. 그러므로 강상

---

82) 윤명철, 「한반도 서남해안의 海洋歷史的 환경에 대한 검토」, 전주박물관 죽막
   동 유적학회의, 1995.
83) 윤명철, 『동아지중해와 고대일본』, 청노루, 1996, 93~94쪽 ; 江上波夫, 「古代
   日本の對外關係」, 『古代日本の國際化』, 朝日新聞社, 1990, 72쪽 참조 ;
   武光 誠, 『大和朝廷は古代の水軍がつくった』 JICC. 1992, 32~36쪽. 참조.
84) 河系網의 이론에 대해서는 權赫在, 『地形學』, 법문사, 1991, 108~117쪽 참조.

수운은 궁극적으로는 해양교통과 연결될 수 밖에 없다. 만주의 송화강은 2000km 가까이, 흑룡강은 4000여km를 흘러 타타르해와 오호츠크해로 빠져 나간다. 한반도는 길이 1000km, 폭 200~300km이므로 짧은 거리로서 바다와 연결된다. 더욱이 황해와 남해는 일종의 內海로서 중국지역 및 일본열도와 단거리로 연결된다. 그러므로 강상수운과 해운은 간단하고 편리하게 조직될 수 있다.

한강은 조선시대에 漕運으로 활용하였다. 특히 광나루·삼밭나루·서빙고나루·동작나루·노들나루는 5江津路라고 하여 중요 交通路로서 이용되고 있었다.[85] 고려나 남북국시대, 삼국시대에도 유사했을 것이며, 한강은 해안에서 한성백제시대의 수도권인 현재의 강동구 지역까지는 80km정도이다. 반면에 조선시대의 수도인 한양과 연관한 항구인 마포나 용산 지역까지는 50~60km정도이다. 조수의 영향은 서빙고까지 끼쳤다고 한다. 조선시대에 남한강은 영월까지, 북한강은 화천군 간동면 방천리까지 배가 올라갔었다고 한다. 서울 지역은 외항기능을 한 경기만의 강화도와 인천을 통해서 동아지중해의 모든 항로와 연결되었으며 특히 황해를 이용한 항로의 거점(I C)이기도 하다. 서울지역과 연결된 대외항로는 다음과 같다. 黃海沿近海航路, 黃海中部 橫斷航路, 黃海南部 斜斷航路, 東中國海 斜斷航路 등이다. 한강하류는 중요한 2개의 항로가 마주치는 동아지중해 해양교통의 結節点으로서[86] 水陸교통과 海陸교통이 교차되면서 상호호환성을 지닌 강해도시이다.

江海도시는 교통의 허브라는 유리함을 이용하여 중계업을 하고, 나아가 외국과 수출 수입을 전담할 수 있는 물류의 허브 기능을 할 수 있다. 자체적으로 농산물과 수산물을 생산할 뿐 아니라 내륙의 임산물 광산물

---

85) 서울特別市 史編纂委員會, 『漢江史』, 1985, 401쪽.
86) 동아지중해 항로의 구체적인 성격에 대해서는 필자의 논문들 참고.

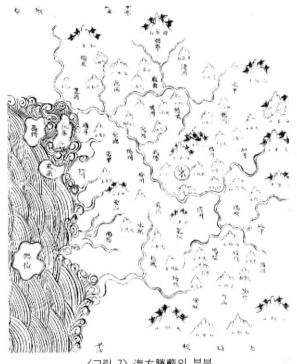

〈그림 7〉 海左勝藍의 부분

등을, 바다에서는 해산물 등과 다른 지역의 산물들을 유리한 조건으로 공급받을 수 있다. 따라서 상대적으로 경제생활의 풍부함이 보장된다. 강해도시는 정보의 허브 역할에도 유리하다. 내륙에서는 차단되어 소통이 부재할 수 있는 대외적인 정보들, 국제정세에 대해서도 비교적 신속하고 정확하게 입수할 수 있다. 또한 산골문화를 비롯한 내륙의 농경문화 등이 중간 지역이나 중간 단계를 거치지 않고 강하구로 전달될 수 있으며, 해양문화와 외국문화도 여과없이 전달될 수 있다. 따라서 강해도시는 문화의 수입처이면서 생산처이고, 동시에 배급처 기능도 하였다. 한강 중류와 하류지역에서는 중국지역의 수입품들이 많이 발견되었다.

風納토성에서는 東晉의 초두, 청자류와 흑자류 등이 발견됐다. 백제시기 유물이 대량으로 출토된 반면에 고구려 계통 유물은 출토되지 않았다[87] 원주의 法川里 등 한강유역과 그 水系에서 東晉系 陶磁器가 발견되었다. 또 동진의 청자노가 석촌동 고분에서 발견됐다. 이는 한강유역의 백제세력이 동진과 교섭하고, 교역을 한 사실을 알려주고 있다.[88]

셋째, 강해도시는 안정된 항구 및 효율적인 부두를 구비해야 한다. 강해도시의 역할을 수행하려면 일반적인 내륙도시나 산정도시 등과 달리 각종 선박들이 정박하는 양질의 부두시설과 發着하는 훌륭한 항구시설이 필요하다. 양질의 內港과 이를 유기적으로 연결한 外港이 필수적이다. 그러므로 도시에는 넓고 안정된 灣이 발달되어야 한다. 물론 자연조건이 적절하게 갖추어졌다고 해도 양질의 항구인 것은 아니며, 한 항구가 모든 시대를 일관해서 사용되는 것도 아니다. 정치적인 상황, 군사적인 목적, 국제환경의 변화에 따른 대외교섭의 방향 등 시대상황에 따라 이용방식이 달라지기 때문이다.

고구려는 國內城 궁궐의 남쪽 벽에 돌로 쌓은 부두시설이 있었다.[89] 압록강 하구에는 內港 외에 外港이 있었는데, 여러 기록들을 고려할 때 西安平城과 泊灼城이 있는 泊灼口였을 것이다. 1920년대에 丹東市에서 부두석축시설이 드러났는데, 고구려 시대의 것으로 추정한다.[90] 한강의 경우, 남한강에는 단양·충주·목계(충주시 엄정면 목계리)·여주 등이, 북한강에는 방천·춘천 등의 선착장이 발달하였다.[91] 서울지역은 마포와

---

87) 국립문화재연구소, 『風納土城 Ⅰ－현대연합주택 및 1지구 재건축 부지－』, 2001.

88) 崔夢龍, 「上古史의 西海交涉史 硏究」, 『國史館論叢』3집, 1989, 23～25쪽 도표 ; 「考古學的 資料를 통해서 본 黃海交涉史 硏究序說」, 『제1회 環黃海韓中交涉史硏究심포지움』, 震檀學會, 1988, 178～180쪽.

89) 손영종, 『고구려사』 2, 과학백과사전종합출판사, 1997, 39쪽 ; 『文物』 1984-1기, 39～40쪽.

90) 손영종, 『고구려사』 2, 과학백과사전종합출판사, 1997, 39쪽.

91) 서울특별시편집위원회, 『한강사』, 1985, 30쪽.

뚝섬이 부두역할을 담당하였다. 마포는 해산물과 하류지방의 물산이, 뚝섬
은 상류지방의 물산이 모이는 곳이었다. 서울지역에는 백제가 최초로 수
도항구를 설치했을 것이다. 그 후보지로 추정되는 곳은 풍납토성의 동쪽
주변, 三田渡 몽촌토성 부근, 또는 잠실 동남쪽 삼전동[92], 河南市 고골
지역과 연결하는 덕풍천의 하구나 도미나루이다.[93] 한강변에는 津와 포구
등이 있었을 것이다. 그 외에 강화도지역과 인천 지역에 시대별로 사용한
외항이 있었다고 보여진다. 조선시대에는 광나루(廣津)·삼밭나루(三田
渡)·서빙고나루(西氷庫津)·동작나루(銅雀津)·노들나루(露梁津)·삼개나
루(麻浦津)·서강나루(西江津)·양화나루(楊花津) 등이 개설되었다.

넷째, 강해도시는 군사력과 방어체제를 구축해야 한다. 우리 역사터의
자연환경과 지형을 고려할 때 도시란 해양군사적인 측면에서 몇 가지 조
건이 필요하다. 그 가운데 중요한 하나는 水軍을 양성하고, 적절하게 이
용할 수 있어야 한다. 고대국가 시대에도 고구려 백제 신라 가야 등은 수
군 작전과 연관된 사건들이 많이 벌어졌다. 이러한 상황에서 수군활동과
연관해서 주변에는 선박 건조를 위한 조선용 숲을 조성하고, 조선소를
비롯하여 수군함대기지 등을 설치하는 장소가 필요했다.[94]서울은 주변
에도 숲이 발달했지만[95] 남한강 북한강 수로를 이용하여 백두대간으로

---

92) 이 부분은 이형석 선생의 주장이다.
93) 이 부분은 韓宗燮, 『위례성 백제사』, 집문당, 1994, 11~316쪽 ; 尹明喆, 「하
    남지역의 방어체제 연구노트 1」, 『백제역사문화자료집』 창간호, 백제문화연구회,
    2000, 55~95쪽.
94) 조선용 목재의 중요성과 그것이 국가의 흥망과 연관된 부분은 존 펄린 지음(송
    명규 옮김), 『숲의 서사시』, 따님, 2006, 1~413쪽 참조.
95) 서울지역의 범주는 앞에서 언급했지만 다양한 견해들이 있는데, 통시적인 의미
    에서, 그리고 자연환경을 고려하면 현재의 서울 지역을 포함한다. "조선 초기 서
    울은 … 지형적으로 북쪽의 백악(북악), 동쪽의 타락산(낙산), 남쪽의 목멱산(남
    산), 서쪽의 인왕산 등 이른바 內四山으로 둘러싸인 분지로 약 500만평의 지역
    을 말한다. 북쪽의 북한산(삼각산), 동쪽의 용마산(아차산), 남쪽의 관악산, 서쪽
    의 덕양산 등 이른바 外四山으로 둘러싸여 있다." (이존희, 『서울의 자연과 입

부터 뗏목 등을 이용하여 목재를 보급 받았쭉. 조선시대에는 뚝섬이 나
무들의 집하처였다.

외부에 노출된 해항도시는 물론이고, 내륙으로 일부 들어간 '江海都
市' 조차 수비상으로 약점이 있다. 대규모의 상륙군이 급습할 경우 해양
의 메카니즘상 방어상에 한계가 노출된다. 따라서 강해도시는 방어적인
측면에서 江邊防禦體制 및 海洋防禦體制와 유기적인 시스템을 구축
하기에 효율적이어야 한다. 백제는 한성의 이러한 약점을 알고 책계왕
때 阿且城을 신축했고, 蛇城을 개축했다.96) 하지만 강해도시였던 한성
은 광개토태왕군과 장수왕군에게 공격을 받고 무너졌는데, 특히 396년도
전투는 수군을 동원한 상륙작전과 한강 수로직공작전의 결과였다.97) 서
울지역은 이러한 방어상의 한계를 극복할 목적으로 각각의 나라들이 전
략적인 목적에 걸맞게 경기만의 해양방어체제98)와 한강 강변방어체제99)
를 구축하였다.100) 다섯째, 항해와 연관된 신앙의 대상지 즉 제사 유적지

지조건』,『서울역사강좌』, 서울특별시사편찬위원회, 2004, 21쪽) 이 말은 서울
의 범위와 함께 산과 목재의 의미를 이해하는데 시사하는 바가 있다.

96) 이 두 성은 현재 워커힐 뒷산의 아차산성과 건너편의 龜山土城 혹은 風納土
城으로 알려져 있다.

97) 이 부분 만을 구체적으로 다룬 글은 윤명철,「광개토태왕의 군사작전에 대하여 - 수
군을 중심으로 - 」,『고구려연구회 학술총서』3, 고구려연구회, 2002, 139~164쪽.
그리고 이 당시 한성의 궁성이 어디였는가에 대한 문제는 검토가 필요하다고 생
각한다.

98) 해양방어체제의 성격과 기능에 대하여는 윤명철,「江華지역의 해양방어체제연
구 - 關彌城 위치와 관련하여 - 」,『사학연구』58·59 합집호, 1999, 251~277
쪽 및 신형식 윤명철 등의 공저인「경기만 지역의 해양방어체제」,『고구려 산성
과 해양방어체제』, 백산출판사, 2000, 393~606쪽 참조.

99) 윤명철,「한강 고대 강변 방어체제 연구 - 한강하류지역을 중심으로 - 」,『향토
서울』61, 서울시사편찬위원회, 2001, 89~124쪽 ;「고대 한강 강변방어체제연
구 2」,『鄕土서울』64호, 서울시사편찬위원회, 2004, 129~160쪽. 수석리토성,
구산토성, 암사동토성, 대모산성, 삼성토성, 응봉산성 기타. 서울 외곽 강변방어
체제는 宮山土城, 幸(杏)州山城, 번디미토성, 桂陽山城, 기타

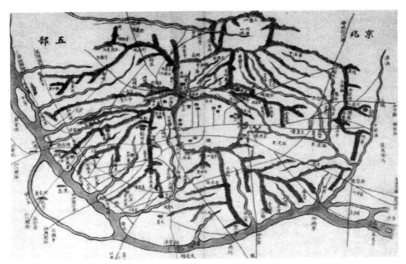

〈그림 8〉京兆五部(≪東輿圖≫)

가 있어야 한다. 강 및 바다와 연관된 활동을 할 경우에는 위험성이 높고 실패율이 높다. 따라서 일반적인 도시에서의 신앙 외에 이와 연관된 신앙이 발달하고, 제사처가 반드시 있어야 한다.[101] 현재로서는 분명하게 설정 할 수는 없지만 풍납토성, 검단산성의 제사유지[102], 二聖산성, 그리고 한강 하류인 고양시의 멱절산 보루[103], 김포의 감바위 등은 항해제

---

100) 서영일 「漢城 百濟의 交通路 상실과 熊津천도」, 『문화사학』 21호, 60~61쪽 ; '백제는 한성 방어의 약점을 보완하기 위하여 파주 오두산성·월롱산성·칠중성·양주 대모산성·포천 반월산성·이천 설봉산성·여주 파사산성 등 한성 북쪽과 동쪽 지역의 주요 거점에 있는 산성을 중심으로 環狀防禦體系를 구축하였다.'
101) 이와 유사한 예로 전북 부안의 죽막동 제사유적, 순천 검단산성 유적, 남해사천 륵도 유적, 김해부원동 유적 등은 주의를 기울일 필요가 있다.
102) 吳舜濟, 「하남위례성지 발견을 통해본 백제초기사의 복원」, 『백제하남위례성 정도 200년 기념 - 東明大祭 -』, 맥이민족회, 1992.10, 25쪽.
103) 멱절산 보루는 필자와 오순제가 1999년 2월에 강변방어체제를 조사하면서 첫 발견하였다. 전에는 강물이 바로 아래까지 와서 새우젓배와 까나리배들이 대놓고 있었으며, 사람들은 산봉우리를 넘어 마을로 들어왔다고 한다. 포구의 기능

사와 직접 간접으로 관련된 유적일 가능성이 높다.

이렇게 살펴본 강해도시의 체계와 성격은 다음과 같이 정리할 수 있다. 정치집단이 형성되는 초기단계에서는 내륙의 도시보다는 해항도시가 유리하지만, 일정한 시간이 흐르고 국력이 강력해지면서 오히려 불리한 요소로 작동할 수 있다. 그래서 직접 마주치는 지점이 아니라 지리 지형적으로 큰 만의 항구나 또는 바다의 하구에서 내륙으로 일정한 거리를 들어간 지점에 형성되었다. 방어상의 불리함, 조수의 영향 등으로 인한 물길의 불안정성, 안정된 만과 항구 확보 등의 요인 때문이다. 그리고 수심이 깊고 수량이 풍부하여 가항거리가 길어지면서 가능하면 큰 규모의 선박이 내륙 깊숙하게 올라갈 수 있는 강의 하구가 내륙항구도시보다 유리하다. 하지만 강해도시는 양질의 港口와 부두시설이 반드시 구비되어야 한다.

이러한 지리적인 조건과 부합되는 도시로서 필자의 답사경험을 고려해서 강해도시의 범주에 넣을 가능성이 있는 곳을 찾아보았다.

우리 역사에서 가장 먼저 성립됐던 강해도시는 王儉(險)城이다. 규모나 위치 성격 등을 정확하게 알기 어려우나 당시의 사회상과 발생한 역사적인 사건들과 연관시켜 볼 경우에 항구도시의 형태를 띄웠으며, 전개된 朝漢전쟁의 전황을 보더라도 바닷가 가까이 있는 것은 분명하므로 강해도시임이 틀림없다.[104] 그 외에 고구려의 安市城인 요녕성의 海城

은 물론 강변방어체제의 역할을 하였을 것이다. 이 유적의 형태와 성격에 대한 필자의 견해는 윤명철, 「한강 고대 강변 방어체제 연구 - 한강하류지역을 중심으로 - 」, 『향토서울』 61, 서울시사편찬위원회, 2001, 89~124쪽 참고. 그런데 이 유적은 후에 제사유적의 성격을 띄고 있음이 밝혀졌다.

104) 왕검성의 해륙적 성격과 위치 등에 대해서는 졸고, 「黃海文化圈의 形成과 海洋活動」, 『先史와 古代 11』, 한국고대학회, 1998.12, 162~373쪽(『한민족의 해양활동과 동아지중해』, 학연, 2002, 15~54쪽에 수록) 4장, 20~21쪽에서 언급하고 있다. 『史記』朝鮮列傳 第55 元封2年秋, 遣樓船將軍楊僕 從齊浮渤海, 兵五萬人, 左將軍荀彘出遼東, … 樓船將軍將齊兵七千

市, 泊灼口와 西安平(신의주, 중국의 丹東), 평양성, 長壽산성(載寧)
등도 강해도시라고 추정된다. 한강의 본류가 통과하는 서울지역은 앞에
서 거론한 바와 같이 시대를 막론하고 전형적인 강해도시에 해당한다.
고려의 수도였던 개성(開京)은 위치나 역할로 보아 전형적인 강해도시이
다. 백제의 수도였던 공주(熊津)는 河港도시이고, 부여(泗沘城)는 강해
도시였다. 익산은 강해도시였으며, 하구의 임피는 해항포구였을 것이다.
나주 또한 전형적인 강해도시였다.[105]섬진강과 연관돼서는 하동이 강해
도시이다. 물론 이러한 성격부여와 추정에는 자연환경을 주로 고려한 것
이며, 해안선이 해당시대인 선사시대 한성백제시대, 조선시대가 꼭 같지
않다는 것을 전제로 내린 추론이다.

　본고는 우리 역사상에 적용한 江海都市의 개념과 성격을 보다 쉽게
이해할 수 있도록 이미 수도나 대도시로서 역사적인 활동을 해왔고, 현
재도 세계적인 도시들이 위치상 강해도시에 해당될 수 있음을 열거하고
자 한다.[106] 함부르크는 엘베강의 하구에서 110km 상류의 양안에 걸쳐
있다. 뤼베크는 독일 북부인 홀슈타인주(州)에 있는 항구도시인데 트라
베강이 발트해로 흘러드는 어귀에 위치해있다. 지금도 시내 한 가운데로
소금수운에 사용했던 강물이 흐르고 있다. 라인강은 본류의 길이가 약
1,320km인데, 1000~1350t의 소형선박이 바젤까지 거슬러 올라갈 수

　人先至王險 …. 口는 강과 해안이 마주치는 곳이다. 樓船을 齊로 부터 渤
　海를 건너게 했다는 것은 洌口의 위치가 최소한 遼河 以西일 가능성이 있
　다. 대동강 이었다면 大海 혹은 다른 명칭으로 표현 했을 것이다. 다만 구체적
　인 위치는 적시하고 있지 않았었다.
105) 윤명철, 「영산강 유역의 해양역사와 21세기적인 의미」, 『영산강 학술심포지움』,
　　나주시·광남일보, 2006, 3~16쪽.
106) 물론 이 도시들이 필자가 주장하는 강해도시이론에 맞는 체계와 성격을 갖추었
　　는가는 확인할 수 없다. 다만 이미 역사상 중요한 수도 내지 대도시로서 역할
　　을 담당했으므로, 강과 바다가 만나는 접점에 있다는 사실을 갖고 설정해본 것
　　임을 밝혀둔다.

있다. 런던은 잉글랜드 남동부의 템스강(江) 하구에서부터 약 60km 상류에 있다.[107]로마시는 테베레강 하구에서 약 25km 떨어진 도하지점에 있다.[108]아테네는 피레우스라는 외항에서 20여km들어간 곳에 키피소스강과 지류인 일리소스강 사이에 끼어 있다. 그 외에도 유럽의 많은 도시들이 내륙항구도시이거나 강해도시이다. 러시아의 모스크바는 모스크바강과 여러운하 볼가강에서부터 주변의 흑해 카스피해 등의 바다로 이어지는 하항도시이다. 미국에서는 필라델피아가 대표적인 내륙항구도시이다.[109] 고대도시인 카이로[110]는 '알렉산드리아'라는 외항이 있으며, 나일강과 연결된다.[111] 메소포타미아[112]지역에서 발원한 수메르 문명의 대표도시인 '우르'는 유프라테스 강과 티그리스 강이 페르시아 만으로 흘러 들어가는 하구에 위치에 있다. 아시아에서는 말레이시아의 수도인 쿠알라룸푸르가 켈랑강(江) 어귀에서 약 40km 떨어져 있다.[113] 중국 역사에서 오랜 동안 南朝정권의 수도역할을 담당했던 대표도시인 南京은 양자강 하구의 吳淞에서 상류로 300km 떨어진 지점에 있다. 揚州 또한 마찬가지이다. 그 외에도 이러한 예는 수없이 많다.

---

107) 대서양의 조수 간만의 차이가 커서 해수가 상류까지 올라왔으므로 '거무스름한 강'으로 불리워졌다. 미야자키 마사카쓰 지음(노은주 옮김), 『지도로 보는 세계사』,이다 미디어, 2009, 109쪽.

108) 중부의 아펜니노산맥에서 발원하는 테베레강 하류에 면하며 주로 홍적대지로 이루어진 구릉지대에 자리잡고 있다. 로마는 강의 도시라는 의미의 루몬에서 유래했다. 미야자키 마사카쓰 지음(노은주 옮김), 『지도로 보는 세계사』, 이다 미디어, 2009, 68쪽.

109) 필라델피아는 델라웨어강의 오른쪽 강 옆에 위치한 도시이다.

110) 나일강 삼각주의 남단에서 약 25km 남쪽 나일강 우안에 있다. 시가는 河中島인 게지라섬에서 강의 좌안까지 펼쳐지며 아랍권과 아프리카 대륙에서 가장 큰 도시이다.

111) 카이로는 바람이 늘 육지쪽으로 불어서 바다에서 시내까지 항해가 용이한 조건을 갖추고 있다.

112) 미야자키 마사카쓰 지음(노은주 옮김), 『지도로 보는 세계사』, 이다 미디어, 2009, 36쪽. 그리이스어로 "강 사이에 있는 땅"

113) 현지어로 '흙탕물의 합류'라는 뜻이다.

V. 결론

본고는 우리역사상과 고대 도시들을 분석하는 틀로서 강해도시론을 제기하고, 거기에 대한 이론적인 틀을 제시하는 논문이다. 2장에서는 필자의 역사공간을 해석하는 틀로서 '東亞地中海 모델'과 '터이론', '해류사관' 등을 소개하고 강의 일반적인 성격과 체계를 살펴보았다. 강은 육지와 해양을 다양한 방식으로 연결하는 제 3의 존재로서 자연공간 뿐만 아니라 역사공간을 유기적인 체계로 만드는 중요한 역할을 담당한다. 하나의 역사터인 만주와 한반도는 해양과 관련하여 지리적, 지형적 생태적 역사적인 특성상 강이 많을뿐만 아니라 역할 면에서도 비중이 높았다. 특히 도시가 생성되는데 절대적인 조건이 되었다. 이러한 환경 속에서 한민족의 국가들은 지정학적 지경학적 지문화적 측면에서 해륙적인 성격을 띄우는 것이 바람직하다. 특히 국가발전전략을 수립하고자 할 때 수도의 위치와 역할은 강하구와 바다가 만나는 접점인 강해도시에 설치하는 것이 유효성이 높다. 실제적으로 한민족의 역사에서 대부분의 수도 및 중요도시들은 강하구 및 해양과 밀접한 관련을 맺고 있었다. 특히 한성으로 역사에 등장한 서울지역은 한강 하구에 성립한 전형적인 강해도시에 해당한다. 물론 본고의 작업은 자연환경을 위주로 하면서 큰 틀을 구축하는 작업이므로 구체적인 역사상의 검토는 소략하였다. 다음 작업으로 서울지역을 대상으로 자연환경에 대한 본격적인 분석과 한성 및 한양을 중심으로 전개된 역사상을 분석하여 연관성을 비교하면서 강해도시적인 성격을 구체적으로 살펴보고자 한다.

參 考 文 獻

1. 사료

『三國史記』『三國遺事』『高麗史』『世宗實錄地理志』『新增東國輿地勝覽』『大東水經』『山經表』『三國志』『日本書紀』『續日本紀』

2. 단행본

1) 국내저서

姜大玄,『도시지리학』, 교학사, 1980, 1~346쪽.

국립문화재연구소,『風納土城 Ⅰ-현대연합주택 및 1지구 재건축 부지-』, 2001, 1~603쪽.

김용성,『신라왕도의 고총과 그 주변』, 학연문화사, 2009, 1~400쪽.

서울特別市史編纂委員會,『漢江史』, 1985, 25~1159쪽.

손영종,『고구려사』 2, 과학백과사전종합출판사, 1997,1~270쪽.

안수환『한국의 하천』민음사, 1995, 3~198쪽.

윤명철,『한민족의 해양활동과 동아지중해』, 학연, 2002, 1~512쪽.

윤명철,『고구려 해양사 연구』, 사계절, 2003, 1~534쪽.

윤명철,『한국 해양사』, 학연, 2003, 1~432쪽.

윤명철,『동아지중해와 고대일본』, 청노루, 1996, 1~309쪽.

이형석,『한국의 강』, 홍익재, 1997,1~379쪽.

이혜은 외,『변화하는 세계와 지역성』, 동국대학교 출판부, 2007.1~327쪽.

任德淳,『政治地理學原論』, 일지사, 1988, 1~312쪽.

조희승,『초기조일관계사』 하, 사회과학출판사, 1989, 1~355쪽.

최덕경,『중국고대 산림보호와 환경생태사 연구』, 신서원, 2009, 5~526쪽.

『한국의 해양문화』(서해해역 上), 해양수산부, 2002년, 1~747쪽.

韓宗燮『위례성 백제사』 집문당, 1994, 11~316쪽.

2) 역서

董鑒泓 等 편, 成周鐸 역주, 『中國 都城 發達史』, 학연문화사, 1993, 1~257쪽.

趙賓福 著, 崔茂藏 譯, 『中國東北新石器文化』, 集文堂, 1996, 1~312쪽.

王承禮 저, 송기호 역, 『발해의 역사』, 한림대학 아시아문화연구소, 1988, 25~301쪽.

미야자키 마사카쓰 지음, 노은주 옮김, 『지도로 보는 세계사』, 이다 미디어, 2009, 1~365쪽.

와쓰지 데스로오 저, 박건주역, 『풍토와 인간』, 장승, 1993, 1~279쪽.

이시 히로유끼, 야스다요시노리, 유아사 다케오 지음, 이하준 옮김, 『환경은 세계사를 어떻게 바꾸었는가』, 경당, 2003, 1~286쪽.

앨프리드 W 크로스비 저, 안효상·정범지 역, 『생태제국주의』, 지식의 풍경, 2002.3, 10~439쪽.

에머리 존스 저, 이찬 권혁재 역, 『人文地理學 原理』, 법문사, 1985, 1~280쪽.

제임스 포사이스 지음, 정재겸 옮김, 『시베리아 원주민의 역사』, 솔출판사, 2009.03, 1~538쪽.

존 펄린 지음, 송명규 옮김, 『숲의 서사시』, 따님, 2006, 1~413쪽.

테리 조든 비치코프, 모나 도모시 지음, 류제현 편역, 『세계문화지리』, 살림, 2008, 1~330쪽.

SIBIL MOHOLY-NAGY 著, 崔宗鉉 陳景敦 譯, 『都市 建築의 歷史』, 1990, 1~330쪽.

3) 외국저서

郭大順, 『龍出遼河源』, 百花文藝出版社, 2001, 1~271쪽.

武光 誠, 『大和朝廷は古代の水軍がつくった』, JICC, 1992, 1~71쪽.

松枝正根, 『古代日本の軍事航海史』 上, かや書房, 1994, 1~330쪽.

眞常弓忠, 『古代の鐵と神神』, 學生社, 1991, 1~238쪽.

3. 논문

1) 국내논문

姜泰昊, 「新羅 都城의 空間構造 形成過程에 관한 硏究」, 『慶州史學』第 15輯, 동국대학교 국사학과, 1996, 25~53쪽.

김영근, 「하가점 하층문화에 대한 고찰」, 『단군학 연구』 14, 단군학회, 2006, 103~126쪽.

김용성, 「신라왕도의 범위에 대하여」, 『신라왕도의 고총과 그 주변』 제 9장, 학연문화사, 2009, 268~297쪽.

金鎬詳, 「新羅王京의 金城硏究」, 『慶州史學』 第18輯, 동국대학교 국사 학과, 1999, 27~49쪽.

朴方龍, 「新羅 王都의 守備」, 『신라문화』 제9집, 1992, 동국대학교 신라 문화연구소, 25~38쪽.

朴方龍, 「신라 도성의 교통로」, 『慶州史學』 第16輯, 동국대학교 국사학 과, 1997, 167~206쪽.

朴方龍, 「新羅王京과 流通」, 『신라왕경의 구조와 체계』, 신라문화제학 술발표회,제 2집,동국대학교신라문화연구소, 2006.3, 63~104쪽.

박용안 외 25인, 「우리나라 현세 해수면 변동」, 『한국의 제 4기 환경』, 서울대학교 출판부, 2001, 117~155쪽.

朴漢濟, 「中國歷代 수도의 유형과 사회변화」, 『역사와 도시』, 동양사학 회 편, 서울대학교출판부, 2000, 39~92쪽.

서영일, 「漢城 百濟의 交通路 상실과 熊津천도」, 『향토서울』 72호, 서 울 특별시사 편찬위원회, 2008, 41~76쪽.

신형식·최근영 윤명철 오순제 서일범 공저, 「경기만 지역의 해양방어체제」, 『고구려 산성과 해양방어체제』, 백산출판사, 2000, 393~606쪽.

吳英勳, 「新羅王京에 대한 考察-成立과 發展을 中心으로-」, 『경주사 학』 11집, 동국대학교 국사학과, 1992, 1~39쪽.

윤명철, 「渤海의 海洋活動과 동아시아의 秩序再編」, 『고구려연구』 6, 학연문화사, 1988, 469~514쪽.

윤명철, 「海路를 통한 先史時代 韓.日 양지역의 文化接觸可能性檢討」, 『韓國上古史學報』 2집, 한국상고사학회, 1989, 91~118쪽.

윤명철, 「한강 고대 강변 방어체제 연구 – 한강하류지역을 중심으로 –」, 『향토서울』61, 서울시사편찬위원회, 2001, 89~124쪽.

윤명철, 「국내성의 압록강 방어체제연구」, 『고구려 연구』15집, 고구려 연구회, 2003, 57~77쪽.

윤명철, 「고대 한강 강변방어체제연구 2」, 『鄕土서울』64호, 서울시사 편찬위원회, 2004, 129~160쪽.

윤명철, 「한국사 이해를 위한 몇 가지 제언」, 『한국사학사학회보』9, 한 국사학사학회, 2004, 5~36쪽.

윤명철, 「동해문화권의 설정 검토」, 『동아시아 역사상과 우리문화의 형 성』, 한국학 중앙연구원, 민속원, 2005.9, 1~44쪽.

윤명철, 「東아시아의 海洋空間에 관한 再認識과 活用 – 동아지중해모델 을 중심으로 –」, 『동아시아 고대학』14, 동아시아 고대학회, 경 인문화사, 2006, 323~358쪽.

윤명철, 「고구려 문화형성에 작용한 자연환경의 검토 – 터이론을 통해 서 –」, 『한민족 연구』4, 2007, 161~198쪽.

윤명철, 「고구려 수도의 海陸的 성격 검토 – 江海都市論을 중심으로 –」, 『백산학보』80호, 2008, 51~96쪽.

이존희, 「서울의 자연과 입지조건」, 『서울역사강좌』, 서울특별시사편찬 위원회, 2004. 17~32쪽.

2) 국외논문

江上波夫, 「古代日本の對外關係」, 『古代日本の國際化』, 朝日新聞社, 1990, 51~80쪽.

松山利夫, 「ナラ林の 文化」, 『季刊考古學』15號, 1986년, 雄山閣出版社, 43~47쪽.

고대 서해 연안해로의 중심지 이동과 강

강 봉 룡*

I. 머리말

동아시아 연안해로란 중국의 동해안변을 따라 북상하여 산동반도와 요동반도 사이의 묘도열도를 거치고 요동반도의 노철산을 경유하여 한반도의 서해안과 남해안을 따라 가다가 바다를 건너 일본열도에 이르는 바닷길(해로)을 말한다. 황해 횡단해로나 사단해로가 '일상적 해로'로 개통되어 본격 활용되기 시작한 것은 삼국통일 이후로 여겨지며, 그 이전인 삼국시대까지는 연안해로가 동아시아 문물교류의 가장 중요한 교통로로 이용되었다.[1]

동아시아 연안해로가 작동하기 시작한 시원이 언제부터인지는 확인하기 어렵지만, 절강성과 요동반도와 대동강유역과 서남해지역으로 연결되는 고인돌의 분포상에서 볼 때, 청동기시대 이전으로 올라갈 가능성도 있다.[2] 다만 기록으로 확인할 수 있는 첫 사례는 우리에게 흔히 '徐福'

---

* 목포대 사학과 교수
1) 강봉룡, 「한국 해양사 연구의 몇 가지 논점」, 『도서문화』 33, 2009, 10~16쪽.

으로 알려져 있는 '徐市(서불)'이라는 인물이 진시황의 명을 받아 예의 연안해로를 통해 항해를 떠났다는 기사를[3] 통해서 엿볼 수 있다. 이 기사 및 관련 설화가[4] 어느 정도 사실을 반영한다고 한다면, 진시황의 치세인 B.C. 3세기 경부터 중국대륙-한반도-일본열도를 연결하는 동아시아 연안해로가 이미 개통되어 있었다는 말이 된다.

한반도 서해 연안해로는, 북으로 중국 동해 연안해로와 연결되고 남동으로 한반도 남해안 연안해로를 통해 일본열도와도 연결되는 해로로서, 한반도를 넘어서서 동아시아의 핵심 해로로 기능하였다. 따라서 연안해로를 통하여 동아시아 해상교역을 주도하는 세력이 한반도 서해안에서 흥기하는 것은 당연한 일이다. 더욱이 서해 연안해로와 강이 만나는 지점은 이러한 주도세력이 흥기할 수 있는 최적의 조건을 갖추고 있었다고 할 수 있겠는데, 그 추세를 한국 고대사의 전개과정에서 확인할 수 있다. 그 흐름을 간략히 살펴보기로 하자.

먼저 고조선이 대동강유역에서 흥기한 이후 낙랑·대방군으로 이어지

---

2) 毛昭晳, 「고대 중국의 강남지방과 한반도」, 『지방사와 지방문화』 3-1, 2000 참조.
3) 『史記』 卷6 秦始皇本紀
4) 서복설화는 중국대륙과 한반도, 그리고 일본열도를 잇는 연안해로의 도처에 전한다.(池上正治, 2007 『徐福』, 原書房 참조) 중국의 경우 오늘날 山東省 榮城市 바닷가에 서복 일행이 떠났다는 天盡頭라는 곳이 있는데, 이곳은 조그만 串의 지형을 이루고 있다. 또한 절강 주산열도의 대산도에도 서복이 출발했다는 전승이 전한다. 우리나라에는 서복 일행이 경유했다는 곳이 여러 곳 전하고 있다. 특히 경남 남해도 금산과 제주도 서귀포에는 서복 일행이 새겨 놓았다고 하는 石刻文이 남아 있어, 서복 일행이 남해군과 제주도를 거친 것을 사실로 보는 견해가 있을 정도이다. 남해군 금산에는 진 제국이 문자통일을 하기 이전의 문자체로 "徐市起 禮日出"이라 풀이되는 글자가 새겨진 마애석각이 있으며, 제주도 정방폭포의 암벽에도 "徐市過此"라는 문구가 새겨져 있었다고 한다. (尹乃鉉, 「中國 동부해안지역과 韓半島~滿洲지역의 相互關係」, 『장보고 해양경영사연구』, 도서출판이진, 1993, 72쪽) 그리고 일본에서도 和歌山縣 新官市 上野 등지에 서복이 다녀갔다는 전승이 전해지고 있다.(金井昊, 「장보고 선단의 무역해로와 교역」, 『장보고와 21세기』, 혜안, 1999)

면서, 대동강유역이 초청기 동아시아 연안해로의 중심지로서 번영을 누렸으며, 낙랑·대방군이 축출된 이후 4세기 후반경부터는 백제가 한강유역에서 일어나 동아시아 연안해로를 주도하는 세력으로 부상하였다.

이후 5세기에는 삼국 간의 상쟁으로 백제가 금강 변의 웅진으로 천도하는 등의 우여곡절을 겪으면서 연안해로가 경색되는 국면에 처하기도 하였지만, 6세기 이후에 백제가 다시 금강유역을 중심으로 동아시아 연안해로를 주도하는 위상을 복구하였다. 그러나 6세기 중반에 신라의 도전에 직면하여 연안해로의 경색국면이 다시금 조성되었고 장기화되어갔다.

7세기에 들어 삼국 간 상쟁은 더욱 치열해져서 당과 왜의 참전을 불러와 '동아시아대전'의 양상으로 확대되더니, 결국 신라에 의한 삼국통일의 결과를 가져왔다. 그리고 그 과정에서 새로운 '일상적 해로'로 개통된 황해 횡단 및 사단해로가 기존의 연안해로와 함께 활성화되어, 세 해로가 교차하는 서남해의 영산강유역이 중요 거점지역으로 부상하였으니, 이는 9세기 완도 청해진에서 장보고세력이 일어날 수 있는 역사적 배경이 되었다고 할 수 있다.

이처럼 한반도 서해안에 위치한 큰 강을 중심으로 서해 연안해로의 중심지가 형성되고 중심세력이 흥기하였으며, 그 중심지가 한반도의 세력관계의 변동에 따라 '대동강 → 한강 → 금강 → 영산강'으로 이동되어 갔다고 한다면, 그 각각의 시대를 '대동강의 시대', '한강의 시대', '금강의 시대', '영산강의 시대'로 구분하여, 각 시대별 서해 연안해로의 전개과정과 주도세력의 변화 추이를 살펴보는 것은 해로와 강의 역사적 의미를 탐색하는 한 방편으로서 나름 의미 있을 듯싶다.

II. '대동강의 시대' 서해 연안해로와 고조선·낙랑군

1. 고조선의 서해 연안해로 장악과 좌절

서해 연안해로의 길목인 대동강하류의 평양일대에서 고대 동아시아 해상교역을 주도했던 첫 사례로 고조선을 들 수 있다.[5] 그 내막을 살펴보자.

고조선은 B.C.3세기 말경의 否王 시절에 秦과 정치외교적 타협을 통해 공존의 관계를 설정하였으니, 그것은 秦에 대하여 '복속은 하되 朝會에는 참석하지 않는다'는 것을 원칙으로 한 것이었다.[6] 이러한 관계는 이후 중국 왕조와 고조선 사이를 규정하는 준거가 되었을 것으로 보이는데, 그 관계의 내용은 衛滿이 否王의 아들 準王을 축출하고 정권을 장악한 이후에 漢과 맺은 다음과 같은 外臣의 관계를 통해 엿볼 수 있다.

> 가) 요동태수는 衛滿을 外臣으로 삼을 것을 약속하여 국경 밖의 오랑캐를 지켜 변경을 노략질하지 못하게 하는 한편, 모든 蠻夷의 君長이 천자를 뵙고자 하면 막지 않도록 하였다. 천자도 이를 듣고 허락하였다.[7]

---

5) 고조선의 중심지에 대해서는 다양한 견해가 제기되고 있는데, 대동강유역설도 그 중 하나이다. 그렇지만 초기 고조선의 중심지는 다른 곳에 있었다고 하더라도, 적어도 B.C.108년에 漢의 공격을 받아 함락된 고조선의 중심지 王險城과 그곳에 설치된 낙랑군은 대동강하류의 평양일대에 해당한다는 것에 대해서는 큰 이견이 없다. 아마도 B.C.300년경 燕의 장수 秦開의 공격으로 서쪽 2,000여리의 땅을 빼앗긴 이후에는 평양일대가 고조선의 중심지로 되지 않았을까 하며, 따라서 B.C.194년에 衛滿이 조선왕 準을 축출하고 차지한 고조선의 중심지 역시 평양일대로 보아 좋을 것이다.
6) 「이때에 조선왕 否가 왕이 되었는데, 秦의 습격을 두려워한 나머지 政略 상 秦에 복속은 하였으나 朝會에는 나가지 않았다.」(『三國志』 卷30 魏書30 烏丸鮮卑東夷傳30 韓條 所引의 『魏略』)

'外臣'이란 한의 직접 통치의 대상인 內臣과 구별되는 것으로, 관념적으로는 臣屬을 표방하고 있지만 실제적으로는 독자적 국가임이 용인되는 外藩의 나라를 지칭한다. 그런데 漢은 위만에게 외신으로서의 두 가지 의무를 부과하였으니, 그것은 ①변경 밖의 蠻夷를 지켜 노략질을 못하게 할 것과 ②천자를 알현하고자 하는 蠻夷의 군장을 막지 말 것 등이었다. 이러한 의무를 바탕으로 한 관계는, 秦과 否王에 의해 처음 정립된 이후에 그 아들 準王 대에 잘 유지되다가, 준왕을 축출하고 고조선의 정권을 찬탈한 衛滿과 秦을 대신하여 새로운 중원의 패자로 대두한 漢 사이에 공존을 위한 관계로 재정립된 것으로 보인다.

그렇다면 고조선이 져야했던 두 가지 의무는 어떤 의미를 내포하는 것일까? 먼저 ①의 의무를 보면 만이의 노략질를 막아내는 일과 관련되어 있고, ②의 의무를 보면 천자에 알현하고자 하는 만이의 소통을 보장하는 일과 관련되어 있어, 양자에 나타난 만이의 성격이 각기 다르다는 것을 알 수 있다. 이런 견지에서 볼 때, 전자의 만이는 당시 한의 안보에 큰 위협의 대상이 되고 있던 흉노를 염두에 둔 것이었을 가능성이 크다고 하겠으며,[8] 후자의 만이는 지리적으로 고조선을 통해서 한과 관계를 맺을 수밖에 없는 주변의 여러 세력을 지칭하는 것으로 볼 수 있겠다.

이러한 의무는 고조선의 발전에 상당한 제약 요인이 되었던 것이고, 따라서 고조선과 한 사이에 심각한 갈등으로 폭발할 소지를 내포하고 있었다. 그런데 사단은, 가) 기사에 이어 나오는 다음 나) 기사에 나타나듯이, 주로 ②의 의무를 둘러싸고 촉발되었다.

---

7) 『史記』 卷115 朝鮮列傳.

8) 위만의 득세가 燕王 盧綰의 匈奴 투항 사건에서 비롯되었다는 것을 염두에 둘 때, 한은 위만이 흉노와 연결되는 것을 경계했을 가능성이 크다.[「燕王 盧綰이 (한을) 배반하고 匈奴로 들어가자 衛滿도 망명하였다.」(『史記』 卷115 朝鮮列傳)]

　　나-1) 이로써 위만은 군사의 위세와 재물을 얻게 되어 그 주변의 소읍들
　　　　을 침략하여 항복시키니 眞番과 臨屯도 모두 와서 복속하여 사방
　　　　수천리가 되었다.
　　　2) 아들을 거쳐 손자 右渠 때에 이르러서는 유인해낸 漢의 망명자 수
　　　　가 대단히 많게 되었으며, 천자에게 入見하지 않을 뿐 아니라 '진번
　　　　주변의 여러 나라들'이 글을 올려 천자에게 알현하고자 하는 것도
　　　　또한 가로막고 통하지 못하게 하였다.

　　나-1) 기사에 의하면 위만은 '군사의 위세와 재물'을 얻게 되었다고 하
는데, 이는 한과의 외신 관계를 맺은 이후에 제공받은 권위와 철기기술
을 의미하는 것으로 풀이된다. 이를 바탕으로 위만은 주변의 소읍들을
병탄하여 진번과 임둔 등을 복속시켜 사방 수천리의 대국으로 성장했다
고 한다. 진번은 대동강 이남의 황해도 일대를, 임둔은 동해안 지역을 지
칭하는 것으로 보이는데, 이들이 가) 기사에 나오는 '천자에 알현하고자
하는 만이의 군장'에 해당된다고 볼 때, 위만이 이들을 복속시킨 행위는
곧 외신으로서 지켜야할 ②의 의무를 어긴 것이었다.

　　이러한 위만의 행태는 그의 손자 右渠 대에 이르러 더욱 노골적으로
나타난다. 나-2)에 의하면 우거는 수많은 한의 망명자를 유인해내는가 하
면 한에 대해 入見도[9] 하지 않았고, 심지어는 한에 알현하고자 '진번 주
변의 여러 나라들'을 가로막는 노골적인 反外臣의 행위를 감행했던 것
이다.

　　여기에서 '진번 주변의 여러 나라들'은 황해도 이남의 '韓 세력'을 지
칭하는 것으로 보인다.[10] 그런데 다) 기사에 의하면 위만에게 쫓겨서 남

---

9) '入見'이란 한에 대한 관념적 복속의례로서 행해질 것이 기대되는 정기적인 사
　절 파견 및 조공 헌상 행위 등을 지칭하는 것으로 보인다.
10) 판본에 따라 '眞番旁衆國' 혹은 '眞番旁辰國'으로 되어 있지만, 이들은 각각
　황해도 일대의 진번 이남의 여러 나라 혹은 진국을 지칭하는 것으로 풀이될 수
　있어, 어느 판본을 취해도 황해도 이남의 '韓 세력'을 지칭하는 것으로 보는데
　무리가 없을 것이다.

으로 이주한 준왕이 그 '韓 세력'의 영도세력으로 성장하여 고조선과 적
대관계를 유지하고 있었던 것으로 보인다.

> 다) 準王은 그 좌우 궁인들을 거느리고 바다로 달아나 韓地에 살면서 韓
> 王이라 자칭하였다. 『魏略』에 의하면 "그 나라에 사는 (준왕의) 자손
> 과 친척들도 이로 인해 韓氏의 姓을 冒稱하였고, 준왕은 바다를 통해
> 서 朝鮮과 서로 왕래하지 않았다"고 한다. 그 후에 (준왕의 세력은)
> 멸절되었지만, 지금도 韓人들은 (준왕에 대한) 제사를 받드는 자가
> 있다.[11]

그렇다면 漢나라에 글을 올려 천자에 알현하고자 했던 '韓 세력' 중
에는, 韓王을 자칭한 준왕이 영도한 세력이 핵심 세력을 이루고 있었을
가능성이 크다. 따라서 우거가 '韓 세력'이 漢에 알현하는 것을 차단한
것은, 적대적인 준왕 세력을 고립시켜 제압하기 위한 방책이었다 할 것
이고, 결국 준왕의 세력이 멸절되었다고 한 것은 우거의 방책이 주효했
음을 의미한다 하겠다.

위만 이후에 외신의 의무를 무시하면서 대국으로 성장한 고조선이 우
거 대에 이르러 韓의 적대세력까지 제압하면서 '韓 세력'에 대하여 영향
력을 확대해간 추세를 엿볼 수 있다. 그렇다면 고조선은 한편으로는 漢
으로부터 철기기술 등 선진문물을 수용하고, 또 한편으로는 남쪽 '韓 세
력'으로 세력을 확산시켜 감으로써 더욱 강성한 나라로 성장해 갔다고
할 수 있다. 그런데 당시 선진문물의 수용과 영향력의 확산은, 주로 동아
시아 연안해로를 통해서 이루어졌을 것이다. 다) 기사에서 나오는 '바다
로 달아났다'('走入海') 혹은 '바다를 통해서'('海中') 등의 구절이 이를
반영한다고 할 수 있다. 그렇다면 고조선은 서해 연안해로 상의 중요 길
목인 대동강유역을 거점으로 삼아 동아시아 해상교역을 주도한 첫 사례

---

11) 『三國志』 卷30 魏書30 烏丸鮮卑東夷傳30 韓條.

로 기록될 수 있을 것이다.

그렇지만 고조선의 이러한 역할은 漢의 적극 개입으로 인해 오래가지 못했다. 漢은 많은 백성을 빼가고 남쪽 세력의 알현을 금한 우거의 행위에 대하여 단순히 ②의 의무를 이행하지 않는 차원을 넘어서서 일종의 도발 행위로 인식하였을 것이다. 더 나아가 흉노와 연대하지 말 것을 규정한 ①의 의무마저 그 실행여부를 장담할 수만은 없게 되었을 것이고, 이런 상황에서 漢은 우거의 행위를 좌시할 수 없었을 것이다. 다음 기사를 보자.

> 라) 元封 2년(B.C.109)에 漢은 사신 涉何를 보내어 우거를 꾸짖고 회유하였으나, 우거는 끝내 천자의 명을 받들려고 하지 않았다. 섭하가 돌아가면서 국경인 浿水에 이르러 마부를 시켜 전송 나온 조선의 裨王 長을 찔러 죽이고 바로 건너 요새 안으로 달려 들어간 뒤, 드디어 천자에게 '조선의 장수를 죽였다'고 보고했다. 천자가 그 공을 기려 꾸짖지 않고 섭하에게 遼東東部都尉의 벼슬을 내렸다. 이에 조선은 섭하를 원망하여 군사를 일으켜 기습 공격해 섭하를 죽이니, 천자는 죄인을 모집하여 조선을 치게 하였다.12)

漢 무제는 사신 섭하를 보내 우거에게 외신으로서의 의무를 충실히 이행할 것을 촉구하였던 것이고, 우거가 이를 거부하면서 양국 관계는 파탄에 이르렀던 것이다. B.C.109년 가을에 한은 수륙병진으로 고조선에 대한 대공세에 나섰다. 위만조선의 지나친 연안해로 통제와 독점이 결국 한의 위기의식을 자극하여 무력침공을 불러오기에 이른 것이다. 이미 강성대국으로 성장한 고조선의 저항도 만만치 않았다. 그러나 결국 고조선은 1년 가까운 기간 동안 강국의 위력을 유감없이 발휘한 끝에 B.C.108년에 그 최후를 마쳐야 했다. 사방 수천리에 달했다는 고조선 강역은 낙랑군·현토군·진번군·임둔군의 4개 군으로 分置되어 漢의 지배 하에 들어갔다.

---

12) 『史記』 卷115 朝鮮列傳.

2. 낙랑군의 동아시아 해상교역 주도

B.C.108년 고조선의 멸망 직후에 고조선이 동아시아 해상교역을 주도했던 서해 연안해로의 길목 대동강유역에는 낙랑군이 설치되었다. 그리고 낙랑군은 A.D.313년 폐지될 때까지 400여년 대동강유역을 근거로 하여 동아시아 해상교역을 주도해 갔다.『漢書』地理志에서 "樂浪의 海中에 倭人이 나뉘어 백여국을 이루었는데, 매년 와서 獻見하였다"고 한 것으로 보아, 연안항로를 통한 낙랑군의 해상교역 범위는 한반도는 물론 일본열도에까지 미치고 있었음을 알 수 있다.

이후 3세기 초에 요동 패자로 떠오른 공손씨가 황해도 일대에 대방군을 추가 설치하면서, 대방군은 낙랑군과 함께 중국 왕조의 조종을 받으며 동아시아 해상교역을 주도하였다. 다음 기사에 낙랑군과 대방군이 A.D. 3세기경에 연안해로를 통해 동아시아 해상교역을 주도했음이 잘 나타나 있다.

> (낙랑·대방)郡으로부터 왜에 이르는 경로는 다음과 같다. 군에서 해안을 따라 가다가 韓國을 거쳐 다시 남쪽과 동쪽으로 잠시 가다보면 그 북쪽해안에 있는 狗邪韓國에 이르게 되는데 여기에서 거리가 7천리이다. 여기에서 처음 바다를 건너 1천여리 가면 대마도에 이르게 된다.[13]

윗 기사에 나타난 연안해로는 '낙랑군 – (서해 남행) – 한국 – (서해 남행) – (남해 동행) – 구야한국 – (대한해협) – 대마도 – 왜'였던 것으로 나타나고 있다. 이 중 韓國은 아산만의 마한세력을 지칭하고, 狗邪韓國(구야한국)은 김해의 가야세력을 지칭하는 것으로 여겨지거니와, 이들 지역이 당시 연안해로의 주요 거점이 되고 있었음을 보여준다.

실제로 서남해 연안의 요소요소에 중국 화폐가 수습되고 있고,[14] 당시

---

13)『三國志』卷30 魏書 東夷傳 倭人條.

의 주요 교역품으로는 중국제 유리 및 수정 장신구류를 위시로 하여 토기류, 철제류 등이 찾아지고 있으며, 변한의 철소재는 가장 각광받던 교역품으로 알려져 있다.15) 이렇듯 당시에 연안해로를 통한 동아시아 해상교역은 대동강유역을 중심으로 낙랑·대방군의 주도하에 이루어졌으며, 이러한 '대동강의 시대'는 그 후 313년·314년에 두 군이 고구려와 백제의 협공에 의해 축출될 때까지 400여 년간 계속되었다.

III. '한강의 시대' 서해 연안해로와 백제

1. 근초고왕의 바닷길

4세기 초에 낙랑·대방군이 축출되자 고구려와 백제는 서로 간에 탐색전을 벌였고, 4세기 중반을 넘어서면서부터는 연안해로의 주도권을 둘러싸고 치열한 군사적 경쟁과 대결을 벌여나갔다. 연안해로의 주도권을 선점하는 일이야말로 국가의 위상을 좌우하는 결정적인 사안으로 인식하였기 때문이다. 『삼국사기』의 기록에 의하면 두 나라의 군사적 대결은 연안해로의 요충지대에 해당하는 대동강·재령강·예성강유역의 평안·황해도 일대에서 집중적으로 이루어진 것으로 나타나고 있다.16)

양국의 군사 대결에서 백제가 결정적 승기를 잡게된 것은, 백제의 근

---

14) 화천이나 오수전이 발견된 곳으로는 해남 군곡리패총(화천), 고흥 거문도(오수전 980점), 창원 성산패총(오수전), 김해 회현리패총(화천) 등지를 들 수 있다(崔夢龍, 「상고사의 서해 교섭사 연구」, 『國史館論叢』3, 1989, 20~21쪽 ; 池健吉, 「南海岸地方 漢代貨幣」, 『昌山金正基博士華甲紀念論叢』, 1990, 535쪽)
15) 『三國志』卷30 魏書30 烏丸鮮卑東夷傳30 弁辰條.
16) 姜鳳龍, 「三國 및 統一新羅 軍事參與層의 擴大와 軍役制」, 『百濟研究』32, 2000, 182~183쪽.

초고왕과 태자 근구수가 3만의 정병을 이끌고 평양성으로 진군하여 대적하는 고구려의 고국원왕을 전사시킨 371년 평양성 전투를 전후한 시기였다.[17] 이러한 백제의 승리는 당시 고구려가 북방세력과의 대결에 여념이 없는 사이를 틈탄 것이었다.[18] 국왕을 잃은 고구려가 사후 수습에 여념이 없는 사이 연안해로의 주도권은 위만조선과 낙랑·대방군의 뒤를 이어 백제에게 넘어가게 되었다. 이에 따라 연안해로의 중심 거점은 대동강유역에서 백제의 근거지인 한강유역으로 옮겨졌다.

백제는 최대의 라이벌이던 고구려의 기세를 꺾은 여세를 몰아 국내외에 해상교역을 주도하기 위한 해양 거점을 확보해 갔다. 먼저 『일본서기』에 의하면 백제는 369년에 비자발 등 가야 7국을 평정하고, 西進을 계속하여 古奚津[강진]을 거쳐 忱彌多禮[해남]를 점거한 것으로 되어 있다.[19] 이는 백제의 근초고왕이 연안해로의 주도권을 장악하기 위해서 경남 해안지방(가야)과 서남해지역(강진·해남 등지)에 주요 해양 거점을 확보하였음을 의미하는 것으로 풀이할 수 있다.[20]

이어 백제는 중국 대륙에도 국제 교역을 위한 해양 거점을 확보하여 갔다. 『송서』와 『양서』 등에 의하면 백제가 遼西郡과 晋平郡의 2군을

---

17) 『三國史記』 卷24 百濟本記2 近肖古王 26年條.
18) 당시 고구려의 주요 관심사는 대륙으로 진출하려는 데에 두어졌던 것으로 보인다. 미천왕이 302년에 현토군을 공격하고, 311년에는 요동으로 통하는 길목인 서안평을 공격하였으며, 그 여세를 몰아 낙랑과 대방을 공략하여 이를 축출했던 일련의 과정에서 엿볼 수 있다. 말하자면 고구려의 낙랑·대방 공격은 해상교역의 거점을 확보하려는 차원에서라기보다는 대륙 진출을 위한 배후 위협세력의 정리라는 의도가 더 강하게 작용했다고 할 수 있다. 그렇지만 이러한 성향 때문에 고구려는 고국원왕 대에 이르러 요동진출을 추진하고 있던 선비족 모용씨세력과 충돌할 수밖에 없었고 모용씨의 침략을 받아 수도 환도성을 함락당하는 시련을 겪게 된다.
19) 『日本書紀』 卷9 神功紀 49年 3月條.
20) 姜鳳龍, 「3~5세기 영산강유역 '甕棺古墳社會'와 그 성격」, 『歷史敎育』 69, 1999, 85~89쪽.

점거하고 여기에 百濟郡을 설치했다는 기사가 있는데,[21] 이것이 백제가 당시 중국 대륙에 해양 거점을 두었던 사실을 반영하는 것이다. 여기에서 요서군이란 요하 西岸을 지칭하는 것인데, 백제가 여기에 해양 거점을 둘 수 있었던 것은 당시 북중국이 5호 16국으로 난립하여 힘의 공백 상태에 빠져있던 것에 편승한 것이었다고 볼 수 있다.

백제와 동진과의 관계는 특히 각별하였다. 근초고왕은 372년 정월에 처음 동진에 사신을 파견하여 외교관계를 개설하였고,[22] 같은 해 6월에는 동진으로부터 '鎭東將軍 領樂浪太守'를 제수받기도 하는 등,[23] 양국 간의 교류는 매우 활발하였다. 당시 백제의 수도였던 한성의 풍납토성에서 동진 계통의 鐎斗가, 그리고 석촌동 고분에서 동진의 청자와 배 젓는 노가 출토된 것이야말로, 백제와 동진 사이의 활발한 문물 교류의 실상을 잘 반영해 준다. 또한 몽촌토성에서는 西晋의 錢文瓷器片이 발견된 것으로 보아, 백제와 晋 왕조 사이의 문물 교류는 이미 서진 단계부터 이루어지고 있었던 것을 알 수 있다.[24]

뿐만 아니라 백제는 일본열도에도 해양 거점을 개설하고 왜왕과 긴밀한 관계를 맺어갔던 것으로 보인다. 371년에 근초고왕이 왜에 사신을 보내 예물을 전하자, 왜왕이 그 아들과 신하들에게 "내가 친교하는 백제국은 하늘이 보내주신 것이다. 사람에 의한 것이 아니다. 백제왕이 보내온 완호물과 진귀한 물건 등은 이전에 없던 것이다"라 했던 것은[25] 이러한

---

21) 『宋書』卷97 列傳57 夷蠻 東夷 百濟國條 ;『梁書』卷54 列傳48 諸夷 東夷 百濟條.

22) 『晋書』卷9 帝紀9 簡文帝 2年 春正月條,「百濟 林邑王 各遣使貢方物」

23) 上同 6月條,「遣使 拜百濟王餘句 爲鎭東將軍 領樂浪太守」

24) 李道學,『백제 고대국가 연구』, 일지사, 1995, 182~183쪽 ; 李蘭英,「百濟지역 출토 중국도자 연구 - 古代의 交易陶瓷를 중심으로 - 」,『百濟研究』28, 1998, 215~217쪽 ; 권오영,「풍납토성 출토 외래유물에 대한 검토」,『백제연구』36, 2002.

25) 『日本書紀』卷9 神功紀 51年 春三月條.

사정을 집약적으로 표현한 것이라 하겠다. 또한 372년에 백제가 왜국에 전한 예물 중에, 현재 일본 나라의 이소노카미 신궁에 보존되어 있는 칠지도로 추정되는 칠지도 한 점이 포함되어 있는 것은[26] 그 대표적인 물증이 되겠다. 뿐만 아니라 백제는 왜에 장군과 학자들을 빈번히 파견하여 지도적 위치에서 우호관계를 강화해 갔다.

이처럼 백제의 근초고왕은 한강하류를 중심으로 동아시아 연안해로의 주도권을 선점하여 중국대륙과 한반도, 그리고 일본열도의 요소요소에 해양 거점을 확보하고 이를 통해 동아시아 해상교역을 주도해 갔던 것이니, 그 규모와 체계성, 그리고 적극성의 측면에서, 해로의 길목(대동강하류)을 장악하고 중개무역을 일삼던 이전의 위만조선과 낙랑·대방군 등에 비할 바가 아니다. 근초고왕이 연 '한강의 시대'는 그의 자왕(子王)인 근구수왕 대까지 지속되었다.

2. 고구려의 반격과 '한강의 시대' 종언

백제의 해양강국으로의 부상은 고구려의 일시적인 후퇴와 신라의 어쩔 수 없는 묵인 하에서 가능한 것이었으므로, 만약 고구려의 반격이 가해지고 신라가 이를 부인하는 행동 표시를 할 때는 의외로 쉽게 무너질 수도 있는 취약성을 내포하고 있었다. 그리고 그것은 조만간 현실로 나타났다.

고구려의 대반격은 이미 소수림왕 대부터 준비되고 있었다. 먼저 소수림왕은 고국원왕의 전사라는 엄청난 충격에서 벗어나기 위해, 불교를 공인하고, 율령을 반포하였으며, 태학을 설립하는 등 국가의 기강과 내실을 다지는 정책을 내밀하게 추진하였다. 그 뒤를 이은 고국양왕은 요동

---

26) 『日本書紀』卷9 神功紀 52年條.

성과 현토성에 대한 공격을 감행함으로써 대륙진출의 의지를 불태우는 한편, 國社를 건설하고 宗廟를 수리하는 등 국왕 중심의 안정적 국가체제의 정비에도 심혈을 기울였다.

이러한 준비과정이 효과가 있었던지 광개토왕 대부터는 대대적인 정복 활동에 나섰다.[27] 먼저 동북과 서북으로 비려와 거란족을 정벌한 연후에, 남으로 백제를 향한 공격 자세를 취하였다. 백제와 가야와 왜의 교역망에 포위되어 고립무원의 상태에 빠져있던 신라의 내물왕은 392년에 왕족인 實聖을 고구려에 인질로 보내는 質子 外交를 통해서[28] 외교적 고립 상황에서 벗어나고자 했다.

광개토왕은 396년에 남으로 백제를 공략하기 시작하여 58성 700촌을 점령하는 대전과를 거두었으니, 당시 고구려군의 위력이 얼마나 대단하였던가를 가히 짐작할 수 있다. 더욱이 광개토왕이 동원한 군대 중에는 기병이나 보병 이외에 수군을 동원한 흔적도 보이고 있는데, 이는 그간 백제가 주도해 오던 동아시아 국제 해양교역망을 근저에서부터 뒤흔들 수 있는 요인을 내포하는 것이었다.

이에 백제의 阿莘王은 계속되는 고구려의 파상적 공격을 둔화시킬 필요가 있다고 판단하여 고구려에 항복을 자청하고 영원한 奴客이 될 것임을 맹세하는 수모를 무릅쓰지 않으면 안되었다. 그렇지만 이는 어디까지나 시간을 벌기 위한 방편에 불과했고, 백제는 곧바로 왜와의 정치·군사적 관계를 강화하여 고구려의 침략에 대비하였다. 397년에 아신왕이 태자 전지를 왜에 인질로 보낼 수밖에 없었던 것도[29] 결국 왜와의 관계를 강화하기 위한 고육지책이었다고 할 수 있다. 백제 주도의 해양교역

---

27) 이하는 광개토왕비에 의거함.
28)『三國史記』卷3 新羅本紀 奈勿尼師今 37年 正月條.
29)『三國史記』卷25 百濟本紀 阿莘王 6年 5月條 ;『日本書紀』卷10 應神 紀 8年 3月條 所引「百濟記」

망을 통해서 경제적 이득을 취해오던 왜는 기왕의 교역 질서가 붕괴되는 것을 원치 않았고, 또한 고구려의 남진과 신라의 대고구려 결탁의 추세를 지켜보면서 군사적 위협 상황을 심각하게 받아들이고 있던 차에, 왕자까지 동원하여 상황의 심각성과 위험성을 실감나게 설득해 오는 백제의 적극적인 외교공세에 설복당하여, 결국 백제의 정치·군사적 연대 제의를 기꺼이 받아들였다.

이를 계기로 백제와 왜는 일종의 군사적 동맹관계로까지 발전하였다. 두 나라는 적대해 오던 신라를 대대적으로 공격하는 한편, 고구려에 대해서도 바다를 통해 공격을 감행함으로써, '중국 남조 - 백제 - 가야 - 왜'로 이어지는 이전의 해양 교역질서를 회복하려 하였다. 광개토왕비에 의하면 백제와 왜가 399년에 신라를 침략하고, 404년에는 바다를 건너 고구려의 지배하에 있던 대방지역(오늘날 황해도)에까지 침략한 것으로 나타나고 있다.

백제와 왜의 침략을 받은 신라는 더 이상 자력으로 생존할 힘이 없음을 절감하고서 고구려에 군사적 지원을 요청했다. 400년에 광개토왕은 5만의 대군을 파병하여 백제와 왜의 침략세력을 퇴치하고, 내친 김에 백제와 교역관계를 맺어오던 가야까지 점령하였다. 그리고 신라와 가야지역에 군대를 주둔시켰다. 이어 고구려는 404년에 침략한 백제와 왜를 대방지역에서 격멸하고, 407년에는 대대적으로 백제를 타격하였다.

413년에 광개토왕의 뒤를 이어 즉위한 장수왕은 우선 대내외적인 안전장치를 마련해 놓고서 백제에 대한 공세의 고삐를 더욱 조여갔다. 먼저 414년에 광개토왕비를 건립하여, 스스로 천손임을 천명하는 한편, 광개토왕의 공적을 기록하고 왕릉 관리체계의 재정비 및 강화를 규정하였는데, 이는 곧 父王의 후광으로 왕권의 안정을 도모하기 위함이었다.

또한 북위가 대두하여 그간 난립해 있던 북조사회를 통일하게 되면서 중국 대륙으로 진출할 수 있는 길이 막히자, 장수왕은 북조의 북위와 남

조의 齊, 그리고 북방의 柔然 등과 국교를 개설하여 고구려를 포함한 4
대 강국 사이에 세력균형의 상태를 조성하여 북방의 안정을 확고히 하였
다.30) 그리고 427년에 이르러 평양으로의 천도를 전격 단행하였다.

고구려의 평양천도는 본격적 남하정책의 신호탄을 의미하는 것이었다.
그리하여 급기야 475년에 고구려는 한강하류에 위치한 백제 수도 한성
을 공격하여 함락시키기에 이르렀고, 백제는 금강 변에 위치한 웅진(현
공주)으로 쫓기듯이 천도해 갔다. 이로써 고구려는 신라와 가야지역을
군사적으로 점령함에 이어 백제와 왜를 압도하기에 이르렀던 것이다. 4
세기 후반에 고구려의 기세를 꺾고서 한강하류를 중심으로 서해 연안해
로의 주도권을 장악하여 동아시아 해양교역을 주도하려던 백제의 꿈과
야망은 이렇게 허무하게 무너져 갔다. 이와 함께 한강을 중심으로 서해
연안해로가 운영되던 '한강의 시대'는 종언을 고하게 된다.

IV. '금강의 시대' 서해 연안해로와 다시 백제

1. 무령왕의 서해 연안해로 주도권 재건

웅진 천도 이후 잇따른 국왕 시해 사건으로31) 시련을 거듭해 오던 백
제에 중흥의 기운이 일기 시작한 것은 武寧王 때였다. 501년에 즉위한
그는 국내에서는 개로왕의 계승자임을 표방하여 강력한 그의 정책을 계
승하려 했던 한편으로, 16년간 倭 河內國 지역에 장기 체류하며 유력한
씨족으로 성장한 昆支의 아들로서 왜와의 인연도 강조하면서 국내외의

---

30) 盧泰敦, 「4~5世紀 東亞細亞의 國際情勢와 高句麗의 對外關係」, 『東方
學志』 44, 1984 참조.
31) 문주왕이 해구에게, 동성왕이 백가에게 시해된 것이 그것이다.

지지를 얻어 취약해진 왕권을 추스렸다.

무령왕은 즉위하자마자 먼저 동성왕을 죽인 苩加의 세력을 타도하고, 투항하는 백가를 백강(금강)에 던져버렸다.[32] 왕권에 도전하는 자에 대한 본보기를 보여준 것이었다. 그리고 왕 4년에 麻那君을, 그 이듬해엔 아들 斯我君을 왜에 파견하여 왜와의 관계 복원에 적극성을 보였다.[33] 509년에는 왜가 사신을 보내왔으며, 이후에 양국 간의 사신·학자·장군의 왕래가 빈번하게 이루어졌다.[34] 508년에는 탐라(제주도)와도 처음으로 통교 관계를 개설했다.[35] 이로써 무령왕은 우선 남방의 해로를 완전 정상화시킬 수 있었다.

이를 바탕으로 무령왕은 고구려와의 전투에서 우위를 점하게 되었으며,[36] 서해의 북방해로도 복원하여 중국 남조의 梁과도 자신감 넘치는 통교를 전개해 갈 수 있었다. 즉 521년(무령왕 21)에 무령왕은 梁에 表文을 올려 고구려를 여러 차례 무찔렀음을 과시하였고, 이에 근거하여 『梁書』는 '백제가 다시 강국이 되었다'고 적고 있다. '다시 강국이 되었다' 함은 백제가 서해 연안해로를 다시 주도하게 되면서 근초고왕 시대의 해양강국을 '다시' 재건했음을 의미하는 것으로 풀이할 수 있겠다.[37] 그는 서해 연안해로에서 '금강의 시대'를 활짝 연 것이다.

---

32) 『三國史記』百濟本記 武寧王 卽位條,
33) 『日本書紀』武烈紀 6年·7年條.
34) 『日本書紀』繼體紀 3年, 6年 4月·12月, 7年 6月條.
35) 『日本書紀』繼體紀 2年 12月條. 『三國史記』百濟本記에 의하면 문주왕 2년(476)에 탐라국이 방물을 바쳐왔다 하고, 동성왕은 탐라가 공물을 바치지 않아 친정했다 하여 『일본서기』와 다르다. 그런데 『삼국사기』에 나오는 탐라는 제주도를 지칭하는 것이 아닌 강진·해남에 대한 이칭으로 본 견해가 있어 참고 된다.(李根雨, 「熊津時代 百濟의 南方境域에 대하여」, 『百濟研究』 27, 1997, 51~55쪽)
36) 『三國史記』百濟本記 武寧王 卽位年 11月, 2年 11月, 7年 10月, 12年 9月.
37) 강봉룡, 「고대 동아시아 해상교역에서 백제의 역할」, 『한국상고사학보』 38, 2002 참조.

2. 성왕의 전사와 '금강의 시대' 종언

　무령왕의 뒤를 이은 성왕은 즉위 16년(538)에 마침내 사비(현 부여) 천
도를 단행하고 국호도 南扶餘라 개칭하기에 이른다. 사비는 웅진과 같
이 금강의 南岸에 위치하면서도 금강 하구와 가까워 해양진출이 용이하
고, 평야가 넓어 비교적 협소한 웅진에 비해 수도로서의 경제력 확보에
도 적합한 곳이다. 그렇지만 그런 만큼 군사적 방어에는 취약한 면모를
가진다. 따라서 성왕의 사비 천도는 고구려의 군사적 위협에 대처할 수
있다는 자신감을 표현한 것이라 할 것이고, 더 적극적으로는 나라를 일
신하여 경제적 안정성을 확보하고 금강을 통해 해양진출을 활성화하겠
다는 의지를 표명한 것이라 할 것이다. 과연 성왕은 이후에 양 및 왜와의
관계를 진전시켜 동아시아 해상교역을 주도하는 한편, 신라와의 군사적
제휴를 강화하여 고구려와의 대결에서 우위를 유지해 갔다. 이로써 백제
는 금강을 중심으로 서해 연안해로의 주도권을 강화해 갈 수 있었다.
　그렇지만 '금강의 시대'는 오래가지 못했다. 곧바로 신라의 도전이 이
어졌던 것이다. 이즈음 신라 역시 비약적인 발전을 거듭하였으며, 특히
532년에 낙동강 하구의 금관가야를 복속시켜 해양문화와 해양진출의 맛
을 실감하던 중이었다. 그리하여 백제와 신라는 서로 라이벌 관계를 강
하게 의식하면서도, 연안해로의 경색 국면 타개라는 공동의 관심사를 실
현하기 위해 의기투합하여 고구려의 공격에 힘을 합쳤다.
　마침내 551년에 백제와 신라 군대의 고구려 공격 작전이 개시되었다.
백제는 한강하류로 곧바로 진격하여 한성을 탈환하고, 신라는 동으로 죽
령을 넘어 철령에 이르는 10군을 차지하였다. 마침 내전에 빠져서 국력
이 크게 쇠잔해 있던 고구려는 백제와 신라의 협공에 제대로 대응조차
하지 못하고 당하고 말았다.[38]

그러나 백제와 신라의 협조관계는 동상이몽이었다. 이제부터 백제와 신라 사이에 새로운 갈등의 상황이 기다리고 있었다. 신라의 진흥왕은 연안해로 요충지의 하나인 한강하류 지역을 라이벌국인 백제에게 그대로 양보하려 하지 않았으며, 이를 탈취하기 위한 일련의 공작을 은밀히 진행시켜가고 있었다. 553년에 오늘날 이천지역에 남천주(南川州)를 설치하여 진군을 위한 군대를 주둔시켰으며, 이를 교두보로 삼아 그 이듬해에 한강하류에 대한 공격을 전격 감행하였다. 허를 찔린 백제는 성왕이 직접 군사를 이끌고 나와 신라군을 맞아 싸웠으나 역부족이었다. 결국 성왕은 554년의 관산성[충청도 옥천] 전투에서 전사했다. 그리고 신라는 557년에 군단을 남천주에서 북산산주로 옮겨 한강유역을 독차지하였다. 이로써 금강을 중심으로 백제가 서해 연안해로를 주도하려던 '금강의 시대'는 단기간에 종언을 고하고 말았다.

V. '영산강의 시대' 서해 연안해로와 장보고·왕건

1. '동아시아대전'과 서해 해전의 전개

백제 성왕의 돌연한 전사로 인해 '금강의 시대'는 막을 내리고 서해 연안해로는 다시금 심각한 경색국면에 빠져들었다. 경색국면이 장기간 지속되어 가면서 동아시아 문물교류는 크게 위축되었고, 동아시아 여러 나라는 심각한 경제적 고통을 감내하지 않으면 안 되었다. 이러한 모순구조는 결국 7세기에 이르러 삼국 상쟁의 범위를 넘어서서 당과 왜까지 참전하는 '동아시아대전'을 촉발시켰다.[39]

---

38) 노태돈, 「고구려의 한수유역 상실의 원인에 대하여」, 『한국사연구』 13, 1976 참조.
39) '동북아대전' 중의 서해 해전과 그 의의에 대해서는 강봉룡, 「해전을 통해서 본

먼저 660년 소정방은 13만의 대군을 이끌고 황해를 횡단하여 경기도 덕적도를 경유하여 군산 지역의 尾資津에 상륙하였다.[40] 그 일부는 웅진강(=금강)으로 진입하였고, 일부는 금강의 남안을 따라 사비성을 향해서 진군하였다. 水陸으로 竝進하였던 것이다.[41] 김유신이 이끈 신라군은 당의 육군에 합류하였다. 나·당연합군이 사비성에서 20여리 떨어진 곳에 이르자, 백제 측은 비로소 국가의 모든 병력을 기울여 이를 방어하고자 하였으나 사비성은 허망하게도 불과 하루 만에 함락당하고 말았다. 상륙과 웅진강구 진입을 차단하라는 성충과 흥수의 전략을[42] 배제하고, 강 진입과 상륙을 허용한 이후에 승부를 내자는 전략을 채택한 것이 실책이었음이 드러난 셈이었다.

663년에는 백제·왜 연합군과 나·당연합군이 동진강 하구의 백촌강에서 일대 해전을 벌였다. 백촌강 해전에서는 백제·왜 연합군이 당 수군의 백촌강(=동진강) 진입과 상륙을 차단하는 적극적 전략을 구사하여, '피난수도' 역할을 담당하고 있던 주류성(=부안 우금산성)의 사수에 나섰다. 강 진입과 상륙을 허용했던 660년의 잘못된 전략을 되풀이하지 않기 위한 것이었다. 이때에도 나·당연합군의 육군은 육로로 주류성을 향해 진군해갔고, 수군은 백촌강을 통해 상륙하여 육군과 합류하려는 수륙병진책을 구사하였다. 백제·왜 연합수군은 당 수군을 맞아 상륙을 저지하기 위해 동진강 앞바다에서 위해 적극 공세를 펼쳤으나, 기상 등을 고려하지 않고 성급하게 대처하는 바람에 대패당하고 말았다.[43] 그리하여 나·당연합

신라의 삼국통일과 그 해양사적 의의」,『대외문물교류연구』4, 해상왕장보고연구회 2006 참조.

40)『日本書紀』卷26 齊明期 6年 9月條,「或本傳 今年七月十日 大唐蘇定方 率船師軍于尾資之津…」

41)『舊唐書』卷83 列傳 蘇定方傳.

42)『三國史記』卷6 百濟本紀 義慈王 16年, 20年條.

43)『日本書紀』卷27 天智紀 2年 9月條.

군의 수·류 합류를 허용하게 되어, 주류성은 결국 쉽게 함락당하고 말았다. '피난수도'의 역할을 담당하던 주류성의 함락은 각지의 백제 부흥세력의 自服을 가져왔고 백제는 결국 회복 불능의 상태로 빠지고 말았다.

나·당전쟁 역시 마지막 승부는 해전에서 결판났다. 이번에도 당은 수류병진책을 구사하였다. 먼저 671년에 당은 高侃이 이끄는 육군과 運送船 부대의 합류를 시도하였으나, 운송선 부대가 신라의 공격을 받아 대패하여 상륙이 저지되면서 고간의 육군도 하릴없이 물러나야 했다.[44) 이의 확대판 닮은꼴이 675년에 되풀이 되었다. 이때 당은 薛仁貴로 하여금 수군을 이끌게 하고 李謹行으로 하여금 육군을 이끌게 하여 수군과 육군이 합류하여 병진케 하는 수류병진책을 구사하였으나, 설인귀의 수군이 泉城(=교하 조오산성) 해전에서 대패함으로써 작전의 차질을 가져왔고, 결국 買肖城을 근거로 하고 있던 이근행의 육군도 참패를 면치 못했던 것이다.[45) 당시 수군은 軍糧과 무기를 보급하는 역할을 담당한 것으로 판단되는데, 수군의 몰락으로 보급이 차단되면서 육군마저 전의를 상실하고 같이 무너지는 상황을 연출한 것이었다. 설인귀는 그 이듬해에 수군을 이끌고 伎伐浦(=장항) 상륙을 시도하여 신라가 점령한 사비성 공격을 감행하려 하였으나 이마저도 신라 시득에게 참패당하여[46) 재기에 실패하고 역사의 무대 뒤편으로 불명예 퇴진하고 말았다.

이처럼 '동아시아대전'에서 해전의 위력은 대단하였다. 서해 연안, 특히 '새만금 바다'가 그 해전들의 주무대가 되었다. 이는 '동북아 대전'의 발발 원인이 서해 연안해로의 경색으로 인한 해상교역의 위축에서 말미암았던 것과도 긴밀한 관련이 있을 듯싶다. 이 시대에 서해 연안해로는 동아시아 문물 교류의 핵심 통로였고, 그것은 전쟁의 전개 과정에서도

---

44) 『三國史記』 卷7 新羅本紀 文武王 11年條.
45) 『三國史記』 卷7 新羅本紀 文武王 15年 9月條.
46) 『三國史記』 卷7 新羅本紀 文武王 16年 11月條.

그대로 나타났던 것이다. 그런 만큼 해전의 승리와 제해권의 장악은 곧 전쟁의 승패를 좌우하기 마련이었다.

'동아시아대전'은 한반도 3국의 통일을 가져왔고, 이로써 동아시아 연안해로 경색의 원인을 제공했던 한반도의 패권 쟁탈의 상황도 종료되었다. 이와 함께 '동아시아대전'이 가져온 또 하나의 획기적인 결과는, 전쟁과정에서 '황해 횡단해로'가 상시 해로로 활용될 수 있는 가능성이 열렸다는 점이다. 그 이전까지만 하더라도 동아시아의 교역은 주로 연안해로에 의존하였고 황해 횡단해로는 갈헐적이고 제한적인 해로로만 활용되고 있었던 것이다. 연안해로에 주로 의존하던 상황에서 한반도의 정치적 갈등은 너무도 쉽게 해로의 경색을 초래하곤 했던 것인데, 이제 황해 횡단해로가 상시적 해로로 활용할 수 있는 길이 열리게 되면서 그 불안정성은 그만큼 줄어들었다고 할 수 있다.

황해 횡단해로의 위력은 '동아시아대전'이 종료된 후에 일정한 냉각기를 거친 8세기에 이르러 크게 발휘되었다. 동아시아 3국(당, 신라, 일본)은 황해 횡단 및 사단 해로와 기존의 연안해로를 총가동하여 그간 위축되어오던 해상교역을 봇물 터지듯 진행해 갔던 것이다. 그리하여 8세기의 동아시아에는 공무역의 전성시대가 도래하였고, 이는 동아시아 3국을 문화전성기로 안내했다.[47)

2. '영산강의 시대'의 개막과 장보고·왕건의 바닷길

신라에 의한 삼국통일은, 그간 삼국 간의 상쟁과 당·왜의 개입이라는 국제 정치적 상황에 따라 경색되었던 서해 연안해로의 소통을 활성화시

---

47) 통일 이후에 바닷길이 다각화·확대되고 그리고 교역체제가 활성화된 상황에 대해서는 강봉룡, 「8~9세기 동북아 바닷길의 확대와 무역체제의 변동」, 『역사교육』 77, 2001, 16~28쪽 참조.

키는 계기를 마련했다. 이에 따라 통일신라의 수도인 경주가 중시되면서 서해와 남해 연안해로를 연결시키는 결절점에 위치한 서남해지역의 중요성이 증대되어 갔다. 이 뿐만 아니라 서남해의 다도해를 징검다리 삼아 황해를 사단하여 중국의 산동반도와 강남지역에 이르는 해로가 활성화되어 갔고, 이에 따라 영산강이 위치한 서남해지역은 가장 중요한 해로의 길목으로 대두되어 갔다. 이른바 '영산강의 시대'가 개막된 것이다. 9세기 전반에 장보고가 완도의 청해진을 중심으로 동아시아 해상교역을 주도해 갈 수 있었던 것도 서해의 연안해로와 황해 사단해로의 요충지로 떠오른 서남해지역의 시대적 여건을 적절히 활용한 결과였다.

장보고는 황해 사단해로를 통해 중국과 해상교역을 활성화시켜 갔을 뿐 아니라 서해와 남해의 연안해로를 통해 국내 및 일본과의 해상교역도 주도해 갔다. 특히 장보고는 당시 오직 중국만이 보유하고 있던 청자 생산기술을 강진 대구면·칠량면 일대와 영산강 하구의 해남 화원면 일대에 이전하여 대규모 초기청자 생산단지를 건설하고,[48] 서남해지역을 청자 생산의 중심지로 떠오르게 했다. 이것이 강진 고려청자의 화려한 전성시대를 수확하게 한 한국 청자문화의 씨뿌림이었다고 할 수 있다.

이러한 '영산강의 시대'는 장보고 사후에도 유지되었고, 나말여초를 거쳐 고려시대까지 이어졌다. 먼저 서남해의 바다는 여말선초에 영웅들의 쟁패지가 되었다. 능창이 압해도를 중심으로 서남해 해상세력을 규합하여 '포스트 장보고'의 꿈을 실현시켜가고 있었고, 후백제를 건설한 견훤은 자신의 야망실현을 위해 서남해에 남겨진 '장보고의 유산'을 확보하고자 했다. 여기에 고려를 건국하는 왕건이 서남해 쟁패전에 뒤늦게 참여하여 마지막 승리자가 되었다.[49]

---

48) 강봉룡, 「해남 화원·산이면 일대 靑磁窯群의 계통과 조성 주체세력」, 『전남사학』 19, 2003 참조.
49) 강봉룡, 「羅末麗初 王建의 西南海地方 掌握과 그 背景」, 『도서문화』 21,

왕건은 서해 연안해로를 통해 수차례 서남해지역으로 진군하였는데, 그 출항지는 으레 임진강 하구에 위치한 정주(오늘날 경기도 개풍군 풍덕)였다. 일찍이 왕건은 정주의 해상세력 유천궁의 딸을 첫 부인으로 삼아 정주를 그의 해양 거점으로 확보하고 있었다. 또한 왕건은 서산·당진 지역의 해상세력 복지겸과 박술희 등을 포섭하여 이 지역을 또 하나의 해양 거점으로 확보하였다.

왕건의 첫 서남해지역 진군은 903년에 이루어졌다. 이해 3월 舟師(해군)를 이끌고 정주를 출항한 왕건은 光州 경계의 해안으로 상륙하여 錦城郡(오늘날의 나주)을 접수하고 10여 개의 군현을 점령하고서 군대를 주둔시키고 돌아갔다.50) 892년 이후에 견훤이 집요하게 공략했음에도 요지부동이던 나주의 '연안 해양세력'이 멀리서 서해 연안을 따라 내려온 왕건의 단 한번의 공격에 무력하게 무너졌다고 보기는 어려울 것이다. 이는 나주의 오다련과 영암의 최지몽과 같은 '연안 해양세력'과의 우호적 교감 속에서 이루어진 '평화적 점령'으로 보는 것이 온당하다.

왕건의 전격적인 나주지역 점령은 견훤에게 커다란 충격으로 받아들여졌을 것이다. 그리고 압해도의 능창을 중심으로 한 '도서 해양세력' 역시 이에 못지않게 큰 충격을 받았을 것이었다. 왕건에게는 이들의 도전을 꺾는 일이야말로 피해갈 수 없는 어려운 과업으로 다가왔다.

왕건과 견훤의 첫 격돌은 909년에 이루어졌다. 왕건이 해군을 이끌고 남하하던 중 鹽海縣(오늘날의 무안군 해제면 임수리) 앞 바다에서 중국 吳越로 향하던 후백제의 사신선을 나포한 것이 그것이다.51) 불의의 일격을 가함으로써 후백제의 기선을 성공적으로 제압했던 것이다.

왕건이 다음 공략의 타켓으로 삼은 것은 '도서 해양세력'이었다. 912

2003 참조.
50) 『高麗史』 卷1 太祖世家.
51) 『高麗史』 卷1 太祖世家.

년에[52] 다시 서남해 원정에 나선 왕건은 서남해지역의 중심 도서 중의 하나인 진도군을 점령하고, 영산강하구의 압해도 인근에 있는 작은 섬인 고이도를 위복시켰다. 이로써 왕건의 서남해지역에 대한 장악력은 더욱 강화되었으며, 그럴수록 견훤과 능창의 저항은 더욱 거세어 갔다.

견훤은 직접 진두지휘하여 전함을 목포에서 덕진포에 이르는 영산강하구에 배치함으로써 왕건이 나주세력과 연결하는 것을 차단하고자 했다. 난관에 봉착한 왕건은 바람을 이용한 화공책을 써서 견훤의 전함을 거의 전소시키고 후백제군 500여급을 목베는 완승을 거두었다. 견훤은 작은 배에 갈아타고 겨우 목숨을 건져 달아났다. 『고려사』에서는 이 해전('영산강해전'이라 칭하기로 하자)에 대해 "이로써 삼한 땅의 태반을 궁예가 차지하게 되었다"고 평하고 있으니, 이는 이 해전으로써 서남해 제해권을 장악하게 된 배경을 정당하게 평가한 것이다.

영산강해전의 승리로 나주세력과 합류한 왕건의 해군은 다시 돌아가는 도중에 '도서 해양세력'의 우두머리 능창의 도전에 직면하게 되는데, 여기에서 능창을 생포함으로써 서남해지역 장악의 마지막 장애물을 제거하게 된다. 이로써 '영산강의 시대' 서해 연안해로의 주도권은 왕건에게 넘어가게 된다.

VI. 맺음말

강은 그 위치상 바다와 육지를 연결하는 통로로서의 기능을 수행해 왔다. 따라서 강과 바다가 만나는 지점은 으레 바닷길(해로)의 중요 길목으

---

52) 『고려사』에서는 왕건의 진도·고이도 점령 사실을 909년의 기사에 이어서 서술하고 있으나, 진도·고이도 점령과 '영산강대전'은 912년의 일로 보는 것이 타당하다.

로 부상하기 마련이었고, 그 지점에서 해로를 장악하고 해상교역을 주도
하는 큰 세력이 흥기하곤 하였다. 이러한 맥락에서 필자는 본고를 통해
서 서해 연안해로와 강의 관계를 염두에 두고 고대 동아시아 해상교류의
거시적 변화 과정을 살피면서, 그 중심지가 '대동강→한강→금강→영
산강'으로 이동한다는 흥미로운 추세를 확인하고, 그 변화의 과정을 시
론적으로 정리하고자 하였다. 이를 간단히 정리하면 다음과 같다.

먼저 대동강유역에서 동아시아 연안해로를 주도하는 세력이 일찍이
흥기하였다. 고조선은 대동강유역에서 일어나 B.C. 2세기 말까지 서해
연안해로를 통한 동아시아 해상교역을 주도하였고, 이후 낙랑군과 대방
군이 그 뒤를 이어 A.D. 4세기 초까지 그 역할을 수행하였다.

313년과 314년에 낙랑군과 대방군이 축출되면서 압록강유역에서 일
어난 고구려와 한강유역에서 일어난 백제 사이에 쟁패전이 치열하게 전
개되었고, 결국 백제가 그 쟁패전에서 승리를 거두면서 4세기 후반부터
동아시아 해상교역을 주도하게 되었다. 이에 따라 한강유역은 서해 연안
해로의 중심지로 부상하였다.

그러나 그런 '한강의 시대'는 오래가지 못했다. 4세기 말부터 고구려
의 반격이 시작되면서 서해 연안해로는 경색국면에 접어들었고, 475년에
는 백제의 한성이 고구려에 함락당하고 백제가 금강 중류변의 웅진으로
천도하면서 한강유역을 중심으로 동아시아 해상교역을 주도하던 백제의
역할은 종언을 고했다. 뿐만 아니라 5세기 내내 고구려와 백제를 중심으
로 한 대결 국면으로 연안해로 경색상황은 장기화되어 갔다.

그러던 중 서해 연안해로가 다시금 숨통을 틔게 된 것은 6세기에 접어
들어서였다. 백제의 무령왕은 신라·가야·왜와의 관계를 유지·강화하는
한편 남조의 양나라와의 관계도 발전시켜 갔으며, 내분에 휩싸인 고구려
를 군사적으로 압도해 가면서 '다시' 강국이 되는 위상을 확보하였다.
'다시' 강국이 되었다 함은, 이전 4세기 후반 근초고왕 대의 위상을 회복

하고, '중국-백제-가야-왜'로 이어지는, 서해 연안해로를 통한 해상교역 시스템을 주도하게 되었음을 의미한다. 무령왕의 뒤를 이은 성왕은 웅진에서 금강의 하류에 보다 가까운 사비로 천도하였으니, 이는 서해 연안해로를 통한 동아시아 해상교역의 주도 의지를 적극 표명한 것으로 이해할 수 있다.

그러나 이런 '금강의 시대'는 이번에는 신라의 도전으로 좌절되었다. 백제와 연합하여 고구려를 견제해 오던 신라가 554년 성왕을 전사시키고 급기야 한강하류까지 점령하면서 백제와 신라 사이에 분쟁이 격화되었고, 이에 따라 서해 연안해로는 다시금 경색국면에 빠져들었던 것이다. 이후 1세기 이상 지속된 연안해로의 경색국면은 동아시아 각국에게 경제적 고통을 가져다주었고, 급기야 당과 왜가 참전하는 '동아시아대전'으로 비화되었다.

'동아시아대전'은 신라에 의한 삼국통일과 함께 황해 횡단 및 사단해로가 '일상적 해로'로 활성화되는 계기가 되었다. 그러면서 서해 연안해로와 황해 횡단 및 사단해로가 만나는 서남해와 영산강유역이 동아시아 해상교역의 중심지로 부상하였다. 9세기 전반에 장보고가 완도를 중심으로 일어나 동아시아 해상교역을 주도했던 것, 영산강 하류지역에 대규모 도자기 생산단지가 조성된 것 등은 이러한 변화의 산물이었다. 이후 나말여초기에 압해도에서 일어난 능창이 서남해와 영산강유역의 해상세력을 장악해 나가자 신라 중앙에서 견훤을 파견하고 태봉에서 왕건을 파견하여 능창과 견훤과 왕건이 영산강유역의 패권을 다투게 되었고, 결국 그 패권을 장악한 왕건이 고려를 건국하고 후삼국을 재통일하기에 이르러, '영산강의 시대'는 고려시대로 연결되어 지속되었다.